MANUEL

DES PATENTÉS.

Corbeil, imprimerie de Crété.

MANUEL
DES PATENTÉS

ou

COMMENTAIRE SUR LA LOI DES PATENTES

DES 25 AVRIL -7 MAI 1844,

avec des

INSTRUCTIONS PRATIQUES

POUR SON EXÉCUTION ET LES RÉCLAMATIONS DES CONTRIBUABLES;

PRÉCÉDÉ

DU TEXTE OFFICIEL DE LA LOI ET DES INSTRUCTIONS MINISTÉRIELLES;

SUIVI

DE MODÈLES DE RÉCLAMATIONS,

PAR

A. F. LAINNÉ, AVOCAT,

Rédacteur en chef du **MÉMORIAL** du **COMMERCE** et de **L'INDUSTRIE.**

———❦———

PARIS,

AU BUREAU DU MÉMORIAL DU COMMERCE ET DE L'INDUSTRIE,

Rue du Bouloy, 25,

ET CHEZ LES PRINCIPAUX LIBRAIRES DE PARIS ET DES DÉPARTEMENTS.

—◇—

1845

MANUEL
DES PATENTÉS.

COMMENTAIRE SUR LA LOI DES PATENTES,

SUIVI

D'INSTRUCTIONS PRATIQUES

POUR SON EXÉCUTION ET LES RÉCLAMATIONS DES CONTRIBUABLES.

LOI.

LOUIS-PHILIPPE, Roi des Français, à tous présents et à venir, SALUT.

Nous avons proposé, les Chambres ont adopté, NOUS AVONS ORDONNÉ et ORDONNONS ce qui suit :

Art. 1er. Tout individu, Français ou étranger, qui exerce en France un commerce, une industrie, une profession non comprise dans les exceptions déterminées par la présente loi, est assujetti à la contribution des patentes.

Art. 2. La contribution des patentes se compose d'un droit fixe et d'un droit proportionnel.

Art. 3. Le droit fixe est réglé conformément aux tableaux A, B, C, annexés à la présente loi.

Il est établi :

Eu égard à la population et d'après un tarif général, pour les industries et professions énumérées dans le tableau A;

Eu égard à la population et d'après un tarif exceptionnel, pour les industries et professions portées dans le tableau B;

Sans égard à la population pour celles qui font l'objet du tableau C.

Art. 4. Les commerces, industries et professions non dénommés dans ces tableaux n'en sont pas moins assujettis à la patente. Le droit fixe auquel ils doivent être soumis est réglé, d'après l'analogie des opérations ou des objets de commerce, par un arrêté spécial du préfet rendu sur la proposition du directeur des contributions directes, et après avoir pris l'avis du maire.

Tous les cinq ans, des tableaux additionnels contenant la nomenclature des commerces, industries et professions classés par voie d'assimilation, depuis trois années au moins, seront soumis à la sanction législative.

Art. 5. Pour les professions dont le droit fixe varie en raison de la population du lieu où elles sont' exercées, les tarifs seront appliqués d'après la population qui aura été déterminée par la dernière ordonnance de dénombrement.

Néanmoins, lorsque ce dénombrement fera passer une commune dans une catégorie supérieure à celle dont elle faisait précédemment partie, l'augmentation du droit fixe ne sera appliquée que pour moitié pendant les cinq premières années.

Art. 6. Dans les communes dont la population totale est de 5,000 âmes et au-dessus, les patentables exerçant dans la banlieue des professions imposées eu égard à la population payeront le droit fixe d'après le tarif applicable à la population non agglomérée.

Lee patentables exerçant lesdites professions dans la partie agglomérée payeront le droit fixe d'après le tarif applicable à la population totale.

Art. 7. Le patentable qui exerce plusieurs commerces, industries ou professions, même dans plusieurs communes différentes, ne peut être soumis qu'à un seul droit fixe.

Ce droit est toujours le plus élevé de ceux qu'il aurait à payer s'il était assujetti à autant de droits fixes qu'il exerce de professions.

Art. 8. Le droit proportionnel est fixé au vingtième de la valeur locative pour toutes les professions imposables, sauf les exceptions énumérées au tableau D annexé à la présente loi.

Art. 9. Le droit proportionnel est établi sur la valeur locative tant de la maison d'habitation que des magasins, boutiques, usines, ateliers, hangars, remises, chantiers et autres locaux servant à l'exercice des professions imposables.

Il est dû, lors même que le logement et les locaux occupés sont concédés à titre gratuit.

La valeur locative est déterminée, soit au moyen de baux authentiques, soit par comparaison avec d'autres locaux dont le loyer aura été régulièrement constaté, ou sera notoirement connu, et, à défaut de ces bases, par voie d'appréciation.

Le droit proportionnel pour les usines et les établissements industriels est calculé sur la valeur locative de ces établissements, pris dans leur ensemble et munis de tous leurs moyens matériels de production.

Art. 10. Le droit proportionnel est payé dans toutes les communes où sont situés les magasins, boutiques, usines, ateliers, hangars, remises, chantiers et autres locaux servant à l'exercice des professions imposables.

Si, indépendamment de la maison où il fait sa résidence habituelle et principale, et qui, dans tous les cas, sauf l'exception ci-après, doit être soumise au droit proportionnel, le patentable possède, soit dans la même commune, soit dans des communes différentes, une ou plusieurs maisons d'habitation, il ne paye le droit proportionnel que pour celles de ces maisons qui servent à l'exercice de sa profession.

Si l'industrie pour laquelle il est assujetti à la patente ne constitue pas sa profession principale, et s'il ne l'exerce pas par lui-même, il ne paye le droit proportionnel que sur la maison d'habitation de l'agent préposé à l'exploitation.

Art. 11. Le patentable qui exerce dans un même local, ou dans des locaux non distincts, plusieurs industries ou professions passibles d'un droit proportionnel différent, paye ce droit d'après le taux applicable à la profession pour laquelle il est assujetti au droit fixe.

Dans le cas où les locaux sont distincts, il ne paye pour chaque local que le droit proportionnel attribué à l'industrie ou à la profession qui y est spécialement exercée.

Dans ce dernier cas, le droit proportionnel n'en demeure pas moins établi sur la maison d'habitation, d'après le taux applicable à la profession pour laquelle le patentable est imposé au droit fixe.

Art. 12. Dans les communes dont la population est inférieure à vingt mille âmes, mais qui, en vertu d'un nouveau dénombrement, passent dans la catégorie des communes de vingt mille âmes et au-dessus, les patentables des septième et huitième classes ne seront soumis au droit proportionnel que dans le cas où une seconde ordonnance de dénombrement aura maintenu lesdites communes dans la même catégorie.

Art. 13. Ne sont pas assujettis à la patente,

1° Les fonctionnaires et employés salariés, soit par l'État, soit par les administrations départementales ou communales, en ce qui concerne seulement l'exercice de leurs fonctions ;

2° Les notaires, les avoués, les avocats au Conseil, les greffiers, les commissaires-priseurs, les huissiers ;

3° Les avocats ;

Les docteurs en médecine ou en chirurgie, les officiers de santé, les sages-femmes et les vétérinaires ;

Les peintres, sculpteurs, graveurs et dessinateurs considérés comme artistes, et ne vendant que le produit de leur art ;

Les architectes considérés comme artistes, ne se livrant pas, même accidentellement, à des entreprises de construction ;

Les professeurs de belles-lettres, sciences et arts d'agrément ; les chefs d'institution, les maîtres de pensions, les instituteurs primaires ;

Les éditeurs de feuilles périodiques ;

Les artistes dramatiques ;

4° Les laboureurs et cultivateurs, seulement pour la vente et la manipulation des récoltes et fruits provenant des terrains qui leur appartiennent ou par eux exploités, et pour le bétail qu'ils y élèvent, qu'ils y entretiennent ou qu'ils y engraissent ;

Les concessionnaires de mines, pour le seul fait de l'extraction et de la vente des matières par eux extraites ;

Les propriétaires ou fermiers des marais salants ;

Les propriétaires ou locataires louant accidentellement une partie de leur habitation personnelle ;

Les pêcheurs, même lorsque la barque qu'ils montent leur appartient ;

5° Les associés en commandite, les caisses d'épargne et de prévoyance administrées gratuitement, les assurances mutuelles régulièrement autorisées ;

6° Les capitaines de navire de commerce ne naviguant pas pour leur compte ;

Les cantiniers attachés à l'armée ;

Les écrivains publics ;

Les commis et toutes les personnes travaillant à gages, à façon et à la journée, dans les maisons, ateliers et boutiques des personnes de leur profession, ainsi que les ouvriers travaillant chez eux ou chez les particuliers, sans compagnons, apprentis, enseigne ni boutique. Ne sont point considérés comme compagnons ou apprentis, la femme travaillant avec son mari, ni les enfants non mariés travaillant avec leurs père et mère, ni le simple manœuvre dont le concours est indispensable à l'exercice de la profession.

Les personnes qui vendent en ambulance dans les rues, dans les lieux de passage et dans les marchés, soit des fleurs, de l'amadou, des balais, des statues et figures en plâtre, soit des fruits, des légumes, des poissons, du beurre, des œufs, du fromage, et autres menus comestibles ;

Les savetiers, les chiffonniers au crochet, les porteurs d'eau à la bretelle ou avec voiture, les rémouleurs ambulants, les gardes-malades.

Art. 14. Tous ceux qui vendent en ambulance des objets non compris dans les exemptions déterminées par l'article précédent et tous marchands sous échoppe ou en étalage, sont passibles de la moitié des droits que payent les marchands qui vendent les mêmes objets en boutique. Toutefois cette disposition n'est pas applicable aux bouchers, épiciers et autres marchands ayant un étal permanent ou occupant des places fixes dans les halles et marchés.

Art. 15. Les mari et femme séparés de biens ne doivent qu'une patente, à moins qu'ils n'aient des établissements distincts, auquel cas chacun d'eux doit avoir sa patente et payer séparément les droits fixes et proportionnels.

Art. 16. Les patentes sont personnelles, et ne peuvent servir qu'à ceux à qui elles sont délivrées. En conséquence, les associés en nom collectif sont tous assujettis à la patente.

Toutefois l'associé principal paye seul le droit fixe en entier : les autres associés ne sont imposés qu'à la moitié de ce droit, même quand ils ne résident pas tous dans la même commune que l'associé principal.

Le droit proportionnel est établi sur la maison d'habitation de l'associé principal, et sur tous les locaux qui servent à la société pour l'exercice de son industrie.

La maison d'habitation de chacun des autres associés est affranchie du droit proportionnel, à moins qu'elle ne serve à l'exercice de l'industrie sociale.

Art. 17. Les sociétés ou compagnies anonymes ayant pour but une entreprise industrielle ou commerciale, sont imposées à un seul droit fixe sous la désignation de l'objet de l'entreprise, sans préjudice du droit proportionnel.

La patente assignée à ces sociétés ou compagnies ne dispense aucun des sociétaires ou actionnaires du payement des droits de patente auxquels ils pourraient être personnellement assujettis pour l'exercice d'une industrie particulière.

Art. 18. Tout individu transportant des marchandises de commune en commune, lors même qu'il vend pour le compte de marchands ou fabricants, est tenu d'avoir une patente personnelle, qui est, selon les cas, celle de colporteur avec balle, avec bêtes de somme ou avec voiture.

Art. 19. Les commis voyageurs des nations étrangères seront traités, relativement à la patente, sur le même pied que les commis voyageurs français chez ces mêmes nations.

Art. 20. Les contrôleurs des contributions directes procèderont annuellement au recensement des imposables et à la formation des matrices de patentes.

Le maire sera prévenu de l'époque de l'opération du recensement, et pourra assister le contrôleur dans cette opération, ou se faire représenter, à cet effet, par un délégué.

En cas de dissentiment entre les contrôleurs et les maires ou leurs délégués, les observations contradictoires de ces derniers seront consignées dans une colonne spéciale.

La matrice, dressée par le contrôleur, sera déposée, pendant dix jours, au secrétariat de la mairie, afin que les intéressés puissent en prendre connaissance, et remettre au maire leurs observations. A l'expiration d'un second délai de dix jours, le maire, après avoir consigné ses observations sur la matrice, l'adressera au sous-préfet.

Le sous-préfet portera également ses observations sur la matrice, et la transmettra au directeur des contributions directes, qui établira les taxes conformément à la loi, pour tous les articles non contestés. A l'égard des articles sur lesquels le maire ou le sous-préfet ne sera pas d'accord avec le contrôleur, le directeur soumettra les contestations au préfet avec son avis motivé. Si le préfet ne croit pas devoir adopter les propositions du directeur, il en sera référé au ministre des finances.

Le préfet arrête les rôles et les rend exécutoires.

A Paris, l'examen de la matrice des patentes aura lieu, pour chaque arrondissement municipal, par le maire, assisté soit de l'un des membres de la commission des contributions, soit de l'un des agents attachés à cette commission, délégué à cet effet par le préfet.

Art. 21. Les patentés qui réclameront contre la fixation de leurs taxes seront admis à prouver la justice de leurs réclamations, par la représentation d'actes de société légalement publiés, de journaux et livres de commerce régulièrement tenus, et par tous autres documents.

Art. 22. Les réclamations en décharge ou réduction, et les demandes en remise ou modération, seront communiquées aux maires : elles seront d'ailleurs présentées, instruites et jugées dans les formes et délais prescrits pour les autres contributions directes.

Art. 23. La contribution des patentes est due pour l'année entière, par tous les individus exerçant au mois de janvier une profession imposable.

En cas de cession d'établissement, la patente sera, sur la demande du cédant, transférée à son successeur ; la mutation de cote sera réglée par arrêté du préfet.

En cas de fermeture des magasins, boutiques et ateliers, par suite de décès ou de faillite déclarée, les droits ne seront dus que pour le passé et le mois courant. Sur la réclamation des parties intéressées, il sera accordé décharge du surplus de la taxe.

Ceux qui entreprennent, après le mois de janvier, une profession sujette à patente, ne doivent la contribution qu'à partir du 1er du mois dans lequel ils ont commencé d'exercer, à moins que, par sa nature, la profession ne puisse pas être exercée pendant toute l'année. Dans ce cas, la contribution sera due pour l'année entière, quelle que soit l'époque à laquelle la profession aura été entreprise.

Les patentés qui, dans le cours de l'année, entreprennent une profession d'une classe supérieure à celle qu'ils exerçaient d'abord, ou qui transportent leur établissement dans une commune d'une plus forte population, sont tenus de payer au prorata un supplément de droit fixe.

Il est également dû un supplément de droit proportionnel par les patentables qui prennent des maisons ou locaux d'une valeur locative supérieure à celle des maisons ou locaux pour lesquels ils ont été primitivement imposés, et par ceux qui entreprennent une profession passible d'un droit proportionnel plus élevé.

Les suppléments seront dus à compter du 1er du mois dans lequel les changements prévus par les deux derniers paragraphes auront été opérés.

Art. 24. La contribution des patentes est payable par douzième, et le recouvrement en est poursuivi comme celui des contributions directes : néanmoins les marchands forains, les colporteurs, les directeurs de troupes ambulantes, les entrepreneurs d'amusements et jeux publics non sédentaires, et tous autres patentables dont la profession n'est pas exercée à demeure fixe, sont tenus d'acquitter le montant total de leur cote, au moment où la patente leur est délivrée.

Dans le cas où le rôle n'est émis que postérieurement au 1er mars, les douzièmes échus ne sont pas immédiatement exigibles : le recouvrement en est fait par portions égales, en même temps que celui des douzièmes non échus.

Art. 25. En cas de déménagement hors du ressort de la perception, comme en cas de vente volontaire ou forcée, la contribution des patentes sera immédiatement exigible en totalité.

Les propriétaires, et, à leur place, les principaux locataires, qui n'auront pas, un mois avant le terme fixé par le bail ou par les conventions verbales, donné avis au percepteur du déménagement de leurs locataires, seront responsables des sommes dues par ceux-ci pour la contribution des patentes.

Dans le cas de déménagements furtifs, les propriétaires, et , à leur place, les principaux locataires, deviendront responsables de la contribution de leurs locataires, s'ils n'ont pas, dans les trois jours, donné avis du déménagement au percepteur.

La part de la contribution laissée à la charge des propriétaires ou principaux locataires par les paragraphes précédents, comprendra seulement le dernier douzième échu et le douzième courant, dus par le patentable.

Art. 26. Les formules de patentes sont expédiées par le directeur des contributions directes sur des feuilles timbrées de un franc vingt-cinq centimes. Le prix du timbre est acquitté en même temps que le premier douzième des droits de patente.

Les formules de patentes sont visées par le maire et revêtues du sceau de la commune.

Art. 27. Tout patentable est tenu d'exhiber sa patente lorsqu'il en est requis par les maires, adjoints, juges de paix, et tous autres officiers ou agents de police judiciaire.

Art. 28. Les marchandises mises en vente par les individus non munis de patentes, et vendant hors de leur domicile, seront saisies ou séquestrées aux frais du vendeur, à moins qu'il ne donne caution suffisante jusqu'à la représentation de la patente ou la production de la preuve que la patente a été délivrée. Si l'individu non muni de patente exerce au lieu de son domicile, il sera dressé un procès-verbal qui sera transmis immédiatement aux agents des contributions directes.

Art. 29. Nul ne pourra former de demande, fournir aucune exception ou défense en justice, ni faire aucun acte ou signification extrajudiciaire pour tout ce qui sera relatif à son commerce, sa profession ou son industrie, sans qu'il soit fait mention, en tête des actes, de sa patente, avec désignation de la date, du numéro et de la commune où elle aura été délivrée, à peine d'une amende de vingt-cinq francs, tant contre les particuliers sujets à la patente que contre les officiers ministériels qui auraient fait et reçu lesdits actes sans mention de la patente. La condamnation à cette amende sera poursuivie, à la requête du procureur du roi, devant le tribunal civil de l'arrondissement.

Le rapport de la patente ne pourra suppléer au défaut de l'énonciation, ni dispenser de l'amende prononcée.

Art. 30. Les agents des contributions directes peuvent, sur la demande qui leur en est faite, délivrer des patentes avant l'émission du rôle, après toutefois que les requérants ont acquitté entre les mains du percepteur les douzièmes échus, s'il s'agit d'individus domiciliés dans le ressort de la perception, ou la totalité des droits, s'il s'agit des patentables désignés en l'art. 24 ci-dessus, ou d'individus étrangers au ressort de la perception.

Art. 31. Le patenté qui aura égaré sa patente ou qui sera dans le cas d'en justifier hors de son domicile pourra se faire délivrer un certificat par le directeur ou par le contrôleur des contributions directes. Ce certificat fera mention des motifs qui obligent le patenté à le réclamer, et devra être sur papier timbré.

Art. 32. Il est ajouté au principal de la contribution des patentes cinq centimes par franc, dont le produit est destiné à couvrir les décharges, réductions, remises et modérations, ainsi que les frais d'impression et d'expédition des formules des patentes.

En cas d'insuffisance des cinq centimes, le montant du déficit est prélevé sur le principal des rôles.

Il est en outre prélevé sur le principal huit centimes, dont le produit est versé dans la caisse municipale.

Art. 33. Les contributions spéciales destinées à subvenir aux dépenses des bourses et chambres de commerce, et dont la perception est autorisée par l'art. 11 de la loi du 25 juillet 1820, seront réparties sur les patentables des trois premières classes du tableau A annexé à la présente loi, et sur ceux désignés dans les tableaux B et C, comme passibles d'un droit fixe égal ou supérieur à celui des dites classes.

Les associés des établissements compris dans les classes et tableaux sus désignés contribueront aux frais des bourses et chambres de commerce.

Art. 34. La contribution des patentes sera établie conformément à la présente loi, à partir du 1er janvier 1845.

Art. 35. Toutes les dispositions contraires à la présente loi seront et demeureront abrogées, à partir de la même époque, sans préjudice des lois et des règlements de police qui sont ou pourront être faits.

La présente loi, discutée, délibérée et adoptée par la chambre des pairs et par celle des députés, et sanctionnée par nous cejourd'hui, sera exécutée comme loi de l'État.

DONNONS EN MANDEMENT à nos cours et tribunaux, etc.

TABLEAU A.

Tarif général des professions imposées eu égard à la population.

CLASSES.	DE 100,000 âmes et au-dessus.	DE 50,000 à 100,000	DE 30,000 à 50,000	DE 20,000 à 30,000	DE 10,000 à 20,000	DE 5,000 à 10,000	DE 2,000 à 5,000	DE 2,000 âmes et au-dessous
	fr.	fr.	fr.	fr.	fr.	fr.	fr.	fr.
1re . . .	300	240	180	120	80	60	45	35
2e	150	120	90	60	45	40	30	25
3e	100	80	60	40	30	25	22	18
4e	75	60	45	30	25	20	18	12
5e	50	40	30	20	15	12	9	7
6e	40	32	24	16	10	8	6	4
7e	20	16	12	8	*8	*5	*4	*3
8e	12	10	8	6	*5	*4	*3	*2

Le signe * veut dire : exemption du droit proportionnel.

Sont réputés :

Marchands en gros, ceux qui vendent habituellement aux marchands en demi-gros et aux marchands en détail ;

Marchands en demi-gros, ceux qui vendent habituellement aux détaillants et aux consommateurs ;

Marchands en détail, ceux qui ne vendent habituellement qu'aux consommateurs.

PREMIÈRE CLASSE.

Aiguilles à coudre et à tricoter (marchand d') en gros.

Bas et bonneterie (marchand de) en gros.

Beurre frais ou salé (marchand de) en gros.

Blondes (marchand de) en gros.

Bois à brûler (marchand de). — Celui qui, ayant chantier ou magasin, vend au stère, ou par quantité équivalente ou supérieure.

Bois de marine ou de construction (marchand de).

Bois merrain (marchand de) en gros.—S'il vend par bateau ou charrette.

Bois de sciage (marchand de) en gros.

Bronzes, dorures et argentures sur métaux (marchand de) en gros.

Cachemires de l'Inde (marchand de).

Caisse d'escompte (tenant).

Caisse ou comptoir d'avances ou de prêts (tenant).

Caisse ou comptoir de recettes et payements (tenant).

Châles (marchand de) en gros.

Changeur de monnaies.

Chapeaux de paille (marchand de) en gros.

Chapellerie (marchand de matières premières pour la).

Charbon de bois (marchand de) en gros.

Chiffonnier en gros.

Cloutier (marchand) en gros.

Coton en laine (marchand de) en gros.

Coton filé (marchand de) en gros.

Crin frisé (marchand de) en gros.

Cristaux (marchand de) en gros.

Cuirs en vert étrangers (marchand de) en gros.

Cuirs, tannés, corroyés, lissés, vernissés (marchand de) en gros.

Denrées coloniales (marchand de) en gros.

Dentelles (marchand de) en gros.

Diamants et pierres fines (marchand de).

Droguiste (marchand) en gros.

Eau-de-vie (marchand d') en gros.

Épicerie (marchand d') en gros.

Escompteur.

Fanons ou barbes de baleine (marchand de) en gros.

Fer en barres (marchand de) en gros. — Celui qui vend habituellement par parties d'au moins cinq cents kilogrammes.

Fleurets et filoselle (marchand de) en gros.

Fromages secs (marchand de) en gros.

Fruits secs (marchand de) en gros.

Graines fourragères, oléagineuses et autres (marchand de) en gros.

Horlogerie (march. en gros de pièces d').

Huiles (marchand d') en gros.

Inhumations et pompes funèbres (entreprise des) dans les villes autres que Paris.

Laine brute ou lavée (marchand de) en gros.

Laine filée ou peignée (marchand de) en gros.

Liége brut (marchand de) en gros.

Lin ou chanvre brut ou filé (marchand de) en gros.

Liqueurs (marchand de) en gros.

Merceries (marchand de) en gros.

Métaux (march. de) en gros, autres que l'or, l'argent, le fer en barres et la fonte.

Miel et cire brute (march. expéditeur de).

Mine de plomb (marchand de) en gros.

Octroi (adjudicataire des droits d').

OEufs (marchand expéditeur d').

Os pour la fabrication du noir animal (marchand d') en gros.

Papetier (marchand) en gros.

Parfumeur (marchand) en gros.

Pastel (marchand de) en gros.

Peaussier (marchand) en gros.

Pelleteries et fourrures (marchand de) en gros. — S'il tire habituellement des pelleteries de l'étranger, ou s'il en envoie.

Pendules et bronzes (march. de) en gros.

Pierres fines (marchand de).

Planches (marchand de) en gros.

Plume et duvet (marchand de) en gros.

Poisson salé, mariné, sec et fumé (march. de) en gros.

Porcelaine (marchand de) en gros.

Quincailleries (marchand de) en gros.

Résines et autres matières analogues (marchand de) en gros.

Rogues ou œufs de morue (marchand de) en gros.

Rubans pour modes (marchand de) en gros.

Safran (marchand de) en gros.

Sangsues (marchand de) en gros.

Sel (marchand de) en gros.

Soie (marchand de) en gros.

Soies de porc ou de sanglier (marchand de) en gros.

Sucre brut et raffiné (march. de) en gros.

Suif fondu (marchand de) en gros.

Tabac (marchand de), dans le département de la Corse, en gros.

Tabac en feuilles (marchand de).

Teinture (marchand en gros de matières premières pour la).

Thé (marchand de) en gros.

Tissus de laine, de fil, de coton ou de soie (marchand de) en gros.

Ventes à l'encan (directeur d'un établissement de).

Verres blancs et cristaux (marchand de) en gros.

Vinaigre (marchand de) en gros.

Vins (marchand de) en gros. — Vendant habituellement des vins par pièces ou paniers de vins fins, soit aux marchands en détail et aux cabaretiers, soit aux consommateurs.

DEUXIÈME CLASSE.

Abattoir public (concessionnaire ou fermier d').

Aiguilles à coudre, et à tricoter (march. d') en demi-gros.

Bas et bonneterie (marchand de) en demi-gros.

Bijoutier (marchand fabricant) ayant atelier et magasin.

Blondes (marchand de) en demi-gros.

Bois à brûler (marchand de). — Celui qui, n'ayant ni chantier ni magasin, vend sur bateau ou sur les ports, au stère ou par quantité équivalente ou supérieure.

Bois de teinture (march. de) en demi-gros.

Carrossier (fabricant).

Chapeaux de paille (marchand de) en demi-gros.

Charbon de terre épuré ou non (marchand de) en gros.

Cloutier (marchand) en demi-gros.

Condition pour les soies (entrepreneur ou fermier d'une).

Crin frisé (marchand de) en demi-gros.

Cristaux (marchand de) en demi-gros.

Dentelles (marchand de) en demi-gros.

Diorama, Panorama, Néorama, Géorama (directeur de).

Droguiste (marchand) en demi-gros.

Eau-de-vie (marchand d') en demi-gros.

Entrepôt (concessionnaire, exploitant ou fermier des droits d'emmagasinage dans un).

Entreprise générale du balayage, de l'arrosage ou de l'enlèvement des boues.

Épiceries (marchand d') en demi-gros.

Fanons ou barbes de baleine (marchand de) en demi-gros.

Fleurets et filoselle (marchand de) en demi-gros.

Huiles (marchand d') en demi-gros.

Joaillier (fabricant et marchand) ayant atelier et magasin.

Laine filée ou peignée (marchand de) en demi gros.

Lin ou chanvre brut ou filé (marchand de) en demi-gros.

Merceries (marchand de) en demi-gros.

Métaux (marchand en demi-gros de) autres que l'or, l'argent, le fer en barres, la fonte.

Nouveautés (marchand de).

Omnibus et autres voitures semblables (entreprise d').

Or et Argent (marchand d')

Orfèvre (marchand fabricant) avec atelier et magasin.

Quincaillier en demi-gros.
Rubans pour modes (marchand de) en demi-gros.
Sel (marchand de) en demi-gros.
Serrurerie (march. expéditeur d'objets de).
Soie (marchand de) en demi-gros.
Soies de porc ou de sanglier (marchand de) en demi-gros.
Sucre brut et raffiné (marchand de) en demi-gros.

Suif fondu (marchand de) en demi-gros.
Thé (marchand de) en demi-gros.
Tissus de laine, de fil, de coton ou de soie (marchand de) en demi-gros.
Verres blancs et cristaux (marchand de) en demi-gros.
Verroterie et gobeleterie (marchand de) en demi-gros.

TROISIÈME CLASSE.

Affineur d'or, d'argent ou de platine.
Agréeur.
Ardoises (marchand d') en gros. — Celui qui expédie par bateaux ou voitures.
Bâtiments (entrepreneur de).
Bazar de voitures (tenant).
Bijoutier (marchand) n'ayant point d'atelier.
Bimbelotier (marchand) en gros.
Bœufs (marchand de).
Bois de sciage (marchand de). — Si, ayant chantier ou magasin, il ne vend qu'aux menuisiers, ébénistes, charpentiers et aux particuliers.
Bois d'ébénisterie (marchand de).
Bois en grume ou de charronnage (marchand de).
Bouchons (marchand de) en gros.
Broderies (fabricant et marchand de) en gros.
Caractères d'imprimerie (fondeur de).
Carton ou carion-pierre (marchand fabricant d'ornements en pâte de).
Châles (marchand de) en détail.
Chocolat (marchand de) en gros.
Cidre (marchand de) en gros.
Comestibles (marchand de).
Confiseur.
Conserves alimentaires (marchand de).
Coraux (préparateur de).
Coraux bruts (marchand de).
Cuirs en vert du pays (marchand de) en gros.
Déménagements (entrepreneur de), s'il a plusieurs voitures.
Distillateur-liquoriste.
Droguiste (marchand) en détail.
Eau filtrée ou clarifiée et dépurée (entrepreneur d'un établissement d').
Encre à écrire (fabricant march. en gros d').
Éponges (marchand d') en gros.
Équipements militaires (march. d'objets d').
Essayeur pour le commerce.
Fer en meubles (marchand de).
Fondeur d'or et d'argent.
Fruits secs (marchands de) en demi-gros.
Gantier (marchand fabricant).
Glacier-limonadier.
Halles, marchés et emplacements sur les places publiques (fermier ou adjudicataire des droits de).

Harpes (facteur et marchand de), ayant boutique ou magasin.
Horloger.
Hôtel garni (maître d'), tenant un restaurant à la carte.
Houblon (marchand de) en gros.
Hydromel (fabricant et marchand d').
Imprimeur-libraire.
Imprimeur-typographe.
Jambons (marchand expéditeur de).
Joaillier (marchand), n'ayant point d'atelier.
Lattes (marchand de) en gros.
Libraire-éditeur.
Linger (fournisseur).
Liqueurs (fabricant de).
Marbre (marchand de) en gros.
Modes (marchand de).
Nacre brute (marchand de).
Navires (constructeur de).
Orfèvre (marchand), sans atelier.
Pâtissier expéditeur.
Pavage des villes (entrepreneur de).
Pendules et bronzes (march. de) en détail.
Pharmacien.
Pianos et clavecins (facteurs et marchands en boutique ou magasin de).
Plaqué ou doublé d'or et d'argent (fabricant et marchand d'objets en).
Plume et duvet (marchand de) en détail.
Plumes à écrire (marchand expéditeur de).
Poisson salé, mariné, sec et fumé (march. de) en demi-gros.
Restaurateur à la carte.
Saleur de viandes.
Sarreaux ou blouses (marchand de) en gros.
Sellier-carrossier.
Soie (marchand de) en détail.
Soudes végétales indigènes (marchand de) en gros.
Tabletterie (marchand de matières premières pour la).
Tailleur (marchand) avec magasin d'étoffe.
Tapis de laine et tapisseries (marchand de).
Tissus de laine, de fil, de coton ou de soie (marchand de) en détail.
Tournerie de Saint-Claude (marchand expéditeur d'articles de).
Tourteaux (marchand de).
Voilier (pour son compte).

QUATRIÈME CLASSE.

Agence ou bureau d'affaires (directeur d').
Aiguilles à coudre et à tricoter (marchand d') en détail.
Alambics et autres grands vaisseaux de cuivre (fabricant ou marchand d').

Anchois (saleur d').
Apparaux (maître d').
Appréciateur au mont-de-piété.
Aubergiste.

Bacs (fermiers de) pour un fermage de mille francs et au-dessus.

Baleines (marchand de brins de).

Bas et bonneteries (marchand de) en détail.

Billards (fabricant de) ayant magasin.

Blondes (marchand de) en détail.

Bois de teintures (marchand de) en détail.

Boisselier (marchand) en gros.

Bottier (marchand).

Boucher (marchand).

Boules à teinture (fabricant de).

Brodeurs sur étoffes, en or et en argent.

Bronzes, dorures et argentures sur métaux (marchand de) en détail.

Cafetier.

Caoutchouc (fabricant ou marchand d'objets confectionnés ou d'étoffes garnies en).

Cartier (fabricant de cartes à jouer).

Chapeaux de feutre et de soie (fabric. de).

Charcutier.

Charpentier (entrepreneur-fournisseur).

Chasublier (marchand).

Chaudières en cuivre (fabricant de).

Chevaux (marchand de).

Cire à cacheter (fabricant de).

Cire (blanchisseur de) employant moins de six ouvriers.

Cirier (marchand).

Cochons (marchand de).

Commissionnaire au mont-de-piété.

Cordier (fabricant de câbles et cordages pour la marine ou la navigation intérieure).

Cordonnier (marchand).

Corroyeur (marchand).

Coton filé (marchand de) en détail.

Cotrets sur bateaux (marchand de).

Couleurs et vernis (fabric. et march. de).

Couverts et autres objets en fer battu ou étamé (fabricant ou marchand de) en gros, par procédés ordinaires.

Couverture de soie, bourre, laine et coton, etc. (marchand de).

Couvreur (entrepreneur).

Crin frisé (marchand de).

Cuirs tannés, corroyés, lissés, vernissés (marchand de) en détail.

Décors et ornements d'architecture (marchand de).

Dentelles (marchand de).

Dorures et argentures sur métaux (fabricant ou marchand de) en détail.

Dorures pour passementeries (march. de).

Eaux minérales factices (marchand de).

Écorces de bois pour tan (marchand de).

Estaminet (maître d').

Estampeur en or et en argent.

Facteur de denrées et marchandises (partout ailleurs qu'à Paris).

Farines (marchand de) en gros.

Fer en barres (marchand de) en détail. — Celui qui vend habituellement par quantité inférieure à cinq cents kilog.

Fils de chanvre ou de lin (marchand de) en détail.

Fleurets et filoselle (marchand de) en détail.

Fonte ouvragée (marchand de).

Fosses mobiles inodores (entrepreneur de).

Fourreur.

Fromages de pâte grasse (marchand de) en gros.

Fromages secs (march. de) en demi-gros.

Garde du commerce.

Graines fourragères, oléagineuses et autres (marchand de) en demi-gros.

Grainetier-fleuriste (expéditeur).

Grains (marchand de) en gros.

Graveur sur cylindres.

Herboriste expéditeur.

Hongroyeur ou hongrieur.

Horlogerie (march. de fournitures d').

Hôtel garni (maître d').

Houblon (marchand de) en demi-gros.

Huiles (marchand d') en détail.

Instruments pour les sciences (facteurs et marchands d') ayant boutique ou magasin.

Jardin public (tenant un).

Jaugeage des liquides (adjudicataire des droits de).

Laine brute ou lavée (march. de) en détail.

Laine filée (marchand de) en détail.

Laineur.

Légumes secs (marchand de) en gros.

Limonadier non glacier.

Liqueurs (marchand de) en détail.

Lustres (fabricant et marchand de).

Maçonnerie (entrepreneur de).

Manège d'équitation (tenant un).

Mâts (constructeur de).

Mécanicien.

Menuisier (entrepreneur).

Merceries (marchand de) en détail.

Métaux (marchand de (autres que l'or, l'argent, le fer en barres et la fonte) en détail.

Meules de moulins (fabrique de).

Miel et cire brute (marchand non expéditeur de).

Moutardier (marchand) en gros.

Moutons et agneaux (marchand de).

Mulets et mules (marchand de).

Nécessaires (marchand de).

Nougat (fabricant expéditeur de).

Oranges, citrons, (march. d') expéditeur.

Orgues d'église (facteur d').

Ornemaniste.

Papetier (marchand) en détail.

Pastel (marchand de) en détail.

Pâtissier non expéditeur.

Peaussier (marchand) en détail.

Peaux en vert ou crues (marchand de).

Peinture (entrepreneur de) en bâtiments.

Pelleteries et fourrures (march. de) en détail.

Pesage et mesurage (fermier des droits de).

Pierre artificielle ou factice (fabricant d'objets en).

Plieur d'étoffes.

Polytypage (fabricant de).

Pompes à incendie (fabricant de).

Presseur de poisson de mer.

Presseur de sardines.

Pruneaux et prunes sèches (marchand de) en gros.

Quincailler en détail.

Receveur de rentes.

Registres (fabricant de).

Restaurateur et traiteur à la carte et à prix-fixe.
Rubans pour modes (march. de) en détail.
Sabots (marchands de) en gros.
Safran (marchand de) en demi-gros.
Serrurier (entrepreneur).
Serrurier (mécanicien).
Serrurier en voitures suspendues.
Sondes (fabricant de grandes).
Suif en branches (marchand de).
Suif fondu (marchand de) en détail.
Tapissier (marchand).
Thé (marchand de) en détail.
Tôle vernie (fabricant d'ouvrages en).
Tourbe (marchand de) en gros.

Truffes (marchand de).
Tulle (marchand de) en détail.
Tuyaux en fil de chanvre pour les pompes à incendie et les arrosements (fabricant de).
Vaches ou veaux (marchand de).
Vanneries (marchand expéditeur de).
Verres à vitre (marchand de).
Vinaigrier en détail.
Vins (marchand de) en détail. — Vendant habituellement, pour être consommés hors de chez lui, des vins au panier ou à la bouteille.
Vins (voiturier marchand de).
Volailles truffées (marchand de).

CINQUIÈME CLASSE.

Accouchement (chef de maison d').
Acier poli (fabricant d'objets en) pour son compte.
Affineur de métaux autres que l'or, l'argent et le platine.
Agrafes (fabricants d') par les procédés ordinaires (pour son compte).
Albâtre (fabricant ou march. d'objets en).
Almanachs ou annuaires (éditeur propriétaire d').
Appareils et ustensiles pour l'éclairage au gaz (fabricant d').
Apprêteur de chapeaux de paille.
Apprêteur d'étoffes pour les particuliers.
Armurier.
Aubergiste, ne logeant qu'à cheval.
Bains publics (entrepreneur de).
Balancier (marchand).
Bals publics (entrepreneur de).
Bijoutier (fabricant), pour son compte, sans magasin.
Bijoux en faux (marchand de).
Blanchisseur de toiles et fils pour les particuliers.
Blatier avec voiture.
Bois à brûler (marchand de). — Celui qui, n'ayant ni chantier, ni magasin, ni bateau, vend par voiture au domicile des consommateurs.
Bois de bateaux (marchand de).
Bois de boisellerie (marchand de).
Bois de volige (marchand de).
Bois feuillard (marchand de).
Boîtes et bijoux à musique (fabricant de mécaniques pour), pour son compte.
Boucher en détail.
Bouclerie (fabricant de), pour son compte.
Bougies (marchand de).
Boulanger.
Bouteilles de verre (marchand de).
Boutons de métal, corne, cuir bouilli, etc. (fabricant de), pour son compte.
Brocanteur en boutique ou magasin.
Broches et cannelets pour la filature (fabricant de) pour son compte.
Broderies (fabricant et marchand de) en détail.
Bureau de distribution d'imprimés, de cartes de visites, annonces, etc. (entrepreneur d'un).
Bureau d'indication et de placement (tenant un).

Cabaretier ayant billard.
Cabriolet sur place ou sous remise (loueur de), s'il a plusieurs cabriolets.
Calandreur d'étoffes neuves.
Caractères mobiles en métal (fabricant de).
Carrossier raccommodeur.
Cartonnage fin (fabricant et marchand de).
Cercles ou sociétés (fournisseur des objets de consommation dans les).
Chapeaux de paille (march. de) en détail.
Chapellerie en fin.
Chapellerie (marchand de fournitures pour la).
Charbon de bois (marchand de) en demi-gros.
Charbon de terre épuré ou non (marchand de) en demi-gros.
Chasse (marchand d'ustensiles de).
Chaudronnier (marchand).
Cheminées dites *économiques* (fabricant et marchand de).
Chevaux (loueur de).
Chevaux (tenant pension de).
Chevaux (marchand de).
Chocolat (marchand de) en détail.
Cloches de toutes dimensions (march. de).
Cloutier (marchand) en détail.
Coffretier-malletier, en cuir.
Colle pour la clarification des liqueurs (fabricant de).
Colleur d'étoffes.
Cornes brutes (marchand de).
Coutelier (marchand et fabricant).
Crémier-glacier.
Crics (fabricant et marchand de).
Crin frisé (apprêteur de).
Cristaux (marchand de) en détail.
Culottier en peau (marchand).
Curiosité (march. en boutique d'objets de).
Décatisseur.
Déchireur ou dépeceur de bateaux.
Dés à coudre en métal autre que l'or et l'argent (fabricant de), pour son compte.
Distillateur d'essences et eaux parfumées et médicinales.
Eau-de-vie (marchand d') en détail.
Ébéniste (marchand), ayant boutique ou magasin.
Éclairage à l'huile pour le compte des particuliers (entrepreneur d').
Éperonnier, pour son compte.
Épicier en détail.

Eponges (marchand d') en détail.
Equipage (maître d').
Etain (fabricant de feuilles d').
Etriers (fabricant d'), pour son compte.
Etrilles (fabricant d'), pour son compte.
Ferblantier lampiste.
Ferronnier.
Fiacres (loueur de), s'il a plusieurs voitures.
Fleurs artificielles (fabric. et marchand de).
Fondeur en fer, en bronze ou en cuivre (avec des creusets ordinaires).
Forges (fabricant de), pour son compte.
Forgeron de petites pièces (canons, platines).
Foulonnier.
Fourrages (marchand de), par bateaux, charrettes ou voitures.
Frangier (marchand).
Galonnier (marchand).
Gantier (marchand).
Glaces (marchand de) (miroitier).
Glacier.
Instruments de chirurgie en métal (fabricant et marchand d').
Ivoire (marchand d'objets en).
Jaugeur juré pour les liquides.
Jeu de paume (maître de).
Joaillier (fabricant), pour son compte.
Lampiste.
Lapidaire en pierres fausses (fabricant ou marchand), ayant boutique ou magasin.
Laveur de laines.
Layetier emballeur.
Libraire.
Liége brut (marchand de) en détail.
Loueur de voitures suspendues.
Lunetier (marchand).
Lutherie (marchand de fournitures de).
Luthier (fabricant), pour son compte.
Magasinier.
Maître ou patron de barque ou bateau, naviguant pour son propre compte sur les fleuves, rivières ou canaux, soit que la barque ou le bateau lui appartienne, soit qu'il l'ait loué. Si le conducteur n'est qu'un homme à gages, la patente est due par le propriétaire de la barque ou du bateau.
Maréchal expert.
Maroquinier, pour son compte.
Marrons et châtaignes (marchand expéditeur de).
Mégissier, pour son compte.
Menuisier-mécanicien.
Métiers à bas (forgeur de), pour son compte.
Meubles (marchand de).
Meules à aiguiser (fabricant et march. de).
Mine de plomb (marchand de) en détail.
Minerai de fer (march. de), ayant magasin.
Miroitier.
Modiste.
Monuments funèbres (entrepreneur de).
Moulures (fabricant de), pour son compte.
Moulures (marchand de) en boutique.

Musique (marchand de).
Nacre de perles (fabricant d'objets en) pour son compte.
Nacre de perles (marchand d'objets en).
Natation (tenant une école de).
Orfèvre (fabricant), pour son compte.
Orgues portatives (facteur d'), pour son compte.
Papier peint pour tentures (marchand de).
Parc aux charrettes (tenant un).
Parfumeur (marchand) en détail.
Passementier (marchand).
Pavés (marchand de).
Peignes de soie (marchand de).
Peintre-vernisseur en voitures ou équipages.
Perles fausses (marchand de).
Pierres brutes (marchand de).
Pierres lithographiques (marchand de).
Planches (marchand de) en détail.
Plombier.
Plumassier (fabricant et marchand).
Plumes à écrire (marchand de), non expéditeur.
Poisson frais (marchand de), vendant par forte partie aux détaillants.
Pompes de métal (fabricant de).
Porcelaine (marchand de) en détail.
Poudrette (marchand de).
Relais (entrepreneur de), même lorsqu'il est maître de poste.
Résines et autres matières analogues (marchand de) en détail.
Rogues ou œufs de morue (marchand de) en détail.
Restaurat. et traiteur à prix fixe seulement.
Rôtisseur.
Saleur d'olives.
Seaux à incendie (fabricant de).
Sellier-harnacheur.
Serrurier non entrepreneur.
Soies de porc ou de sanglier (marchand de) en détail.
Soufflets (fabricant et march. de gros), pour les forgerons, bouchers, etc.
Sparterie pour modes (fabricant de).
Sucre brut et raffiné (march. de) en détail.
Tableaux (marchand de).
Taffetas gommés ou cirés (march. de).
Taillandier.
Tailleur (marchand d'habits neufs).
Tailleur (march.), sans magasin d'étoffes, fournisseur sur échantillon.
Tapis peints ou vernis (marchand de).
Toiles cirées et vernies (marchand de).
Toiles métalliques (fabricant de), pour son compte.
Tôle vernie (marchand d'ouvrages en).
Traçons (maître de).
Ustensiles de chasse et de pêche (march. d'),
Vannier-emballeur pour les vins.
Verres blancs et cristaux (marchand de) en détail.
Vidange (entrepreneur de).
Vins (march. de) en détail, donnant à boire chez lui et tenant billard.

SIXIÈME CLASSE.

Affiches (entrepreneur de la pose et de la conservation des).
Agaric (marchand d').
Agent dramatique.

Aiguilles, clefs et autres petits objets pour montres ou pendules (fabricant d'), pour son compte.

Allumettes chimiques (fabric. et march. d')

Anatomie (fabricant de pièces d').

Anatomie (tenant un cabinet d').

Anes (marchand d').

Annonces et avis divers (entrepreneur d'insertions d').

Appréciateur d'objets d'art.

Apprêteur de peaux.

Apprêteur de plumes, laines, duvet et autres objets de literie.

Ardoises (marchand d'). Celui qui vend par millier aux maçons et aux entrepreneurs de bâtiments.

Arrosage (entreprise particulière d').

Arrimeur.

Artificier.

Bacs (fermier de) pour un prix de fermage au-dessous de mille francs.

Baies de genièvre (marchand de).

Bains de rivière en pleine eau (entrep. de).

Balancier (fabricant), pour son compte.

Balançons (marchand de).

Balayage (entreprise particielle de).

Bandagiste.

Bardeaux (marchand de).

Baromètres (fabricant ou march. de).

Barques, bateaux ou canots (constr. de).

Bateaux à laver (exploitant de).

Battendier.

Batteur de bois de teinture.

Batteur d'écorce.

Batteur de graine de trèfle.

Batteur d'or et d'argent.

Baudruche (apprêteur de).

Beurre frais ou salé (march. de) en détail.

Bière (marchand ou débittant. de).

Bijoutier en faux (fabr.), pour son compte.

Billards (fabricant de), sans magasin.

Bisette (fabricant et marchand de).

Blanc de craie (fabricant et march. de).

Blatier avec bêtes de somme.

Bluteaux ou blutoirs (fabric. et march. de).

Bois merrains (marchand de), s'il ne vend qu'aux tonneliers et aux particuliers.

Boiseries (marchand de vieilles).

Boisselier (marchand) en détail.

Bombagiste.

Bombeur de verres.

Bossetier.

Bouchonnier.

Bouchons (marchand de) en détail.

Boues (entrep. partielle de l'enlèvem. des).

Bouilleur ou brûleur d'eau-de-vie.

Bouillon et bœuf cuit (marchand de).

Bourre de soie (marchand de).

Bourrelier.

Boyaudier.

Brasseur à façon.

Bretelles et jarretières (fabricant de), pour son compte.

Bretelles et jarretières (marchand de).

Briou (fabricant de).

Briques (marchand de).

Briquets phosphoriques et autres (fab. de).

Brocanteur d'habits en boutique.

Brossier (fabricant), pour son compte.

Brossier (marchand).

Buffletier (marchand).

Buis ou racines de buis (march. de).

Bustes en plâtre (mouleur de).

Cabaretier.

Cabinet de lecture (tenant un). Où l'on donne à lire les journaux et les nouveautés littéraires.

Cabinets d'aisances publics (tenant).

Cadrans de montres et de pendules (fabricant de), pour son compte.

Cadres pour glaces et tableaux (marchand de).

Café de chicorée en poudre (marchand de).

Cafetières du Levant ou marabouts (fabricant de), pour son compte.

Caisses de tambour (facteur de).

Calfat (radoubeur de navires).

Cannelles et robinets en cuivre (fabr. de), pour son compte.

Cannes (marchand de) en boutique.

Cantinier, dans les prisons, hospices et autres établissements publics.

Caparaçonnier, pour son compte.

Capsules métalliques (fabricant de), pour boucher les bouteilles.

Cardes (fabricant de) par les procédés ordinaires, pour son compte.

Carreaux à carreler (marchand de).

Carrés de montre (fabricant de), pour son compte.

Cartes de géographie (marchand de).

Cartons pour bureaux et autres (fabricant de), pour son compte.

Casquettes (fabric. de), pour son compte.

Cendres (laveur de).

Cercles ou cerceaux (marchand de).

Chaînes de fil, laine ou coton, préparées pour la fabrication des tissus (march. de).

Chaises fines (marchand et fabricant de).

Chaises (loueur de) pour un prix de ferme de deux mille francs et au-dessus.

Chamoiseur, pour son compte.

Chandeliers en fer et en cuivre (fabricant de), pour son compte.

Chanvre (marchand de) en détail.

Chapelier en grosse chapellerie.

Charcutier revendeur.

Charpentier.

Charrée (marchand de).

Charron.

Châsses de lunettes (fabricant de), pour son compte.

Chaux (marchand de).

Chef de ponts et pertuis.

Cidre (march. et débitant de) en détail.

Cimentier, employant moins de cinq ouvriers.

Ciseleur.

Clinquant (fabricant de), pour son compte.

Clochettes (fondeur de).

Cloches (fondeur de), sans boutique ni magasin.

Coffretier-malletier en bois.

Coiffeur.

Cols (fabricant de), pour son compte.

Cols (marchand de).

Combustibles (marchand de), en boutique.

Commissionnaires porteurs pour les fabricants de tissus.

Coquetier avec voiture.

2

Cordes harmoniques (fabricant de), pour son compte.

Cordes métalliques (fabricant de), pour son compte.

Cordier (marchand).

Corne (apprêteur de), pour son compte.

Corne (fabricant de feuilles transparentes de), pour son compte.

Corsets (fabricant et marchand de).

Cosmorama (directeur de).

Costumier.

Coupeur de poils (marchand), pour son compte.

Courtier-gourmet-piqueur de vins.

Couturière (marchande).

Couverts et autres objets en fer battu ou étamé (fabric. et march. de), en détail.

Couvreur (maître).

Crayons (marchand de).

Crépins (marchand de).

Crinières (fabricant de), pour son compte.

Crins plats (marchand de).

Cuir bouilli et verni (fabricant ou marchand d'objets en).

Cuirs et pierres à rasoirs (fabricant et marchand de).

Cuivre de navires (marchand de vieux).

Dalles (marchand de).

Damasquineur.

Découpoirs (fabr. de), pour son compte.

Déménagements (entrepreneur de), s'il a une seule voiture.

Dentelles (facteur de).

Dépeceur de voitures.

Dessinateur pour fabrique.

Doreur et argenteur.

Doreur sur bois.

Ébéniste (fabricant), pour son compte, sans magasin.

Écrans (fabricant d'), pour son compte.

Émailleur, pour son compte.

Emballeur non layetier.

Encre à écrire (fabricant et marchand d') en détail.

Enduit contre l'oxydation (applicateur d').

Enjoliveur (marchand).

Épingles (fabricant d'), par les procédés ordinaires.

Essayeur de soie.

Estampes et gravures (marchand d').

Étameur de glaces.

Éventailliste (marchand fabricant), ayant boutique ou magasin.

Facteur de fabrique.

Fagots et bourrées (marchand de), vendant par voiture.

Faïence (marchand de).

Farines (marchand de) en détail.

Ferblantier.

Feutre (fabricant et marchand de), pour la papeterie, le doublage des navires, plateaux, vernis, etc.

Filagraniste.

Filasse de nerfs (fabricant de), pour son compte.

Filets pour la pêche, la chasse, etc. (fabricant de).

Fileur (entrepreneur).

Filotier.

Fleurs artificielles (marchand d'apprêts et papier pour).

Fleurs d'oranger (marchand de)

Fondeur d'étain, de plomb ou fonte de chasse.

Fontaines publiques (fermier de).

Fontaines à filtrer (fabricant et march. de).

Formaire (pour la fabrication du papier), pour son compte.

Fouleur de bas et autres articles de bonneterie.

Fouleur de feutre pour les chapeliers.

Fourbisseur (marchand).

Fournaliste.

Fourneaux potagers (fabr. et march. de).

Fourrage (débitant de), à la botte ou en petite partie au poids.

Fripier.

Fromages de pâte grasse (marchand de) en détail.

Fromages secs (marchand de) en détail.

Fruitier oranger.

Fruits secs (marchand de) en détail.

Fruits secs pour boissons (marchand de).

Fumiste.

Garde-robes inodores (fabric. et march. de).

Gibernes (fabricant de), pour son compte.

Glace, eau congelée (marchand de).

Globes terrestres et célestes (fabricant et marchand de).

Gommeur d'étoffes.

Graine de moutarde blanche (march. de).

Graines (marchand de) en détail.

Grainetier-fleuriste en détail.

Graveur sur métaux, (fabriquant les timbres secs et gravant sur bijoux).

Grue (maître de).

Harpes (facteur de), n'ayant ni boutique ni magasin.

Herboriste-droguiste.

Histoire naturelle (march. d'objets d').

Horlogerie (fabricant de pièces d'), pour son compte.

Horloger-rhabilleur (marchand).

Huîtres (marchand d').

Images (fabricant ou marchand d').

Imprimeur-lithographe éditeur.

Instruments aratoires (fabricant d').

Instruments de chirurgie en gomme élastique (fabricant d').

Instruments de musique à vent, en bois ou en cuivre (facteur d').

Instruments pour les sciences (facteur d'), sans boutique ni magasin.

Ivoire (fabr. d'objets en), pour son compte.

Jais ou jaïet (fabr. ou march. d'objets en).

Kaolin et pétunzé (marchand de).

Lamineur par les procédés ordinaires.

Lanternier.

Lattes (marchand de) en détail.

Lavoir public (tenant un).

Layetier.

Levure ou levain (marchand de).

Lin (marchand de) en détail.

Linge de table et de ménage (loueur de).

Linger.

Lithochrome, imprimeur.

Lithochromies (marchand de).

Lithographies (marchand de).

Lithophanies pour stores (fabricant et marchand de).

Loueur de tableaux et dessins.

Loueur en garni.

Lunetier (fabricant).

Lustreur de fourrures.

Maçon (maître).
Maison particulière de retraite (tenant une).
Marbre factice (fabricant et march. d'objets en).
Marbrier.
Maréchal ferrant.
Masques (fabricant et marchand de).
Matériaux (marchand de vieux).
Menuisier.
Mercerie (marchand de menue).
Metteur en œuvre, pour son compte.
Meubles d'occasion (marchand de).
Moireur d'étoffes, pour son compte.
Monteur de métiers.
Mosaïques (marchand de).
Mulquinier. Celui qui prépare le fil pour les chaînes servant à la fabrication des tissus.
Naturaliste (marchand).
Nécessaires (fabr. de), pour son compte.
Nourrisseur de vaches et de chèvres pour le commerce du lait.
Oranges et citrons (marchand d'), en boutique et en détail.
Os (fabric. d'objets en), pour son compte.
Outres (fabricant d'), pour son compte.
Outres (marchand d').
Paille (fabricant de tissus pour les chapeaux de), pour son compte.
Paillettes et paillons (fabricant de), pour son compte.
Pains à cacheter et à chanter (fabricant et marchand de).
Pain d'épices (fabricant ou marchand en boutique de).
Papiers de fantaisie (fabricant de), pour son compte.
Parapluies (fabricant et marchand de).
Parcheminier, pour son compte.
Parqueteur (menuisier).
Pâtes alimentaires (marchand de).
Paveur.
Peaux de lièvres et de lapins (marchand de), en boutique.
Pêche (adjudic. ou fermier de), pour un prix de deux mille francs ou au-dessus.
Peignes à sérancer (fabricant de), pour son compte.
Peignes d'écaille (fabricant de), pour son compte.
Peignes (marchand de), en boutique.
Peintre en bâtiments, non entrepreneur.
Pension bourgeoise (tenant).
Pension particulière de vieillards (tenant).
Perles fausses (fabr. de), pour son compte.
Peseur et mesureur juré.
Pianos et clavecins (facteur de), n'ayant ni boutique ni magasin.
Pierres à brunir (fabricant et march. de).
Pierres fausses (fabricant de).
Pierres bleues (marchand de), pour le blanchissage du linge.
Pierres taillées (marchand de).
Pinceaux (fabricant de), pour son compte.
Pipes (marchand de).
Plafonneur.
Plâtre (marchand de).
Plâtrier maçon.

Plomb de chasse (fabricant ou march. de).
Plumes métalliques (march. fabricant de).
Poêlier en faïence, fonte, etc.
Polisseur d'objets en or, argent, cuivre, acier, écaille, os, corne, etc.
Porces pour les papetiers (fabricant de).
Portefeuilles (fabric. de), pour son compte.
Portefeuilles (marchand de).
Potier d'étain
Poudre d'or (fabricant et marchand de).
Poulieur (fabricant).
Pressoir (maître de) à manége.
Queues de billard (fabricant de), pour son compte.
Ramonage (entrepreneur de).
Rampiste.
Ressorts de bandages pour les hernies (fabricant de), pour son compte.
Ressorts de montres et de pendules (fabricant de), pour son compte.
Sacs de toile (fabricant et marchand de).
Salpêtrier.
Sarreaux ou blouses (march. de), en détail.
Sculpteur en bois, pour son compte.
Son, recoupe et remoulage (marchand de).
Sparterie (fabric. et march. d'objets en).
Sphères (fabricant de).
Stucateur.
Sumac (marchand de).
Tabac (marchand de) en détail dans le département de la Corse.
Table d'hôte (tenant une).
Tabletier (marchand).
Tabletterie (fabricant d'objets en), pour son compte.
Tambours, grosses caisses, tambourins (fabricant de).
Tamisier (fabricant et marchand).
Tan (marchand de).
Tapissier à façon.
Teinturier dégraisseur pour les particuliers.
Teinturier en peaux.
Tireur d'or et d'argent.
Tôlier.
Tourneur sur métaux.
Tourteaux (marchand de) en détail.
Tréfileur par les procédés ordinaires.
Tuiles (marchand de).
Vannerie (marchand de) en détail.
Vannier (fabricant en vannerie fine).
Vérificateur de bâtiments.
Vernisseur sur cuivre, feutre, carton et métaux.
Verres bombés (marchand de).
Verroterie et gobeletterie (marchand de) en détail.
Vignettes et caractères à jour (fabricant de), pour son compte.
Vignettes et caractères à jour (marchand en boutique de).
Vin (marchand de), en détail, donnant à boire chez lui et ne tenant pas billard.
Vis (fabricant de), par procédés ordinaires, pour son compte.
Vitrier en boutique.
Voilier à façon.
Volaille ou gibier (marchand de).

SEPTIÈME CLASSE.

Accordeur de pianos, harpes et autres instruments.
Acheveur en métaux.
Acier poli (fabricants d'objets en) à façon.

Alevin (marchand d').
Allèges (maître d').
Anes (loueur d').
Apprêteur de barbes ou fanons de baleine.
Apprêteur de bas et autres objets de bonneterie.
Archets (fabricant d').
Armurier rhabilleur.
Armurier à façon.
Arpenteur.
Attelles pour colliers de bêtes de trait (fabricant et marchand d').
Avironnier.
Badigeonneur.
Balancier (fabricant) à façon.
Ballons pour lampes (fabricant de), pour son compte.
Bandagiste à façon.
Bardeaux (fabric. de), pour son compte.
Bâtier.
Battoirs de paume (fabricant de).
Baugeur.
Bijoutier à façon.
Bijoutier en faux (fabricant) à façon.
Bimbeloterie (fabricants d'objets de), sans boutique ni magasin.
Bimbelotier (marchand) en détail.
Blanchisseur de chapeaux de paille.
Blanchisseur de fin.
Blanchisseur de linge, ayant un établissement de buanderie.
Blanchisseur sur pré.
Boisselier.
Boîtes et bijoux à musique (fabricant de mécaniques pour), à façon.
Bottes remontées (marchand de).
Bottier et cordonnier en chambre.
Boules vulnéraires, dites *d'acier* ou de *Nancy* (fabricant de).
Bouquetière (marchande) en boutique.
Bouquiniste.
Bourrelets d'enfants (fabric. et march. de).
Boursier.
Boutons de soie (fabr. de) pour son compte.
Briquets phosphoriques et autres (m. de).
Broches pour la filature (rechargeur de).
Broderies (blanchisseur et apprêteur de).
Broderies (dessinateur imprimeur de).
Broderies (fabricant à façon de).
Brunisseur.
Bufletier (fabricant), pour son compte.
Bustes en cire pour les coiffeurs (fabr. de).
Cabinet de figures en cire (tenant un).
Cabinet de lecture où l'on donne à lire les journaux seulement (tenant un).
Cabinet particulier de tableaux, d'objets d'histoire naturelle ou d'antiquités (tenant un).
Cabriolets sur place ou sous remise (loueur de), s'il n'a qu'un cabriolet.
Calandreur de vieilles étoffes.
Cambreur de tiges de bottes.
Camées faux ou moulés (fabricant de).
Cannelles et robinets en cuivre (fabricant de), à façon.
Cannes (fabricant de), pour son compte.
Cannetille (fabricant de).
Caractères d'imprimerie (fondeur de) à façon.
Caractères d'imprimerie (graveur en).
Caractères mobiles en bois ou en terre cuite (fabricant et marchand de).

Carcasses ou montures de parapluies (fabricant de), pour son compte.
Cardeur de laine, de coton, de bourre de soie, filoselle, etc.
Carreleur.
Carrioles (loueur de).
Ceinturonnier, pour son compte.
Cendres ordinaires (marchand de).
Chaises (loueur de), pour un prix de ferme de cinq cents francs à deux mille francs.
Chapelets (fabricant et marchand de).
Charnières en fer, cuivre ou fer-blanc (fabricant de), par les procédés ordinaires, pour son compte.
Chasublier à façon.
Chaudronnier rhabilleur.
Chaussons en lisière et autres (march. de).
Chenille en soie (fab. de), pour son compte.
Chevaux (courtier de).
Chèvres et chevreaux (marchand de).
Chiffonnier en détail.
Chineur.
Cirage ou encaustique (march. fabr. de).
Cloutier au marteau, pour son compte.
Coiffes de femmes (faiseuse et march. de).
Colle de pâte et de peau (fabricant de).
Colleur de chaînes pour fabrication de tissus.
Coquetier avec bêtes de somme.
Cordes harmoniques (fabric. de), à façon.
Cordes métalliques (fabricant de), à façon.
Cordier (fabric.) pour menus cordages, tels que cordes, ficelles, longes, traits, etc.
Cordons en fil, soie, laine, etc. (fabricant de), pour son compte.
Corroyeur à façon.
Cosmétiques (marchand de).
Coton cardé ou gommé (marchand de).
Coupeur de poils, à façon.
Courroies (apprêteur de), pour son compte.
Courtier de bestiaux.
Coutelier à façon.
Couturière en corsets, en robes ou en linge.
Couvreur en paille ou en chaume.
Crémier ou laitier.
Crépin en bois (fabricant d'articles de), pour son compte.
Criblier.
Cristaux (tailleur de).
Crochets pour les fabriques d'étoffes (fabricant de), pour son compte.
Cuivre vieux (marchand de).
Cuves, foudres, barriques et tonneaux (fabricant de).
Déchets de coton (marchand de).
Décrueur de fil.
Dégraisseur.
Denteleur de scies.
Doreur sur tranches.
Ebéniste (fabr.) à façon.
Ecailles d'ables ou ablettes (marchand d').
Echalas (marchand d').
Ecorcheur ou équarrisseur d'animaux.
Embouchoirs (faiseurs d').
Emailleur, à façon.
Enjoliveur (fabricant), pour son compte.
Eperonnier à façon.
Epicier-regrattier. S'il ne vend qu'au petit poids et à la petite mesure quelques articles d'épiceries, et joint à ce commerce

la vente de quelques autres objets, comme poterie de terre, charbon en détail, bois à la falourde, etc.

Epinglier-grillageur.

Equarrisseur de bois.

Equipeur-monteur.

Essence d'Orient (fabricant d').

Estampeur en métaux autres que l'or et l'argent.

Etriers (fabricant d') à façon.

Etrilles (fabricant d') à façon.

Eventailliste (fabricant), pour son compte.

Expert pour le partage et l'estimation des propriétés.

Ferblantier en chambre.

Ferrailleur.

Fiacres (loueur de), s'il n'a qu'une seule voiture.

Finisseur en horlogerie.

Fleuriste travaillant pour le compte des marchands.

Fendeur de brins de baleines.

Fontaines en grés, à sable (marchand de).

Forces (fabricant de) à façon.

Forets (fabricant de).

Formier.

Fouets, cravaches (fabricant ou marchand de), pour son compte.

Fournier.

Fourreaux pour sabres, épées, baïonnettes (fabricant de), pour son compte.

Frangier (fabricant), pour son compte.

Fretin (marchand de).

Friseur de drap et autres étoffes de laine.

Friteur ou friturier en boutique.

Fruitier.

Gabare (maître de) ou gabarier.

Galettes, gaufres, brioches et gâteaux (march. de) en boutique.

Galochier.

Galonnier (fabricant), pour son compte.

Gainier (fabricant), pour son compte.

Gargotier.

Gaufreur d'étoffes, de rubans, etc.

Gaules et perches (marchand de).

Graines fourragères, oléagineuses et autres (marchand de) en détail.

Grainier ou grainetier.

Gravatier.

Graveur en caractères d'imprimerie.

Graveur sur métaux. Se bornant à graver des cachets ou des planches pour factures et autres objets dits *de ville*.

Grueur.

Guêtrier.

Guillocheur.

Guimpier.

Halage (loueur de chevaux pour le).

Hameçons (fabricant d').

Herboriste. Ne vendant que des plantes médicinales fraîches ou sèches.

Hongreur.

Horlogerie (fabricant de pièces d') à façon.

Horloger-repasseur.

Horloger-rhabilleur (non marchand).

Horloges en bois (fabricant ou march. d').

Imprimeur en taille-douce pour objets dits *de ville*.

Imprimeur-lithographe (non éditeur).

Imprimeur sur porcelaine, faïence, verre, cristaux, émail, etc.

Ivoire (fabric. d'objets en) à façon.

Joaillier à façon.

Lait d'ânesse (marchand de).

Lamier-rotier, pour son compte.

Lapidaire à façon.

Layettes d'enfant (marchand de).

Légumes secs (marchand de).

Lie de vin (marchand de).

Lin (fabricant de).

Linge (marchand de vieux).

Liqueurs et eaux-de-vie (débitant de).

Logeur.

Loueur de livres.

Lunettes (fabricant de verres de).

Luthier (fabricant) à façon.

Marbreur sur tranches.

Marchande à la toilette.

Maroquinier à façon.

Mégissier à façon.

Mesures linéaires, règles et équerres (fabricant de), pour son compte.

Métiers à bas (forgeur de) à façon.

Metteur en œuvre, à façon.

Monteur en bronze.

Moulures (fabricant de) à façon.

Moutardier (marchand) en détail.

Muletier.

Nacre de perle (fabric. d'objets en) à façon.

Navetier (fabricant).

Oiselier.

Orfèvre à façon.

Orge (exploitant un moulin à perler l').

Orgues portatives (facteur d') à façon.

Ouate (fabricant et marchand d').

Outres (fabricant d') à façon.

Ovaliste.

Paille (fabricant de tissus pour chapeaux de) à façon.

Paille (fabr. de tresses, cordonnets, etc., en).

Paille teinte (fabricant et march. de).

Pain (marchand de) en boutique.

Papier de fantaisie (fabricant de) à façon.

Passementier (fabricant), pour son compte.

Patachier.

Pâtissier-brioleur.

Pêche (adjudicataire ou fermier de), pour un prix de ferme de cinq cents francs à deux mille francs.

Pédicure.

Peigneur de chanvre, de lin ou de laine.

Peintre en armoiries, attributs et décors.

Peintre ou doreur, soit sur verre ou cristal, soit sur porcelaine, etc., pour son compte.

Perruquier.

Pierre de touche (marchand de).

Piquonnier.

Planches ou ifs à bouteilles (fabricant de).

Planeur en métaux.

Plaqueur.

Plumeaux (marchand fabricant de), pour son compte.

Poires à poudre (fabricant de), pour son compte.

Poisson (marchand en détail de).

Pompes de bois (fabricant de).

Poterie de terre (marchand de).

Présurier.

Queues de billard (fabricant de) à façon.

Raquettes (fabricant de), pour son compte.

Regrattier.

Relieur de livres.

Rentrayeur de couvertures de laine et de coton.

Ressorts de bandages pour les hernies (fabricant de) à façon.
Ressorts de montres et de pendules (fabricant de) à façon.
Revendeuse à la toilette pour son compte.
Roseaux (marchand de).
Rouettes ou harts pour lier les trains de bois (marchand de).
Ruches pour les abeilles (fabricant de), pour son compte.
Scieur de long.
Sculpteur en bois, à façon.
Seaux ou baquets en sapin (fabricant de), pour son compte.
Sel (marchand de) en détail.
Sellier à façon.
Socques (fabricant et march. de) en bois.
Soufflets ordinaires (fabr. et march. de).
Tableaux (restaurateur de).

Tabletterie (fabric. d'objets en) à façon.
Tailleur d'habits à façon.
Toiles grasses (fabric. de) pour emballage.
Toiles métalliques (fabricant de) à façon.
Toiseur de bâtiments.
Toiseur de bois.
Tondeur de draps et autres étoffes de laine.
Tonneaux (marchand de).
Tonnelier.
Torcher.
Tourneur en bois (marchand), vendant en boutique divers objets en bois faits au tour.
Treillageur.
Tripier.
Ustensiles de ménage (march. de vieux).
Vaisselle et ustensiles de bois (fabricant et marchand de).

HUITIÈME CLASSE.

Accoutreur.
Affiloirs (marchand d').
Agrafes (fabricant d'), par procédés ordinaires, à façon.
Aiguilles, clefs et autres petits objets pour montres et pendules (fabric. d') à façon.
Aiguilles (fabric. d') à coudre ou à faire des bas, par procédés ordinaires, à façon.
Aiguilles pour les métiers à faire des bas (monteur d').
Allumettes et amadou (fabric. et march. d').
Appeaux pour la chasse (fabrique d').
Apprêteur de chapeaux de feutre.
Approprieur de chapeaux.
Arçonneur.
Artiste en cheveux.
Assembleur.
Balais de bouleau, de bruyère, et de grand millet (marchand de), avec voiture ou bêtes de somme.
Ballons pour lampes (fabricant de) à façon.
Barbier.
Bardeaux (fabricant de) à façon.
Batelier.
Bâtonnier.
Baudelier.
Blanchisseur de linge, sans établissement de buanderie.
Bobines pour les manufactures (fabric. de).
Bois à brûler (marchand de), qui vend à la falourde, au fagot et au cotret.
Bois de galoches et de socques (faiseur de).
Boisselier (fabricant) à façon.
Bouchons de flacons (ajusteur de).
Bouclerie (fabricant de) à façon.
Boutons de métal, corne, cuir bouilli (fabricant de) à façon.
Boutons de soie (fabricant de) à façon.
Bretelles et jarretières (fabric. de) à façon.
Brioleur avec bêtes de somme.
Briquetier à façon.
Brocanteur d'habits sans boutique.
Broches et cannelets pour la filature (fabricant de) à façon.
Brosses (fabricant de bois pour).
Brossier (fabricant) à façon.
Bûches et briquettes factices (march. de).
Buffletier (fabricant) à façon.
Cabas (faiseur de).
Cadrans de montres et de pendules (fabri-

cant de) à façon.
Café tout préparé (débitant de).
Cafetières du Levant ou marabouts (fabricant de) à façon.
Cages, souricières et tournettes (fabric. de).
Canevas (dessinateur de).
Cannes (fabricant de) à façon.
Caparaçonnier à façon.
Carcasses ou montures de parapluies (fabricant de) à façon.
Carcasses pour modes (fabricant de).
Cardes (fabricant de) à façon, par les procédés ordinaires.
Carrés de montre (fabricant de) à façon.
Cartons pour les bureaux et autres (fabricant de) à façon.
Casquettes (fabricant de) à façon.
Castine (marchand de).
Ceinturonnier à façon.
Cerclier.
Chaises communes (fabric. et march. de).
Chaises (loueur de) pour un prix de ferme au-dessous de cinq cents francs.
Chamoiseur à façon.
Chandeliers en fer ou en cuivre (fabricant de) à façon.
Chapeaux (marchand de vieux) en boutique ou en magasin.
Charbon de bois (marchand de) en détail.
Charbon de terre épuré ou non (marchand de) en détail.
Charbonnier-voiturier.
Charnières en fer, cuivre ou fer-blanc (fabricant de), par procédés ordinaires, à façon.
Charrettes (loueur de).
Châsses de lunettes (fabricant de) à façon.
Chaussons en lisière (fabricant de).
Chenille en soie (fabricant de) à façon.
Chevilleur.
Clinquant (fabricant de) à façon.
Cloutier au marteau, à façon.
Colleur de papiers peints.
Cols (fabricant de) à façon.
Cordes à puits et liens d'écorce (fabric. de).
Cordons en fil, soie, laine, etc. (fabric. de) à façon.
Corne (apprêteur de) à façon.
Corne (fabricant de feuilles transparentes de) à façon.

Cotrets (débitant de).
Courroies (apprêteur de) à façon.
Couverts et autres objets en fer battu ou étamé (fabricant de) à façon.
Crépin en buis (fabric. d'articles de) à façon.
Crin (apprêteur, crêpeur ou friseur de) à façon.
Crinières (fabricant de) à façon.
Crochets pour les fabriques d'étoffes (fabricant de) à façon.
Cuillers d'étain (fondeur ambulant de).
Découpeur d'étoffes ou de papiers.
Découpoirs (fabricant de) à façon.
Décrotteur en boutique.
Dés à coudre, en métal autre que l'or et l'argent (fabricant de) à façon.
Ecrans (fabricant d') à façon.
Elastiques pour bretelles, jarretières, etc. (fabricant d').
Emeri et rouge à polir (marchand d').
Enjoliveur (fabricant) à façon.
Etameur ambulant d'ustensiles de cuisine.
Etoupes (marchand d').
Eventailliste (fabricant) à façon.
Fagots et bourrées (marchand de) en détail, vendant au fagot.
Falourdes (débitant de).
Faines (marchand de).
Feuilles de blé de Turquie (marchand de).
Figures en cire (mouleur de) à façon.
Filasse de nerfs (fabricant de) à façon.
Formaire pour la fabrication du papier, à façon.
Fouets et cravaches (fabricant de) à façon.
Fourreaux pour sabres, épées, baïonnettes (fabricant de) à façon.
Frangier à façon.
Frappeur de gaze.
Fuseaux (fabricant de).
Gainier à façon.
Galonnier à façon.
Garnisseur d'étuis pour instruments de musique.
Garnitures de parapluies et cannes, telles que bouts, anneaux, cannes, manches, etc. (fabricant de).
Gibernes (fabricant de) à façon.
Graveur de musique.
Graveur sur bois.
Harmonicas (facteur d').
Lamier-rotier (à façon).
Langueyeur de porcs.
Limailles (marchand de).
Limes (tailleur de).
Livrets (fabricant de) pour les batteurs d'or ou d'argent.
Loueur en garni (s'il ne loue qu'une chambre).
Marrons (marchand de) en détail.
Matelassier.
Mèches et veilleuses (march. et fabric. de).
Mesures linéaires, règles et équerres (fabricant de) à façon.
Modiste à façon.
Moireur d'étoffes à façon.
Moules de boutons (fabricant de).

Nattier.
Nécessaires (fabricant de) à façon.
Nerfs (batteur de).
OEillets métalliques (fabricant d').
Oribus (faiseur et marchand d').
Os (fabricant d'objets en) à façon.
Osier (marchand d').
Ourdisseur de fils.
Paillassons (fabricant de).
Paillettes et paillons (fabricant de) à façon.
Papiers verrés ou émerisés (fabricant de).
Parcheminier à façon.
Passementier (fabricant) à façon.
Pâte de rose (fabricant de bijoux en).
Pêche (adjudicataire ou fermier de) pour un prix de fermage au-dessous de cinq cents francs.
Peignes à sérancer (fabricant de) à façon.
Peignes d'écaille (fabricant de) à façon.
Peignes en cannes ou roseaux pour le tissage (fabricant et marchand de).
Peintre ou doreur, soit sur verre ou crista., soit sur porcelaine, etc., à façon.
Pelles de bois (fabricant et marchand de).
Perceur de perles.
Perles fausses (fabricant de) à façon.
Pinceaux (fabricant de) à façon.
Piqueur de cartes à dentelles.
Piqueur de grès.
Plieur de fils de soie à façon.
Plumassier à façon.
Plumeaux (fabricant de) à façon.
Plumes à écrire (apprêteur de).
Poires à poudre (fabricant de) à façon.
Pois d'iris (fabricant de).
Portefeuilles (fabricant de) à façon.
Porteur d'eau filtrée ou non filtrée, avec cheval et voiture.
Potier de terre ayant moins de cinq ouvriers.
Pressoir (maître de) à bras.
Puits (maître cureur de).
Raquettes (fabricant de) à façon.
Régleur de papier.
Rémouleur ou repasseur de couteaux.
Repercour.
Rognures de peaux (marchand de).
Rouleaux (tourneur de) pour la filature.
Ruches pour les abeilles (fabric. de) à façon.
Sable (marchand de).
Sabotier (fabricant).
Sabots (marchand de) en détail.
Seaux ou baquets en sapin (fabricant de) à façon.
Souliers vieux (marchand de).
Tisserand.
Têtes en carton servant aux marchands de modes (fabricant de).
Tourbe (marchand de) en détail.
Tourneur en bois (fabricant) sans boutique.
Vannier (fabricant de vannerie commune).
Vignettes et caractères à jour (fabricant de) à façon.
Vis (fabricant de) par procédés ordinaires, à façon.
Voiturier.

TABLEAU B.

Professions imposées, eu égard à la population, d'après un tarif exceptionnel.

Profession	Condition	Montant
Agent de change...	A Paris.	f. 1,000
	Dans les villes de cent mille âmes et au-dessus.	250
	De cinquante mille à cent mille âmes.	200
	De trente mille à cinquante mille, et dans les villes de quinze mille à trente mille âmes qui ont un entrepôt réel.	150
	Dans les villes de quinze mille à trente mille âmes, et dans les villes d'une population inférieure à quinze mille âmes, qui ont un entrepôt réel.	100
	Dans toutes les autres communes.	75
Banquier.........	A Paris.	1,000
	Dans les villes d'une population de cinquante mille âmes et au-dessus.	500
	Dans les villes de trente mille à cinquante mille âmes, et dans celles de quinze mille à trente mille âmes, qui ont un entrepôt réel.	400
	Dans les villes de quinze mille à trente mille âmes, et dans les villes d'une population inférieure à quinze mille âmes, qui ont un entrepôt réel.	300
	Dans toutes les autres communes.	200
Commissionnaire en marchandises....	A Paris.	400
	Dans les villes d'une population de cinquante mille âmes et au-dessus.	300
	Dans les villes de trente mille à cinquante mille âmes, et dans celles de quinze mille à trente mille âmes qui ont un entrepôt réel.	200
	Dans les villes de quinze mille à trente mille âmes, et dans les villes d'une population inférieure à quinze mille âmes qui ont un entrepôt réel.	150
	Dans toutes les autres communes.	75
Commissionnaire entrepositaire.... Commissionnaire de transports par terre et par eau..... Courtier d'assurances............. Courtier de navires. Courtier de march.	A Paris.	250
	Dans les villes de cinquante mille âmes et au-dessus.	200
	Dans les villes de trente mille à cinquante mille âmes, et dans celles de quinze mille à trente mille âmes qui ont un entrepôt réel.	150
	Dans les villes de quinze mille à trente mille âmes, et dans les villes d'une population inférieure à quinze mille âmes qui ont un entrepôt réel.	100
	Dans toutes les autres communes.	50
Entrepreneur d'éclairage à l'huile..	A Paris.	300
	Dans les villes de cinquante mille âmes et au-dessus.	150
	Dans les villes de trente mille âmes à cinquante mille âmes.	100
	Dans les villes de quinze mille à trente mille âmes.	50
	Dans toutes les autres communes.	25
Facteur aux halles de Paris........	Pour les farines, le beurre, les œufs, les fromages et le poisson salé.	150
	Pour les grains, graines et grenailles, la marée, les huîtres et les cuirs.	100
	Pour le poisson d'eau douce, la volaille, le gibier, les agneaux, cochons de lait, veaux de rivière et de Pré-Salé, les veaux, les charbons de bois arrivés par eau, les draps, les toiles, les fourrages.	75
	Pour le charbon de bois arrivé par terre ou pour le charbon de terre.	50
	Pour les fruits et les légumes.	25
Gaz pour l'éclairage (fabrique e)....	Pour les fabriques qui fournissent l'éclairage de tout ou partie de la ville de Paris.	600
	Des villes de cinquante mille âmes et au-dessus.	400
	Des villes de trente mille âmes et au-dessus.	200
	Des villes de quinze mille à trente mille âmes.	150
	Des villes au-dessous de quinze mille âmes.	75
Inhumations et pompes funèbres de Paris (entreprise des).		1,000
Monnaies (directeur des).............	A Paris.	1,000
	Dans toutes les autres villes.	500
Négociant.........	A Paris.	400
	Dans les villes de cinquante mille âmes et au-dessus.	300
	Dans les villes de trente mille à cinquante mille âmes, et dans celles de quinze à trente mille âmes qui ont un entrepôt réel.	200

Négociant.........	Dans les villes de quinze mille à trente mille âmes, et dans les villes d'une population inférieure à quinze mille âmes qui ont un entrepôt réel.	f. 150
	Dans toutes les autres communes.	100
Pont (concession-naires ou fermiers de péage sur un).	Dans l'intérieur de Paris.	200
	Dans l'intérieur d'une ville de cinquante mille âmes et au-dessus.	100
	Dans l'intérieur d'une ville de vingt à trente mille âmes.	75
	Dans les autres communes d'une population inférieure à vingt mille âmes, lorsque le pont réunit deux parties d'une route royale.	75
	D'une route départementale.	50
	D'un chemin vicinal de grande communication.	25
	D'un chemin vicinal.	15
Roulage (entrepre-neur de)...........	A Paris.	300
	Dans les villes de cinquante mille âmes et au-dessus.	200
	Dans les villes de trente mille à cinquante mille âmes, et dans celles de quinze mille à trente mille âmes qui ont un entrepôt réel.	150
	Dans les villes de quinze mille à trente mille âmes, et dans les villes d'une population inférieure à quinze mille âmes qui ont un entrepôt réel.	100
	Dans toutes les autres communes.	75

TABLEAU C.

Professions imposées sans égard à la population.

PREMIÈRE PARTIE.

DROIT PROPORTIONNEL AU QUINZIÈME.

Armateur pour le long cours..........	Quarante centimes par chaque tonneau, jusqu'au maximum de quatre cents francs.	
Armateur pour le grand et le petit cabotage, la pêche de la baleine et celle de la morue.	Vingt-cinq centimes par chaque tonneau, jusqu'au maximum de quatre cents francs.	
Assurances, non mutuelles, dont les opérations s'étendent à plus de vingt départements.		f. 1,000
De six à vingt départements.		500
A moins de six départements.		300
Banque de France, y compris ses comptoirs.		10,000
Banque dans les départements.........	Ayant un capital de deux millions et au-dessous.	1,000
	Par chaque million de capital en sus, deux cents francs, jusqu'au maximum de deux mille francs.	
Bateaux et paquebots à vapeur pour le transport des voyageurs (entreprise de).		
Pour voyages de long cours.		500
Sur fleuves, rivières et le long des côtes.		200
Bateaux et paquebots à vapeur pour le transport des marchandises (entreprise de).		200
Bateaux à vapeur remorqueurs (entreprise de).		150
Canaux navigables (avec péage) (Concessionnaire de).		200
Plus vingt francs par myriamètre complet, en sus du premier, jusqu'au maximum de mille francs.		
Coches d'eau (entreprise de).		100
Défrichement ou desséchement (compagnie de).		300
Fournisseurs géné-raux.............	d'objets concernant l'habillement, l'armement, la remonte, le harnachement et l'équipement des troupes, etc.	1,000
	de subsistances aux armées.	1,000
	de bois et de lumière aux troupes.	1,000
Fournisseur des objets ci-dessus indiqués, par division militaire.		150
Fournisseur de fourrages aux troupes dans les garnisons.		100
Fournisseurs de vivres et fourrages dans un gîte d'étape.		25
Fournisseur de bois et de lumière aux troupes dans les garnisons.		25
Magasins de plusieurs espèces de marchandises (tenant un), lorsqu'il occupe habituellement au moins vingt-cinq personnes préposées à la vente.		1,000

		f.
	Avec voiture à un seul collier.	f. 60
	A deux colliers.	120
Marchand forain....	A trois colliers ou au-dessus ou ayant plus d'une voiture.	200
	Avec bête de somme.	40
	Avec balle.	15

(Les droits ci-dessus sont réduits de moitié lorsque le marchand forain ne vend que de la boissellerie, de la poterie, de la vannerie ou des balais).

Tontine (société de).   300

DEUXIÈME PARTIE.

Droit proportionnel	Au vingtième : 1o sur la maison d'habitation. 2o Sur les magasins de vente complétement séparés de l'établissement. Au vingt-cinquième : sur l'établissement industriel.	

Aiguilles à coudre ou à faire des bas par procédés ordinaires (fabricant d'), pour son compte.		25
Amidon (fabric. d').	Ayant dix ouvriers et au-dessous. Et trois francs par chaque ouvrier en sus, jusqu'au maximum de deux cents francs.	25
Ardoisière (exploitant d')..........	Ayant dix ouvriers et au-dessous. Et trois francs par chaque ouvrier en sus, jusqu'au maximum de quatre cents francs.	25
Blanc de baleine (raffinerie de)..	Ayant cinq ouvriers et au-dessous. Et trois francs par chaque ouvrier en sus, jusqu'au maximum de trois cents francs.	25
Bougies, cierges, etc. (fabrique de)....	Ayant cinq ouvriers et au-dessous. Et trois francs par chaque ouvrier en sus, jusqu'au maximum de cent francs.	25
Brais, goudrons, poix, résines et autres matières analogues (fabrique de).		15
Briques (fabriq. de).	Ayant cinq ouvriers et au-dessous. Et trois francs par chaque ouvrier en sus, jusqu'au maximum de cent francs.	
Café de chicorée (fabrique de).		50
Capsules ou amorces de chasse (fabricant de).		50
Cendres gravelées (fabrique de).		25
Chandelles (fabrique de)................	Ayant cinq ouvriers et au-dessous. Et trois francs par chaque ouvrier en sus, jusqu'au maximum de cent francs.	10
Chaux naturelle (fabrique de).........	Pour un four. Pour deux. Et pour trois fours et au-dessus.	15 30 50
Chaux artificielle (fabrique de)........	Pour un four. Pour deux. Et pour trois fours et au-dessus.	20 50 80
Cire (blanchisserie de).............	Ayant cinq ouvriers et au-dessous. Et trois francs par chaque ouvrier en sus, jusqu'au maximum de deux cents francs.	25
Colle forte (fabr. de).	Ayant cinq ouvriers et au-dessous Et trois francs par chaque ouvrier en sus, jusqu'au maximum de cent francs.	25
Crayons (fabriq. de).	Ayant cinq ouvriers et au-dessous. Et trois francs par chaque ouvrier en sus , jusqu'au maximum de trois cents francs.	25
Creusets (fabrique de).		25
Encre d'impression (fabricant d').	Ayant cinq ouvriers et au-dessous. Et trois francs par chaque ouvrier en sus jusqu'au maximum de deux cents francs.	25
Engrais (marchand d').		25
Esprit ou eau-de-vie de vin (fabrique d').		50
Esprit ou eau-de-vie de marc de raisin, cidre, poiré, fécules et autres substances analogues (fabrique d').		25
Étain (fabrique d') pour glaces......	Ayant dix ouvriers et au-dessous. Et trois francs par chaque ouvrier, jusqu'au maximum de trois cents francs.	50
Fécules de pommes de terre (fabr. de)	Ayant dix ouvriers et au-dessous. Et trois francs par chaque ouvrier, jusqu'au maximum de deux cents francs.	25
Fontainier, sondeur et foreur de puits artésiens.		50

Formes à sucre (fabrique de).	{ Vingt-cinq francs pour cinq ouvriers, et au-dessous, et trois francs par chaque ouvrier en sus, jusqu'au maximum de cent francs.	
Gélatine (fabriq. de).	{ Ayant cinq ouvriers et au-dessous.	f. 25
	Et trois francs par chaque ouvrier, jusqu'au maximum de deux cents francs.	
Glacières (maître de).		50
Mastics et ciments (fabrique de).		50
Noir animal (fabrique de).		50
Pâtes alimentaires (fabrique de)	{ Ayant cinq ouvriers et au-dessous.	25
	Et trois francs par chaque ouvrier, jusqu'au maximum de deux cents francs.	
Pierres à feu (fabricant, expéditeur de).		25
Pipes (fabrique de), vingt-cinq francs par four jusqu'au maximum de cent cinquante francs.		
Plâtre (fabrique de).	{ Pour un four.	15
	Pour deux fours.	30
	Pour trois fours et au-dessus.	50
Pointes (fabrique de) par procédés ordinaires.	{ Ayant dix ouvriers et au-dessous.	95
	Plus trois francs par chaque ouvrier en sus, jusqu'au maximum de trois cents francs.	
Poterie (fabricant de)................	{ Trois francs par chaque ouvrier, jusqu'au maximum de trois cents francs.	
Réglisse (fabriq. de)	{ Ayant cinq ouvriers et au-dessous.	25
	Et trois francs par chaque ouvrier en sus, jusqu'au maximum de deux cents francs.	
Savon (fabrique de).	{ Trente francs pour une ou plusieurs chaudières ayant une capacité minimum de trente hectolitres.	
	Un franc en plus par chaque hectolitre excédant le chiffre de trente, jusqu'au maximum de quatre cents francs.	
Sel (raffinerie de).		100
Suif (fondeur de).	{ Ayant cinq ouvriers et au-dessous.	10
	Et trois francs par chaque ouvrier en sus, jusqu'au maximum de cent francs.	
Taffetas gommés ou cirés (fabricant de).		50
Tapis peints ou vernis (fabricant de).		50
Toiles cirées ou vernies (fabricant de).		50
Tourbes carbonisées (fabrique de).		25
Tuiles (fabrique de).	{ Ayant cinq ouvriers et au-dessous.	15
	Et deux francs par chaque ouvrier en sus, jusqu'au maximum de cent francs.	

TROISIÈME PARTIE.

Droit proportionnel.	{ Au vingtième : 1o sur la maison d'habitation ;	
	2o Sur les magasins de vente complétement séparés de l'établissement.	
	Au quarantième : sur l'établissement industriel.	
Acier fondu ou acier de cémentation (fabrique de).	{ Ayant trois ouvriers et au-dessous.	15
	Et trois francs par chaque ouvrier en sus, jusqu'au maximum de trois cents francs.	

(Ce droit sera réduit de moitié pour les fabriques qui sont forcées de chômer, par crue ou par manque d'eau, pendant une partie de l'année équivalente au moins à quatre mois.)

Acier naturel (fabrique d') imposable comme les forges et hauts-fourneaux.		
Agrafes (fabrique d'), par procédés mécaniques.		50
Aiguilles à coudre ou à tricoter, ou pour métier à faire des bas par procédés mécaniques (manufacture d')...	{ Ayant cinq ouvriers et au-dessous.	25
	Plus trois francs par chaque ouvrier en sus, jusqu'au maximum de trois cents francs.	
Armes blanches (fabrique d').		100
Armes (manufacture d') de guerre.		400
Biscuit de mer (fabrique de).		50
Blanchisserie de toile et fils pour le commerce par procédés mécaniques :		
Ayant cinq ouvriers et au-dessous.		25
Et trois francs par chaque ouvrier en sus, jusqu'au maximum de trois cents francs.		

Boccard, patouillet ou lavoir de mine- rai.....................	Pour chaque usine. Jusqu'au maximum de cent francs.	f. 15

(Ce droit sera réduit de moitié pour les boccards, patouillets ou lavoirs qui sont
forcés de chômer, par crue ou par manque d'eau, pendant une partie de
l'année équivalente au moins à quatre mois.)

Brasserie :
Pour chaque chaudière contenant moins de dix hectolitres. 10
Pour chaque chaudière de dix à vingt hectolitres. 20
Pour chaque chaudière de vingt à trente hectolitres. 30
Pour chaque chaudière de trente à quarante hectolitres. 40
Pour chaque chaudière de quarante à soixante hectolitres. 60
Pour chaque chaudière au-dessus de soixante hectolitres. 100
    jusqu'au maximum de quatre cents francs.
(Ce droit sera réduit de moitié pour les brasseries qui ne brassent que quatre
fois au plus par an.)

Cartonnage (fabri- que de).........	Trente francs par cuve, jusqu'au maximum de cent cin- quante francs.	

(Ce droit sera réduit de moitié pour les fabriques qui sont forcées de chômer,
par manque ou par crue d'eau, pendant une partie de l'année équivalente au
moins à quatre mois.)

Chaudronnerie pour les appareils à vapeur, à distiller, à concentrer, etc. (fabrique de). 200
Chemins de fer avec péage (concessionnaire de). 200
Plus vingt francs par myriamètre en sus du premier, jusqu'au maximum de
mille francs.

Clous et pointes (fa- brique de) par pro- cédés mécaniques.	Pour dix métiers et au-dessous. Plus cinq francs par chaque métier en sus de dix, jusqu'au maximum de quatre cents francs.	50

Convois militaires (entreprise générale des). 1,000
Convois militaires (entreprise particulière des), pour une division militaire. 100
Convois militaires (entreprise particulière pour gîtes d'étape). 25
Cocons (filerie de), un franc cinquante centimes par bassine ou tour jusqu'au
maximum de quatre cents francs.
Cristaux (manufacture de). 500
Diligences partant à jours et heures fixes (entrepreneur de), parcourant une
distance de deux myriamètres et au-dessous. 25
Pour chaque myriamètre complet en sus des deux premiers, cinq francs, jus-
qu'au maximum de mille francs.
Eaux minérales et thermales (Exploitation d'). 150

Enclumes, essieux et gros étaux (ma- nufacture d')......	Par feu. Jusqu'au maximum de cent cinquante francs.	25
Épingles (manufac- ture d') par procé- dés mécaniques..	Ayant dix ouvriers et au-dessous. Plus trois francs par chaque ouvrier en sus, jusqu'au maximum de trois cents francs.	25
Faïence (Manufac- ture de).........	Par jour. Jusqu'au maximum de cent cinquante francs.	25
Faux et faucilles (fabrique de) ...	Dix ouvriers et au-dessous. Et trois francs par chaque ouvrier en sus de ce nombre, jusqu'au maximum de trois cents francs.	25
Fer-blanc (fabrique de)..............	Jusqu'à vingt ouvriers. Plus trois francs par chaque ouvrier en sus, jusqu'au maximum de quatre cents francs.	100
Ferronnerie, serru- rerie et clous for- gés (fabricant de).	Ayant dix ouvriers et au-dessous. Et trois francs par chaque ouvrier en sus, jusqu'au maxi- mum de trois cents francs.	25
Forges et hauts- fourneaux (maî- tre de).........	Ayant au moins trois hauts-fourneaux au coke.	500
	Plusieurs hauts-fourneaux au coke, avec fonderies, forges et laminoirs.	500
	Deux hauts-fourneaux au coke.	400
	Un haut-fourneau au coke, avec forges et laminoirs.	400
	Un haut-fourneau au coke, avec une fonderie.	300
	Un haut-fourneau au coke.	250
	Trois hauts-fourneaux au bois et plus.	400
	Un établissement ou un ensemble d'établissements réunis- sant, à plus de quatre feux d'affinerie ou quatre fours à pudler, une fabrication de tôle ou deux autres systèmes au moins de sous-fabrication de métaux, soit fonderie, tréfilerie, ferblanterie, métiers à clous à pointe.	400

Forges et hauts-fourneaux (maîtres de)..........
- Un haut-fourneau au bois, avec plusieurs forges, ou deux hauts-fourneaux au bois avec une seule forge. — f. 300
- Plus de deux hauts-fourneaux au bois, avec une ou plusieurs forges. — 400
- Deux hauts-fourneaux au bois. — 250
- Un haut-fourneau au bois, avec une fonderie. — 250
- Un haut-fourneau au bois, avec une forge. — 200
- Une ou plusieurs forges, avec laminoirs, tréfilerie et tout autre système de sous-fabrication métallurgique. — 200
- Un haut-fourneau au bois. — 150
- Une forge à trois marteaux et plus. — 100
- Trois forges à la catalane et plus. — 100
- Une forge où l'action des marteaux est remplacée par celle d'un laminoir cingleur. — 100
- Une forge à deux marteaux. — 50
- Deux forges à la catalane. — 50
- Une forge à un seul marteau. — 25
- Une forge dite *catalane*. — 25

(Ces droits seront réduits de moitié pour les forges dites *catalanes*, et pour les forges à un ou deux marteaux, lorsqu'elles seront forcées, par manque ou par crue d'eau, de chômer pendant une partie de l'année équivalente au moins à quatre mois.)

Fonderie de cuivre (entrepreneur de).
- Ayant plusieurs laminoirs. — 300
- Un laminoir ou plusieurs martinets. — 200
- Se bornant à convertir le cuivre rouge en cuivre jaune. — 100

Fonderie de cuivre et de bronze (entrepreneur de)...
- Fondant des objets de grande dimension, tels que cylindres ou rouleaux d'impression pour les manufactures, ou grandes pièces de mécanique, etc. — 200
- Ne fondant que des objets d'art ou d'ornementation, ou des pièces de mécanique de petite dimension. — 100
- Ne fondant que des objets d'un usage commun et de petite dimension, comme robinets, clochettes, anneaux, etc. — 50

Fonderie en fer de seconde fusion (entrepreneur de).....
- Fabriquant des objets de grande dimension, tels que cylindres, grilles, colonnes, pilastres, bornes et grandes pièces de mécanique, etc. — 200
- Ne fabriquant que des objets de petite dimension pour l'ornementation, ou de petites pièces mécaniques. — 100

Glaces (manufacture de). — 400

Gobeleterie (manufacture de)...... Cinquante francs par four de fusion, jusqu'au maximum de trois cents francs.

Huîtres (marchand expéditeur d') avec voitures servie par des relais. — 100

Kaolin (exploitant une usine à pulvériser le). Par chaque usine. — 15
Jusqu'au maximum de cent francs.
(Ce droit sera réduit de moitié pour les usines qui sont forcées, par manque ou par crue d'eau, de chômer pendant une partie de l'année équivalente au moins à quatre mois.)

Laminerie (entrepreneur de).........
- Ayant trois paires de cylindres et au-dessus. — 300
- Ayant deux paires de cylindres de grande dimension. — 250
- Ayant une seule paire de cylindres de grande dimension, ou deux paires de cylindres de petite dimension, au-dessous d'un mètre de longueur. — 200
- Ayant une seule paire de cylindres de petite dimension, au-dessous d'un mètre de longueur. — 100

Lamier-rotier par procédés mécaniques. — 50

Limes (fabrique de)
- Ayant dix ouvriers et au-dessous. — 25
- Trois francs pour chaque ouvrier en sus, jusqu'au maximum de trois cents francs.

Lits militaires (entreprise générale des). — 1,000
Mareyeur, expéditeur avec voitures servies par des relais. — 100
Maison particulière de santé (tenant une). — 100
Maroquin (fabrique de), avec machine à vapeur ou moteur hydraulique. — 100
Martinets, par arbre de camage. — 15
Jusqu'au maximum de deux cents francs.
(Ce droit sera réduit de moitié pour les fabriques qui sont forcées, par manque ou par crue d'eau, de chômer pendant une partie de l'année équivalente au moins à quatre mois.)
Moulin à blé, à huile, à garance, à tan, etc. :
Six francs pour une seule paire de meules ou de cylindres.
Quinze francs pour deux paires de meules ou de cylindres.

Vingt-cinq francs pour trois paires de meules ou de cylindres.
Quarante francs pour quatre paires de meules ou de cylindres.
Et vingt francs par paire de meules ou de cylindres en sus, jusqu'au maximum
   de trois cents francs.
(Ce droit sera réduit de moitié pour les moulins à vent et pour les moulins à
   eau qui, par manque ou par crue d'eau, sont forcés de chômer pendant une
   partie de l'année équivalente au moins à quatre mois.)

Moulinier en soie.	{ Par cent tavelles.	f. 10
	{ Jusqu'au maximum de deux cents francs.	
Orthopédie (tenant un établissement d').		100
Papeterie à la cuve.	{ Par cuve.	15
	{ Jusqu'au maximum de cent francs.	

(Ce droit sera réduit de moitié pour les papeteries à la cuve qui sont forcées,
   par manque ou par crue d'eau, de chômer pendant une partie de l'année
   équivalente au moins à quatre mois.)

Papeterie à la mécanique :

La première machine.		150

Plus cinquante francs par machine, jusqu'au maximum de quatre cents francs.

Papiers peints pour tenture (fabrique de)................	{ Pour quinze tables et au-dessous.	40
	{ Et trois francs par table en sus, jusqu'au maximum de trois cents francs.	
	{ Un cylindre sera compté pour vingt-cinq tables.	
Porcelaines (manufacture de).		

Trente francs par four, jusqu'au maximum de trois cents francs.

Produits chimiques (manufacture de).	{ Ayant cinq ouvriers et au-dessous.	25
	{ Et trois francs par chaque ouvrier en sus, jusqu'au maximum de trois cents francs.	
Quincaillerie (fabrique de).............	{ Ayant dix ouvriers et au-dessous.	25
	{ Plus trois francs par chaque ouvrier en sus, jusqu'au maximum de trois cents francs.	
Scierie mécanique.	{ Par chaque cadre.	5
	{ Jusqu'au maximum de cent cinquante francs.	

(Ce droit sera réduit de moitié pour les fabriques qui sont forcées, par manque
   ou par crue d'eau, de chômer pendant au moins quatre mois de l'année.)

Scies (fabrique de)..	{ Ayant dix ouvriers et au-dessous.	5
	{ Plus trois francs par ouvrier en sus, jusqu'au maximum de trois cents francs.	
Sucre (raffinerie de).		500

Sucre de betterave (fabrique de) :

Pour chaque chaudière à déféquer contenant moins de dix hectolitres.   40
Pour chaque chaudière à déféquer contenant dix hectolitres et au-dessus.   60
   Jusqu'au maximum de quatre cents francs.
Tannerie de cuirs forts et mous, par mètre cube de fosses ou de cuves, vingt-
   cinq centimes, jusqu'au maximum de trois cents francs.
Teinturier pour les fabricants et les marchands, trois francs par ouvrier, jus-
   qu'au maximum de trois cents francs.

Transport de la guerre (entreprise générale du).   1,000
Transport de la guerre (entreprise particulière du), pour une division militaire.   100
Transport de la guerre (entreprise particulière pour gîtes d'étape).   25
Transports militaires (entreprise générale des).   1,000
Transport des tabacs (entreprise générale de).   1,000

Tréfilerie en fer ou en laiton............	{ Dix bobines et au-dessous.	25
	{ Vingt bobines.	50
	{ Et quatre francs par chaque bobine en gros numéro, et un franc par bobine d'un numéro fin, jusqu'au maximum de quatre cents francs.	

Verrerie, cinquante francs par four de fusion, jusqu'au maximum de trois
   cents francs.

Vis (manufacture de) par procédés mécaniques............	{ Ayant dix ouvriers et au-dessous.	25
	{ Plus trois francs par chaque ouvrier en sus, jusqu'au maximum de trois cents francs.	

QUATRIÈME PARTIE.

Droit proportionnel.	{ Au vingtième : 1° sur la maison d'habitation ;	
	{ 2° Sur les magasins de vente complétement séparés de l'é- tablissement ;	
	{ Au cinquantième : sur l'établissement industriel.	
Apprêteur d'étoffes pour les fabriques.	{ Ayant cinq ouvriers et au-dessous.	25
	{ Et trois francs par ouvrier en sus, jusqu'au maximum de cent cinquante francs.	
Cardes (manufacture de), par procédés mécaniques.		200

Filature de laine, de chanvre ou de lin, au-dessous de cinq cents broches. f. 15
(Non compris les métiers préparatoires.)
Par chaque centaine de broches au-dessus de cinq cents. 3
Jusqu'au maximum de quatre cents francs.
Filature de coton au-dessous de cinq cents broches. ;)
(Non compris les métiers préparatoires.)
Pour chaque centaine de broches au-dessus de cinq cents, un franc cinquante
centimes, jusqu'au maximum de quatre cents francs.

Fil de coton, chanvre, lin (fabrique de).............	Pour un ou deux moulins, quinze francs ; plus dix francs par chaque moulin en sus, jusqu'au maximum de quatre cents francs.	
Imprimeur d'étoffes.	Pour vingt-cinq tables et au-dessous.	50
	Plus trois francs par table en sus, jusqu'au maximum de quatre cents francs.	
	Un rouleau comptera pour vingt-cinq tables, et quatre pérotines pour un rouleau.	

Machines à vapeur.

Presse pour l'imprimerie, métiers mécaniques pour la filature et pour le tissage, et autres grandes machines (constructeur de).............	Employant moins de vingt-cinq ouvriers.	100
	De cinquante ouvriers.	200
	Plus de cinquante ouvriers.	300
Métiers (fabrique à). Pour les métiers réunis dans un corps de fabrique.	Jusqu'à cinq métiers.	10
	Et deux francs cinquante centimes en sus par métier, jusqu'au maximum de quatre cents francs.	
Pour les métiers non réunis dans un corps de fabrique.............	Deux francs cinquante centimes par chaque métier, jusqu'au maximum de trois cents francs.	

Ces droits seront réduits de moitié pour les fabricants à façon.
Tissage mécanique, par chaque métier deux francs cinquante centimes, jusqu'au
maximum de quatre cents francs.

CINQUIÈME PARTIE.
Droit proportionnel au quinzième sur la maison d'habitation seulement.

Carrières souterraines ou à ciel ouvert (exploitant de), ayant moins de dix ouvriers. 25
Plus trois francs par chaque ouvrier en sus, jusqu'au maximum de deux cents francs.
Cendres noires (extracteur de), ayant moins de dix ouvriers. 25
Plus trois francs par chaque ouvrier en sus, jusqu'au maximum de deux cents francs.
Chaussées et routes (entrepreneur de l'entretien des). 25
Desséchement (entrepreneur de travaux de). 50
Dragueur entrepreneur. 50
Fabrication dans les prisons, etc. (entrepreneur de), pour un atelier de vingt-cinq détenus et au-dessous. 25
Par chaque détenu, en sus, cinquante centimes, jusqu'au maximum de cinq cents francs.
Fabrication dans les dépôts de mendicité (entrepreneur de), moitié du droit ci-dessus fixé pour les entrepreneurs de fabrication dans les prisons.
Fournisseur général dans les prisons et les dépôts de mendicité :
A forfait et par tête de détenu, pour une population de trois cents détenus et au-dessous. 150
Par cent détenus en sus, vingt-cinq francs, jusqu'au maximum de cinq cents francs.
Flottage (entrepreneur de). 25
Fruits sur bateaux (marchand de). 50
Gare (entrepreneur de). 100
Minières non concessibles (exploitant de), ayant moins de dix ouvriers. 25
Plus trois francs par chaque ouvrier en sus, jusqu'au maximum de deux cents francs.
Restaurateurs sur coches et bateaux à vapeur. 50
Spectacles (directeur de) :
1° Le quart d'une représentation complète dans les théâtres où l'on joue tous les jours ;
2° Le huitième si l'on ne joue pas tous les jours, et si la troupe est sédentaire ;

3o Si la troupe n'est pas sédentaire, c'est-à-dire si elle ne réside pas quatre mois consécutifs dans la même ville.   f. 50

Tourbières (exploitant de) ayant moins de dix ouvriers.   25

Plus trois francs par chaque ouvrier en sus, jusqu'au maximum de deux cents francs.

Travaux publics (entrepreneur de).   50

Madragues (fermier de).   25

TABLEAU D.

Exceptions à la règle générale qui fixe le droit proportionnel au vingtième de la valeur locative.

Le droit proportionnel est fixé au quinzième :

1o Pour les patentables compris dans la première classe du tableau A ;

2o Pour les patentables compris dans le tableau B ;

3o Pour les patentables compris dans la première partie du tableau C.

Il est également fixé au quinzième, mais sur la maison d'habitation seulement, pour les patentables compris dans la cinquième partie du tableau C.

Le droit proportionnel est fixé au vingt-cinquième de la valeur locative des établissements industriels compris dans la deuxième partie du tableau C.

Au trentième de la valeur locative des locaux servant à l'exercice des professions ci-après désignées :

Marchands de bois en gros compris dans la première classe du tableau A ;

Marchands de charbons de bois et de charbons de terre, compris dans la première et la deuxième classe du tableau A ;

Marchands de vin en gros ;

Commissionnaires entrepositaires de vins ;

Marchands d'huiles en gros ;

Au quarantième de la valeur locative :

1o De tous les locaux occupés par les patentables des septième et huitième classes du tableau A, mais seulement dans les communes d'une population de vingt mille âmes et au-dessus ;

2o Des établissements industriels compris dans la troisième partie du tableau C ;

3o Des locaux servant à l'exercice des professions ci-après désignées :

Fabricants de gaz pour l'éclairage ;

Imprimeurs-typographes employant des presses mécaniques ;

Maîtres d'hôtel garni ;

Loueurs en garni ;

Individus tenant des maisons particulières

       d'accouchement,

       de santé,

       de retraite,

       des établissements d'orthopédie ;

Magasiniers ;

Entrepreneurs de roulage,

       de bains publics,

       de bains de rivière en pleine eau ;

Maîtres de jeu de paume ;

Individus tenant un manége d'équitation,

       une école de natation,

       un jardin public,

       un parc à charrettes ;

Au cinquantième de la valeur locative des établissements industriels compris dans la quatrième partie du tableau C.

Payent le droit proportionnel au vingtième, sur les maisons d'habitation seulement :

Les concessionnaires, exploitants ou fermiers des droits d'emmagasinage dans un entrepôt ;

Les adjudicataires ou fermiers des droits de halles ou marchés ;

Les adjudicataires des droits de jaugeage des liquides ;

Les fermiers des droits de pesage et de mesurage ;

Les fournisseurs d'objets de consommation, dans les cercles ou sociétés ;

Les directeurs de diorama, panorama, géorama, néorama ;

Les fermiers de fontaines publiques ;

Les adjudicataires des droits d'octroi ;

Les concessionnaires, exploitants ou fermiers de péage sur un pont ;

Les fermiers de bacs ;

Les concessionnaires ou fermiers d'abattoir public ;

Les directeurs des monnaies.

Sont exempts de tout droit proportionnel :

Les patentables des septième et huitième classes, résidant dans les communes d'une population inférieure à vingt mille âmes ;

Et les fabricants à métiers ayant moins de dix métiers, et ne travaillant qu'à façon

ADMINISTRATION DES CONTRIBUTIONS DIRECTES.

CIRCULAIRE *contenant transmission de la nouvelle loi sur les patentes et des instructions pour l'exécution de cette loi.*

Paris, le 14 août 1844.

Une nouvelle loi sur les patentes a été adoptée par les chambres et sanctionnée par le roi sous la date du 25 avril dernier. Je vais entrer dans les explications nécessaires pour assurer, sur tous les points, l'exacte application de cette loi, dont je joins un exemplaire à la présente circulaire.

Étrangers.

L'art. 1er, qui soumet à l'obligation de se munir d'une patente tout individu exerçant un commerce, une industrie ou profession non exemptée par la loi, reproduit les dispositions de l'art. 3 de la loi du 1er brumaire an 7, mais avec l'addition du mot *étranger*, pour bien faire comprendre que la contribution des patentes est due par les étrangers qui exercent en France un commerce, une industrie ou une profession imposable, aussi bien que par les nationaux.

L'art. 2 maintient la combinaison d'un droit fixe et d'un droit proportionnel.

DROIT FIXE.

Le droit fixe est réglé par l'art. 3, conformément à trois tableau (A, B, C) annexés à la loi.

Il est établi,

Eu égard à la population et d'après un tarif général pour les industries et professions énumérées dans le tableau A ;

Eu égard à la population et d'après un tarif exceptionnel, pour les industries et professions portées dans le tableau B ;

Sans égard à la population pour celles qui font l'objet du tableau C.

TABLEAU A.

Le tarif général de l'an 7 comprenait sept classes et sept degrés de population : le nouveau tarif général (tableau A) com-

3-4

MANUEL DES PATENTÉS.

prend huit classes et huit degrés de population. La classe ajoutée tient le milieu entre la 1re et la 2e du tarif de l'an 7. Le huitième degré de population est établi en faveur des communes de 2,000 âmes et au-dessous, que l'ancien tarif confondait avec celles de 2,001 à 5,000 âmes.

De plus, la loi nouvelle place certaines professions du tableau A dans une classe supérieure ou inférieure à celle qui leur était attribuée dans l'ancien tarif; de manière que ces professions soient taxées suivant leur importance actuelle.

Marchands en gros; — Marchands en demi-gros; — Marchands en détail.

La loi de l'an 7 ne reconnaissait que deux espèces de marchands, les marchands en gros et les marchands en détail. Depuis quelques années, il s'est créé, sous le nom de demi-gros, un genre de commerce qui participe du commerce en gros et du commerce en détail, et que l'ancien tarif ne permettait pas de taxer équitablement, le droit assigné au marchand en gros étant trop fort et celui du marchand en détail trop faible. La loi nouvelle reconnaît trois espèces de marchands : les marchands en gros, les marchands en demi-gros et les marchands en détail ; c'est aux seconds que s'applique principalement la classe intermédiaire que présente le nouveau tarif.

Les marchands en gros sont ceux qui vendent *habituellement* aux marchands en demi-gros et aux marchands en détail.

Les marchands en demi-gros sont ceux qui vendent *habituellement* aux détaillants et aux particuliers.

Les marchands en détail sont ceux qui ne vendent *habituellement* qu'aux particuliers.

C'est la nature *habituelle* des ventes qui doit déterminer la qualification de marchand en gros, en demi-gros ou en détail. Un marchand en gros qui vendrait accidentellement à des particuliers n'en devrait pas moins être imposé comme marchand en gros ; de même un marchand en détail qui vendrait accidentellement à un autre marchand en détail ne devrait pas, pour ce fait, être considéré comme marchand en demi-gros.

D'après l'ancienne législation, tous les marchands en gros, sauf les marchands de grains, étaient assujettis au droit fixe de 1re classe. La loi nouvelle range dans des classes inférieures les marchands en gros de plusieurs autres marchandises ;

SAVOIR :

Dans la 2e classe,

Les marchands en gros de charbon de terre, épuré ou non ;

Dans la 3ᵉ classe,

Les marchands en gros d'ardoises, de bimbeloterie, bouchons , broderies, chocolat , cidre, cuirs en vert du pays, encre à écrire, éponges, houblon, lates, marbre, sarraux ou blouses, soude végétale indigène, tourteaux ;

Dans la 4ᵉ classe,

Les marchands en gros de boissellerie, couverts en fer battu ou étamé par procédés ordinaires, farines, fromage de pâte grasse, grains, légumes secs , moutarde, pruneaux et prunes sèches , sabots, tourbe.

Quoique d'après la loi nouvelle les fabricants soient généralement placés dans le tableau C, le tableau A contient néanmoins certains marchands qui fabriquent eux-mêmes les objets qu'ils vendent aux particuliers, par le motif que la population des lieux où ils sont établis est la principale cause et le meilleur indice de l'étendue de leurs affaires.

TABLEAU B.

Le tableau B comprend les professions qui, par leur importance ou leur nature, se trouvent dans des conditions telles qu'en leur appliquant le tarif général, on les eût favorisées comparativement à celles du tableau A.

Villes ayant un entrepôt réel.

Ce même tableau B distingue, pour certaines professions, les villes d'une population inférieure à 30,000 âmes, qui ont un entrepôt réel, de celles qui n'en ont pas. Dans les premières, le droit fixe doit être réglé, non d'après leur population propre , mais d'après la population des villes placées dans la catégorie immédiatement supérieure. Il importe donc , pour les villes qui se trouvent dans ces conditions, de l'indiquer sur la matrice au moyen des mots *Entrepôt réel,* placés au-dessous du chiffre énonciatif de la population.

Les villes au-dessous de 30,000 âmes, dans lesquelles il existe un entrepôt réel, sont :

Abbeville (Somme).
Agde (Hérault).
Arles (Bouches-du-Rhône).
Bayonne (Basses-Pyrénées).
Boulogne (Pas-de-Calais).
Calais (Pas-de-Calais).
Cette (Hérault).
Cherbourg (Manche).
Dieppe (Seine-Inférieure).
Dunkerque (Nord).
Granville (Manche).
Honfleur (Calvados).
La Rochelle (Charente-Inférieure).
Le Havre (Seine-Inférieure).
Le Légué [Plériné] (Côtes-du-Nord).
Lorient (Morbihan).

Morlaix (Finistère). | Saint-Martin-de-Ré (Charente Infé-
Mulhouse (Haut-Rhin). | rieure).
Port-Vendres (Pyrénées-Orientales) | Saint-Servan (Ille-et-Vilaine).
Saint-Malo (Ille-et-Vilaine). | Saint-Valéry-sur-Somme (Somme)

TABLEAU C.

Le tableau C concerne les fabriques, manufactures et tous les établissements industriels dont le droit fixe est réglé sans égard à la population, par la raison que la population des lieux où sont situés ces établissements est sans influence sur leurs bénéfices.

Armateurs.

Le droit fixe des armateurs devant être réglé en raison du tonnage, les contrôleurs prendront dans les bureaux de la marine et des douanes les renseignements nécessaires pour l'établissement de ce droit.

Si le même individu est à la fois armateur pour le long cours et armateur pour le grand ou le petit cabotage, la pêche de la baleine ou celle de la morue, les contrôleurs indiqueront séparément le tonnage des bâtiments ordinairement employés au long cours, et celui des bâtiments ordinairement employés au cabotage, à la pêche de la baleine ou à celle de la morue, afin que le directeur puisse appliquer le droit de 40 centimes pour les uns et le droit de 25 centimes pour les autres, le tout jusqu'au maximum de 400 francs. Je rappellerai que, d'après plusieurs décisions rendues en conseil d'Etat, on ne doit pas considérer comme armateurs les co-propriétaires d'un navire, qui ne prennent part ni à l'armement de ce navire, ni à la gestion des affaires.

Assurances non mutuelles.

Le droit fixe des assurances non mutuelles est de 1,000 francs, 500 francs ou 300 francs, selon que les opérations des compagnies s'étendent à plus de vingt départements, de six à vingt départements, ou à moins de six départements.

Les actes constitutifs, qui se trouvent annexés aux ordonnances royales d'autorisation insérées au Bulletin des lois, indiquant si les opérations des compagnies s'étendent à toute la France ou seulement à un certain nombre de départements, les agents des contributions directes n'auront qu'à consulter ces actes pour asseoir régulièrement le droit fixe.

Banques dans les départements.

Le droit fixe des banques dans les départements est de 1,000 fr.

pour un fonds capital de 2 millions et au-dessous. Ce droit s'accroît de 200 francs par chaque million de capital en sus, jusqu'au maximun de 2,000 francs.

Pour établir le droit fixe des banques dans les départements, les agents des contributions directes devront consulter les statuts insérés au Bulletin des lois, statuts qui indiquent le fonds capital de chaque banque.

Établissements industriels.

La loi nouvelle généralise, pour les établissements industriels, le système que les lois de 1817 et 1818 n'avaient appliqué qu'aux filatures et aux fabriques à métiers. Elle détermine le tarif de chaque industrie, et gradue le droit, au moyen de signes extérieurs ou facilement appréciables, sans exiger, comme l'avaient fait les lois précitées, ni déclaration de la part des industriels, ni vérification par des commissions spéciales.

Nombre des ouvriers.

Pour tous les établissements dont le droit fixe se règle en raison du nombre des ouvriers, les contrôleurs ne perdront pas de vue; 1° qu'ils ne doivent tenir compte que des ouvriers employés, soit à la préparation des matières, soit à leur mise en œuvre, et nullement des journaliers occupés de travaux indépendants de la fabrication; 2° qu'il faut indiquer le nombre des ouvriers employés en moyenne, et sans égard aux variations en plus ou en moins qui peuvent avoir lieu à certaines époques de l'année.

Filatures.

D'après la loi du 15 mai 1818, les filateurs de coton et de laine payaient un droit fixe de 15 francs quand ils n'employaient pas plus de 500 broches, plus 3 francs par chaque cent de broches en sus, jusqu'au maximum de 300 francs.

La loi nouvelle maintient les droits de 15 francs et de 3 francs pour les filateurs de laine, en élevant le maximum à 400 francs. Elle taxe d'après les mêmes bases les filateurs de chanvre ou de lin; mais elle réduit les droits à 10 francs et à 1 franc 50 centimes pour les filateurs de coton, tout en portant également le maximum à 400 fr.

Fabriques à métiers.

Les fabricants à métiers payaient le droit fixe de la 5e classe du tarif annexé à la loi du 1er brumaire an 7, plus 2 ou 4 francs par métier excédant le nombre de 5, suivant la largeur des métiers, le tout jusqu'au maximum de 500 francs. Les fabricants travaillant par eux-mêmes sans employer d'ouvriers, et qui, n'ayant ni boutique ni magasin, vendaient au fur et à mesure les produits de leur travail, ne devaient que la patente de la 6ᵉ classe. Les ouvriers à métiers, travaillant chez eux pour le compte des fabricants et marchands fabricants en gros ou en détail, n'étaient point assujettis à la patente, s'ils n'entretenaient qu'un métier, et s'ils déclaraient le nom et la demeure du fabricant ou marchand fabricant pour lequel ils travaillaient.

La loi nouvelle veut que les fabricants à métiers pour leur compte payent, savoir;

Si les métiers sont réunis dans un corps de fabrique : jusqu'à 5 métiers, 10 francs, et 2 francs 50 centimes en sus par métier, jusqu'au maximum de 400 francs;

Si les métiers ne sont pas réunis dans un corps de fabrique : 2 francs 50 centimes par chaque métier, jusqu'au maximum de 500 francs.

Quant aux fabricants à façon, ils devront, savoir :

Si les métiers sont réunis dans un corps de fabrique : jusqu'à 5 métiers, 5 francs et 1 franc 25 centimes en sus par métier, jusqu'au maximum de 200 francs;

Si les métiers ne sont pas réunis dans un corps de fabrique : 1 franc 25 centimes par métier, jusqu'au maximun de 150 francs.

On ne devra pas considérer comme fabricant à façon l'ouvrier tisseur travaillant seul ou ne travaillant qu'avec sa femme et ses enfants non mariés; cet ouvrier est exempt, aux termes de l'art. 13, soit que les métiers lui appartiennent, soit qu'ils appartiennent au fabricant qui l'emploie.

Le nombre des métiers réunis en corps de fabrique sera toujours facile à constater ; quant aux métiers disséminés, les contrôleurs dresseront un état indiquant, par commune:

1° Le nombre des ouvriers tisseurs;

2° Le nombre des métiers que chacun emploie;

3° Le nom et la demeure des fabricants pour lesquels chaque ouvrier travaille habituellement, en distinguant les fabricants pour leur compte des fabricants à façon.

A l'aide de cet état, les contrôleurs détermineront le nombre de métiers que chaque fabricant entretient dans les communes de leur division.

Si, parmi ces fabricants, il en est qui soient domiciliés hors du contrôle, les contrôleurs feront connaître au directeur leur nom, leur demeure, ainsi que le nombre des métiers.

Ces renseignements seront transmis par le directeur au contrôleur de la résidence du fabricant, s'il habite le département, et dans le cas contraire, au directeur du département où demeure le fabricant, par l'intermédiaire de l'administration centrale, et de la manière indiquée dans la ciculaire n° 29 (1).

Forges, hauts-fourneaux, fonderies, lamineries.

Le nouveau tarif, en ce qui concerne les forges, hauts-fourneaux, fonderies et lamineries, étant très-explicite, il me paraît inutile d'entrer, à leur égard, dans aucun développement. Il est seulement recommandé aux contrôleurs d'examiner avec une grande attention chaque établissement, et de désigner exactement sa nature et sa composition, suivant les dénominations portées au tarif.

Brasseries.

Le droit fixe des brasseurs est réglé d'après le nombre et la capacité des chaudières, et ce droit est réduit de moitié pour les brasseries qui ne brassent que quatre fois au plus par an.

Les contrôleurs trouveront, dans les bureaux de la régie des contributions indirectes, le nom des brasseurs, l'indication du nombre de leurs chaudières et de la capacité de chacune. Les registres de la régie leur feront également connaître les brasseries qui habituellement ne brassent que quatre fois au plus par an. La capacité de chaque chaudière sera indiquée séparément sur la matrice, afin que le directeur puisse appliquer pour chaque chaudière le droit qui lui est afférent.

Fabriques de sucré de betterave.

. Pour les fabriques de sucre de betterave, dont le droit fixe est également réglé d'après le nombre et la capacité des chaudières, les contrôleurs relèveront aussi, dans les bureaux de la régie des contributions indirectes, le nombre des *chaudières à déféquer* et la contenance de chacune.

Industriels ayant des établissements de même espèce dans différentes communes.

A l'égard des patentables du tableau C, dont le droit fixe est réglé d'après le nombre d'ouvriers, de broches, fours, chaudières, cuves, forges, hauts-fourneaux, cylindres, meules, tavelles, bobi-

---

(1) C'est-à-dire à la charge, par les directeurs, de ne clore leurs lettres que par une simple bande.

nes, etc., le nombre total de ces éléments devra servir à l'établissement du droit, sans toutefois que le maximum puisse être dépassé :
ainsi un fabricant de tuiles qui exploite trois tuileries situées dans trois
communes différentes, et dont la première occupe cinq ouvriers, la
seconde sept et la troisième dix, sera imposé, au lieu de son domicile, à raison de vingt-deux ouvriers. Un maître de forges qui exploite un haut-fourneau au coke (250 francs) dans une commune,
une forge avec laminoir (200 fr.) dans une autre commune, et une
forge à deux marteaux (50 fr.) dans une troisième commune, devra
également payer sur l'ensemble de ces trois établissements 500 fr.
au lieu de son domicile.

En conséquence, la marche que j'ai indiquée plus haut en ce qui
concerne les fabriques à métiers, sera également suivie pour les autres établissements industriels dont il s'agit.

Chômage par crue ou par manque d'eau.

Le droit fixe de certaines fabriques et usines qui chôment, par
manque ou par crue d'eau, pendant quatre mois au moins de l'année,
sera réduit de moitié. Ces fabriques et usines sont les suivantes :
Acier fondu ou acier de cémentation (Fabrique d') ;
Bocard, patouillet ou lavoir de minerai ;
Cartonnage (Fabrique de) ;
Forges dites Catalanes ;
Forges à un ou deux marteaux ;
Kaolin (Usine à pulvériser le);
Martinets ;
Moulins à blé, à huile, à garance, à tan, etc., etc.;
Papeterie à la cuve ;
Scierie mécanique.
Cette réduction s'applique aux fabriques et usines qui par leur
position, éprouvent tous les ans des chômages, et non à celles pour
lesquelles le chômage n'est qu'un accident rare et imprévu. Du
reste, il n'est pas nécessaire, pour avoir droit au bénéfice de la loi,
que le chômage dure quatre mois consécutifs ; il suffit qu'il soit établi, par la notoriété, que les différents chômages éprouvés dans le
cours de l'année équivalent à quatre mois.

Assimilation.

L'art. 4 veut que les commerces, industries et professions non dénommés dans les tableaux soient taxés par assimilation. Lorsqu'il
y aura lieu d'appliquer cette disposition, le contrôleur expliquera,

dans un rapport spécial, en quoi consiste le commerce, l'industrie ou la profession, et désignera l'article des tarifs auquel il lui paraîtrait convenable de l'assimiler, d'après l'analogie des opérations ou des objets de commerce. Le contrôleur communiquera ce rapport au maire, avec invitation de donner son avis sur l'assimilation proposée, et l'adressera ensuite au directeur. Le directeur devra demander à l'administration centrale si la nouvelle profession n'a pas été déjà classée dans d'autres départements. A la réception de ma réponse, il remettra son rapport au préfet, avec toutes les pièces à l'appui, et le préfet réglera, par un arrêté spécial, le droit fixe auquel le commerce, l'industrie ou la profession devra être assujetti.

Tous les arrêtés de l'espèce seront adressés, par MM. les préfets à l'administration centrale des contributions directes, qui a mission d'assurer, autant que possible, l'unité de jurisprudence et de préparer les tableaux additionnels que la loi prescrit de soumettre, tous les cinq ans, à la sanction législative.

Population devant servir de base à l'application du droit fixe.

D'après l'art. 5 les tarifs concernant les professions taxées eu égard à la population doivent être appliqués en raison de la population déterminée par la dernière ordonnance de dénombrement; à cet effet, MM. les préfets devront remettre au directeur des contributions directes une copie authentique, par commune, des tableaux de population dont les résultats se trouvent annexés à l'ordonnance royale du 20 décembre 1842, insérée au Bulletin des lois, sauf les rectifications prescrites par les ordonnances postérieures, qui ont été également insérées audit Bulletin.

Les directeurs transmettront un extrait de ces tableaux aux contrôleurs pour les communes de leur division, et s'assureront que la population officielle aura été exactement inscrite en tête de la matrice de chaque ville ou commune.

Le chiffre de cette population servira de base à l'application du tarif, tant qu'il n'aura pas été modifié par une nouvelle ordonnance de dénombrement insérée au Bulletin des lois.

Communes passant dans une catégorie supérieure, par suite d'un nouveau dénombrement de la population.

Lorsqu'une nouvelle ordonnance sera promulguée, une copie des tableaux indiquant la nouvelle population sera remise, ainsi qu'il est dit ci-dessus, par le préfet au directeur, et par celui-ci aux contrôleurs. Si la recomparaison de ces tableaux avec les précédents fait connaître que des communes passent dans une catégorie supérieure à celle dont elles faisaient précédemment partie, le directeur annotera sur la feuille de tête des matrices que l'augmentation du droit fixe ne devra être appliquée que pour moitié pendant cinq ans.

Lorsqu'il s'agira de faire cette application, le tarif sera modifié ainsi qu'il est indiqué dans l'exemple ci-après, applicable à une commune qui avait 9,800 habitants, et qui figure dans le nouvel état de population pour 10,400.

CLASSES.	ANCIEN DROIT (5 à 10,000.)	NOUVEAU DROIT (10 à 20,000.)	AUGMEN-TATION.	MOITIÉ de l'augmentation	DROIT A PAYER pendant 5 ans.
1re	60 fr.	80 fr.	20 fr.	10 fr. 00 c.	70 fr. 00 c.
2e	40	45	5	2 50	42 50
3e	25	30	5	2 50	27 50
4e	20	25	5	2 50	22 50
5e	12	15	3	1 50	13 50
6e	8	10	2	1 00	9 00
7e	5	8	3	1 50	6 50
8e	4	5	1	0 50	4 50

Un semblable calcul sera fait pour les patentables désignés dans le tableau B.

Patentables exerçant dans les banlieues des communes de 5,000 âmes et au dessus.

L'art. 6 dispose que, pour les communes de 5,000 âmes et au-dessus, les patentables exerçant dans la banlieue des professions imposées eu égard à la population payeront le droit fixe d'après le tarif applicable à la population non agglomérée, et que ceux qui exercent lesdites professions dans la partie agglomérée payeront le droit fixe d'après le tarif applicable à la population totale.

Le tableau par commune annexé à l'ordonnance royale du 20 décembre 1842 présente séparément la population totale et la population agglomérée. La différence existant entre le premier chiffre et le second indique la population non agglomérée, et par conséquent le tarif applicable aux patentables faisant partie de cette dernière population. Quant à la désignation de ces patentables, MM. les préfets sont invités à remettre au directeur, pour être transmis aux contrôleurs, les documents propres à faire distinguer les habitations comprises dans les banlieues. La matrice des patentes des communes ayant banlieue sera divisée en deux parties; l'une comprendra les patentables de la ville proprement dite, l'autre ceux de la banlieue.

Le directeur calculera le droit fixe, pour les premiers, d'après le tarif applicable à la population totale, et, pour les seconds, d'après le tarif applicable à la population non agglomérée.

La ville de Bourges, par exemple, a une population totale de .... 20,447 habitants.

Et une population agglomérée de 17,068

La différence de 3,379

est la population de la banlieue.

Les patentables de la ville payeront le droit fixe d'après le tarif applicable aux communes de 20,000 à 30,000 âmes ; les patentables de la banlieue, d'après le tarif applicable aux communes de 2,000 à 5,000 âmes.

Le directeur portera sur une feuille récapitulative le résultat de chacune des deux parties de matrice, et établira le total général des patentes de la ville.

Patentables exerçant plusieurs professions ou industries dans la même commune, dans des communes différentes, dans des départements différents.

L'article 7 maintient les dispositions des lois antérieures portant que les patentables qui exercent plusieurs branches de commerce, industrie ou profession, même dans des communes différentes, doivent la patente pour le commerce, l'industrie ou la profession qui donne lieu au plus fort droit fixe.

L'exécution de ces dispositions ne peut donner lieu à aucune difficulté lorsque le patentable exerce plusieurs espèces de commerce, industrie ou profession dans la même commune ou dans des communes du même contrôle. En effet, pour asseoir régulièrement la taxe, il suffira d'examiner à quelle classe du tarif appartiennent les différentes professions ou industries exercées, et de consulter la population des différentes communes. Si le patentable exerce à la fois une profession taxée eu égard à la population et une industrie taxée sans égard à la population, il suffira également d'examiner si le droit afférent à la profession est supérieur ou inférieur à celui dont l'industrie est passible.

Lorsque les divers établissements seront situés dans des communes appartenant à différents contrôles ou à différents départements, les contrôleurs devront en informer le directeur. Si ces établissements sont situés dans le même département, le directeur donnera aux contrôleurs les avis et indications nécessaires pour que les patentables ne payent qu'un droit fixe (le plus élevé). Si les établissements sont situés dans un autre département, les directeurs se concerteront par l'intermédiaire de l'administration centrale, d'après le mode de correspondance établi par la circulaire n° 29 (1).

DROIT PROPORTIONNEL.

D'après la loi de l'an 7, le droit proportionnel était du dixième de la valeur locative des maisons d'habitation et des locaux destinés à l'exercice de la profession ou du commerce. D'après l'article 9 de la loi nouvelle, ce droit est en général établi, comme précédemment, sur la valeur locative, tant de la maison d'habitation que des magasins, boutiques, usines, ateliers, hangars, remises, chantiers et autres locaux servant à l'exercice des professions imposables; mais sa quotité varie selon les divers genres de commerce et d'industrie, et aussi selon les différentes destinations des locaux occupés par un même patentable. Fixé généralement au 20e par l'article 8, le droit proportionnel est réglé suivant les tableaux et classes dans lesquels les patentables sont rangés, savoir :

1ʳᵉ CATÉGORIE.

Au 15e sur la maison d'habitation seulement,
> Pour les patentables compris dans la 5e partie du tableau C;

Au 15e sur la maison d'habitation ainsi que sur les locaux servant à l'exercice du commerce ou de la profession,
> Pour les patentables compris dans la 1ʳᵉ classe du tableau A;
> Pour les patentables compris dans le tableau B;
> Pour les patentables compris dans la 1ʳᵉ partie du tableau C,
sauf les exceptions suivantes :

Au 15ᵉ sur l'habitation, et au 30e sur les locaux servant à l'exercice du commerce ou de la profession,
> Pour les marchands de bois en gros,
> — les marchands de charbons de bois en gros;
> — les marchands de vins en gros;
> — les marchands d'huiles en gros;
> — les commissionnaires entrepositaires de vins;

Au 15e sur l'habitation, et au 40e sur les locaux servant à l'exercice de l'industrie,
> Pour les fabricants de gaz pour l'éclairage;
> — les entrepreneurs de roulage.

---

(1) Voir la note de la page 39.

2e CATÉGORIE.

Au 20e sur la maison d'habitation seulement,

Pour les patentables ci-après désignés :

Abattoir public (Concessionnaire ou fermier d') ;

Bacs (Fermier de) ;

Diorama, panorama, géorama, néorama (Directeur de) ;

Entrepôt (Concessionnaire exploitant ou fermier des droits d'emmagasinage dans un) ;

Fontaines publiques (Fermier de) ;

Fournisseur d'objets de consommation dans les cercles ou sociétés ;

Halles ou marchés (Fermier des droits de place sur les) ;

Jaugeage des liquides (Adjudicataire des droits de) ;

Monnaies (Directeur des) ;

Octroi (Adjudicataire des droits d') ;

Pesage et mesurage (Fermier des droits de) ;

Pont (Concessionnaire exploitant ou fermier de péage sur un)

Au 20e sur l'habitation ainsi que sur les locaux servant à l'exercice des professions,

Pour les patentables compris dans les 2e, 3e, 4e, 5e et 6e classes du tableau A, sauf les exceptions suivantes :

Au 20e sur l'habitation, et au 30e sur les locaux servant à l'exercice du commerce,

Pour les marchands en gros de charbon de terre épuré ou non.

Au 20e sur l'habitation, et au 40e sur les locaux servant à l'exercice de la profession,

Pour les imprimeurs typographes employant des presses mécaniques ;

— les maîtres d'hôtel garni ;

— les loueurs en garni ;

— les chefs de maison d'accouchement ;

— les individus tenant une maison particulière de retraite ;

— les magasiniers ;

— les entrepreneurs de bains publics ;

— les entrepreneurs de bains de rivière en pleine eau ;

— les maîtres de jeu de paume ;

— les individus tenant un manége d'équitation ;

—   —   — une école de natation ;

—   —   — un jardin public ;

—   —   — un parc aux charrettes.

3e CATÉGORIE.

Au 20e sur la maison d'habitation ainsi que sur les magasins de vente complétement séparés de l'établissement, et au 25e sur l'établissement industriel,

Pour les patentables compris dans la 2e partie du tableau C.

4e CATÉGORIE.

Au 20e sur la maison d'habitation ainsi que sur les magasins de vente complétement séparés de l'établissemènt, et au 40e sur l'établissement industriel,

Pour les patentables compris dans la 5e partie du tableau C.

5e CATÉGORIE.

Au 20e sur la maison d'habitation ainsi que sur les magasins de vente complétement séparés de l'établissement, et au, 50e sur l'établissement industriel,

Pour les patentables compris dans la 4e partie du tableau C.

6e CATÉGORIE.

Au 40e sur la maison d'habitation ainsi que sur les locaux servant à l'exercice de la profession,

Pour les patentables des 7e et 8e classes du tableau A ; mais seulement dans les communes de 20,000 âmes et au-dessus.

Sont affranchis de tout droit proportionnel :

Les patentables des 7e et 8e classes du tableau A, dans les communes au-dessous de 20,000 âmes ;

Les fabricants à métier travaillant à façon et ayant moins de dix métiers.

On voit qu'en ce qui concerne les établissements industriels, la loi établit, pour les magasins de vente complétement séparés de l'établissement, une proportion différente de celle des locaux servant à l'industrie. Pour les magasins de vente le droit proportionnel doit toujours être calculé sur le pied du 20e au lieu du 25e, du 40e ou du 50e, le législateur n'ayant pas voulu que l'industriel qui ajoute aux bénéfices du fabricant les bénéfices du marchand fût traité plus favorablement que le marchand auquel il fait concurrence. Je n'ai pas besoin de faire remarquer que le taux du 20e ne s'applique pas aux locaux nécessaires à l'emmagasinage des objets fabriqués, mais uniquement aux magasins indépendants de la fabrique ou manufacture, et spécialement affectés à la vente. Au reste, la loi, en abaissant sensiblement la quotité du droit proportionnel, a entendu que ce droit serait désormais établi sur la valeur locative réelle : c'est un point important sur lequel j'appelle d'une manière particulière l'attention des agents. Toute atténuation, comme toute exagération, blesserait les règles de la justice distributive : l'administration compte sur le concours de MM. les préfets, sous-préfets et maires pour assurer à cet égard l'exacte application de la loi.

Locaux occupés à titre gratuit.

Aux termes du § 2 de l'article 9, le droit proportionnel est dû même pour les locaux occupés à titre gratuit.

Lorsque des patentables seront logés gratuitement dans des bâtiments appartenant à l'Etat, aux départements, communes, hospices, etc., le contrôleur reconnaîtra les parties de ces bâtiments que ces patentables occupent, tant pour leur habitation que pour l'exercice de leur profession, commerce ou industrie, et il en estimera la valeur locative par comparaison avec celle d'autres locaux dont le loyer aura été régulièrement fixé, ainsi qu'il est dit au § 3 du même article.

Moyens d'appréciation de la valeur locative réelle.

Ce paragraphe dispose que la valeur locative est déterminée, soit au moyen de baux authentiques, soit par comparaison avec d'autres locaux dont le loyer aura été régulièrement constaté ou sera notoirement connu, et, à défaut de ces bases, par voie d'appréciation. En conséquence les contrôleurs dresseront un relevé des baux de maisons et d'usines pour chaque commune de leur division.

Toutes les fois que ces baux seront dans des conditions normales et régulières, ils devront être appliqués aux occupants, s'ils sont patentables, et servir, en outre, de terme de comparaison pour d'autres patentables à l'égard desquels il n'existerait point de baux ; mais les baux, même authentiques, qui, par suite de circonstances particulières, présenteraient des prix exagérés ou atténués, ne devront être employés d'une manière absolue, ni pour établir la valeur locative des patentables qui occuperaient les locaux affermés, ni comme terme de comparaison.

Usines et établissements industriels.

La nouvelle loi modifie essentiellement l'état antérieur en ce qui concerne les établissements industriels ; jusqu'ici ces établissements étaient traités fort inégalement : pour les forges, moulins et autres usines, dont presque tout le mobilier est immeuble par destination la valeur locative comprenait tout à la fois le bâtiment, la force motrice et le mobilier industriel; pour les filatures et certaines fabriques à procédés mécaniques dont l'outillage est mobile, la valeur locative, au contraire, ne portait que sur le bâtiment et la force motrice ; enfin, pour les établissements sans outillage fixe et qui n'emploient pas de moteur, la valeur locative ne comprenait que les bâtiments. Pour remédier à ces inégalités et proportionner l'impôt à la force productrice des établissements industriels, l'article 9 de la loi nouvelle fait entrer dans leur valeur locative les bâtiments, le moteur et l'outillage. L'administration n'entend pas que les contrôleurs estiment l'outillage pièce à pièce ; pour en déterminer la valeur locative, ils devront considérer les établissements dans leur ensemble et tels qu'ils se comportent au moment de fonctionner, puis estimer le prix total de location qu'on pourrait en obtenir s'ils étaient à louer ; il n'y aurait lieu de faire une estimation plus détaillée qu'en cas de réclamation et sur la demande des parties intéressées.

Dans les départements où les établissements industriels sont nombreux, il existe des baux qui comprennent à la fois la cage, le moteur et l'outillage, et qui pourront servir de régulateur ; d'un autre côté, la notoriété fait généralement connaître la valeur locative d'un établissement monté d'après tel ou tel système, pour tel ou tel genre de fabrication et pour produire telle ou telle quantité de marchandises ; enfin les contrôleurs devront recueillir tous les faits, relever tous les actes, rassembler tous les documents propres à les diriger dans leurs estimations, et à éclairer tant l'administration que les contribuables eux-mêmes sur l'exactitude de leur travail.

Machines à vapeur.

Conformément à une décision du ministre, en date du 50 mai, les machines à vapeur seront évaluées à l'état de repos, c'est-à-dire non compris le combustible.

Outillage de rechange.

La même décision porte que la valeur locative des ustensiles de rechange ne sera pas comptée.

Patentables ayant plusieurs maisons d'habitation.

D'après la loi du 1er brumaire an 7, le droit proportionnel devait être payé, dans toutes les communes où un patentable avait des établissements, pour ses maisons d'habitation, usines, ateliers, magasins et boutiques. Dans certains départements, on avait, par une interprétation forcée de cette disposition, imposé des patentables pour toutes les maisons d'habitation qu'ils occupaient, qu'elles servissent ou non à l'exercice de leur profession. Ainsi un négociant était imposé non-seulement pour la maison où s'exerçait son commerce, mais encore pour ses maisons de campagne ou de plaisance. Un grand propriétaire, qui accidentellement exploitait ou faisait exploiter pour son compte un moulin, a même été assujetti au droit proportionnel pour la maison affectée à l'exploitation du moulin, et pour son château, qui n'avait cependant aucun rapport avec l'industrie exercée. L'article 10 de la loi nouvelle veut, comme la loi de l'an 7, que le droit proportionnel soit payé dans toutes les communes où sont situés les magasins, boutiques, usines, ateliers hangars, remises, chantiers et autres locaux; mais, en ce qui concerne les maisons d'habitation, il établit que ce droit n'est dû que pour les maisons servant à l'exercice des professions imposables; par conséquent, dans les cas cités plus haut, le négociant ne devra pas être imposé pour sa maison de campagne ou de plaisance, ni le grand propriétaire pour son château.

Patentables exerçant plusieurs professions, soit dans des locaux distincts, soit dans des locaux non distincts.

L'article 11 règle la marche à suivre pour l'établissement du droit proportionnel à l'égard des patentables qui exercent plusieurs industries ou professions imposables d'après un taux différent.

Si les industries ou professions sont exercées dans un même local ou dans des locaux non distincts, le droit sera calculé d'après le taux applicable à la profession pour laquelle le patentable sera assujetti au droit fixe.

Si les industries ou professions sont exercées dans des locaux distincts, le droit proportionnel sera établi pour chaque local d'après le taux relatif à l'industrie ou à la profession qui y sera spécialement exercée. Dans ce dernier cas, le droit proportionnel sur la maison d'habitation sera calculé d'après le taux applicable à la profession pour laquelle le patentable payera le droit fixe. Exemple : le changeur de monnaies (1re classe) doit payer le droit proportionnel au taux du 15e, et le marchand bijoutier (3e classe) au taux du 20e. Un patentable qui exercerait ces deux professions dans le même local ou dans des locaux non distincts devrait payer le droit proportionnel sur la valeur locative de tous les locaux et de l'habitation personnelle, à raison du 15e. Si, au contraire, le bureau de change était distinct du magasin de bijouterie, le droit proportionnel serait établi au 15e pour le premier local, et au 20e pour le second; mais le

droit proportionnel sur l'habitation devrait être calculé à raison
du 15e.

La dernière disposition énoncée au tableau D exempte les patentables des 7e et 8e classes du tableau A de tout droit proportionnel,
mais seulement dans les communes d'une population inférieure à
20,000 âmes.

Si, par suite d'un nouveau dénombrement de la population, une
de ces communes passe dans la catégorie des communes de 20,000
âmes et au-dessus, les patentables des 7 et 8 cl asses de cette commune devront, aux termes de l'article 12, continuer d'être exempts
du droit proportionnel; ils n'y seront assujettis qu'après qu'une seconde ordonnance de dénombrement aura maintenu ladite commune
dans la même catégorie.

Le directeur aura soin de porter, en tête des matrices des communes qui passeront de la catégorie de 10 à 20,000 âmes dans celle
de 20 à 30,000 âmes, les annotations nécessaires pour que les patentables des 7e et 8e classes ne soient imposés qu'au droit fixe
pendant toute la période de la première ordonnance de dénombrement, et pour qu'ils soient assujettis au droit proportionnel dans le
cas où l'ordonnance suivante aurait maintenu les communes dans la
même catégorie.

CARNET PORTATIF A TENIR PAR LES CONTRÔLEURS.

L'assiette des droits, en ce qui concerne les établissements industriels, exigeant des soins particuliers, les contrôleurs ouvriront un
carnet portatif dans lequel ils inscriront, pour chacun des établissements de l'espèce, tous les renseignements qu'ils auront recueillis,
tant sur le nombre des ouvriers, broches, métiers, fours, cuves,
fosses, etc., que sur la valeur locative des maisons d'habitation, des
bâtiments et moteurs, ainsi que de l'outillage.

Ce carnet indiquera, par commune :

La nature des établissements,

Le nom des exploitants,

Les éléments du droit fixe,

Les éléments du droit proportionnel.

Dans le mois qui suivra la formation des matrices de 1845, les
contrôleurs enverront un relevé de leur carnet au directeur, qui le
transmettra à l'inspecteur ; celui-ci comparera, de contrôle à contrôle, les établissements de même nature, tant sous le rapport du

droit fixe que sous le rapport du droit proportionnel ; il vérifiera les points qui lui paraîtraient douteux, et rendra compte du résultat de ses investigations dans un rapport circonstancié que le directeur adressera à l'administration centrale, en l'informant des instructions qu'il aura données pour la rectification des erreurs signalées par l'inspecteur.

EXEMPTIONS.

L'article 13 exempte des droits de patente :

1° Les fonctionnaires et employés salariés, soit par l'État, soit par les administrations départementales et communales, mais en ce qui concerne seulement l'exercice de leurs fonctions.

Si le fonctionnaire ou employé exerce en dehors de ses fonctions une profession imposable, il devra être soumis à la patente. Ainsi, le maître de poste qui est entrepreneur de diligences ou de relais ; le débitant de tabac qui vend des articles de mercerie, quincaillerie, épicerie ; l'employé d'une administration départementale ou communale qui est en même temps libraire, papetier, arpenteur, etc., etc., doivent être atteints par les droits de patente.

2° Les notaires, les avoués, les avocats au conseil , les greffiers, les commissaires-priseurs, les huissiers.

De même que les fonctionnaires publics qui se livrent à un commerce ou à une industrie sont imposables, de même les officiers ministériels devront être imposés si, en dehors de leur ministère, ils exercent une profession sujette à patente.

3° Les avocats, les docteurs en médecine ou en chirurgie, les officiers de santé, les sages-femmes et les vétérinaires ;

Les peintres, sculpteurs, graveurs et dessinateurs considérés comme artistes et ne vendant que le produit de leur art ;

Les architectes considérés comme artistes, ne se livrant pas, même accidentellement, à des entreprises de construction ;

Les professeurs de belles-lettres, sciences et arts d'agrément ; les chefs d'institution , les maîtres de pension , les instituteurs primaires ;

Les éditeurs de feuilles périodiques ;

Les artistes dramatiques.

Les observations faites sur les premier et deuxième paragraphes s'appliquent généralement au troisième. Une sage-femme qui tiendrait une maison d'accouchement serait imposable pour cette industrie ; un architecte qui entreprendrait des constructions, soit à forfait, soit autrement, ne devrait plus être considéré comme artiste et deviendrait imposable comme entrepreneur de bâtiments.

4° Les laboureurs et cultivateurs, mais seulement pour la vente et la manipulation des récoltes et fruits provenant des terrains qui leur appartiennent ou par eux exploités, et pour le bétail qu'ils y élèvent, qu'ils y entretiennent ou qu'ils y engraissent.

Les concessionnaires de mines, pour le seul fait de l'extraction et de la vente des matières par eux extraites ;

Les propriétaires ou fermiers de marais salants ;

Les propriétaires ou locataires louant accidentellement une partie de leur habitation personnelle ;

Les pêcheurs, même lorsque la barque qu'ils montent leur appartient.

D'après ce paragraphe, et d'après la jurisprudence suivie jusqu'à ce jour par le conseil d'État, l'exemption des droits de patente est due :

Aux laboureurs et cultivateurs qui vendent les récoltes et fruits provenant de leur exploitation, lors même que la vente est effectuée loin de leur domicile ou de la situation des terrains par eux exploités ;

A ceux qui convertissent leurs vins ou cidres en eaux-de-vie ;

Aux propriétaires qui exploitent et vendent leurs bois, même débités en planches ou convertis en charbon ;

Aux propriétaires qui ne filent que les cocons provenant de leurs récoltes ;

Aux propriétaires ou fermiers qui ne vendent que le bétail élevé, entretenu ou engraissé sur les terrains par eux exploités.

Mais l'exemption ne doit pas être accordée :

Au laboureur et cultivateur qui vend plus de grains qu'il n'en a récolté ;

A celui qui, indépendamment des raisins, des pommes, olives et autres fruits provenant de ses récoltes, en achète d'autres, qu'il manipule, pour vendre les produits de cette manipulation ;

Au propriétaire qui, avec le produit de ses bois, la pierre calcaire extraite de ses carrières, ou la terre prise sur son fonds, fabrique de la chaux, des tuiles ou des briques pour les livrer au commerce ;

A l'éducateur de vers à soie qui achète des cocons et en vend la soie après les avoir filés ;

Au propriétaire ou fermier qui vend des bestiaux autres que ceux élevés, entretenus ou engraissés sur son exploitation, ni à l'engraisseur qui n'exploite aucun terrain.

Il sera facile aux agents des contributions directes de distinguer les propriétaires ou cultivateurs qui, indépendamment de la vente des récoltes, fruits et bestiaux provenant de leur exploitation, font un commerce de grains, vins, cidres, huile, eaux-de-vie et bestiaux. Ceux qui se trouvent dans ce cas doivent nécessairement faire des achats, contracter des engagements, tous actes qui peuvent être constatés par des preuves positives ou au moins par la notoriété publique; d'un autre côté, les agents pourront connaître les propriétaires ou cultivateurs qui vendent plus de vins, de cidres et eaux-de-vie que leur exploitation n'en peut produire, en consultant les registres des préposés de la régie des contributions indirectes.

Les concessionnaires de mines sont exempts pour l'extraction et la vente des matières extraites, en quelque lieu que se fasse cette vente ; mais le concessionnaire qui se livre à des manipulations autres que celles nécessaires pour la première mise dans le commerce des matières extraites doit être imposé comme fabricant des produits résultant de ces manipulations.

L'exemption accordée aux propriétaires ou locataires qui louent accidentellement une partie de leur habitation n'est due qu'à ceux qui se restreignent dans leur habitation personnelle pour en louer une partie pendant un temps de courte durée, soit pour le temps des eaux, soit pour le temps des foires, soit par suite d'autres circonstances. Ceux qui, dans les lieux où il existe des établissements de bains ou d'eaux thermales, garnissent de meubles, pour les louer, soit des maisons entières, soit des appartements indépendants de leur habitation personnelle ; ceux qui, ailleurs, louent toute l'année, tantôt à une personne, tantôt à une autre, une partie de leur maison garnie ; ceux qui dans les villes de garnison, louent habituellement des chambres aux officiers, doivent être considérés comme loueurs en garni et imposés comme tels.

5° Les associés en commandite, les caisses d'épargne et de prévoyance administrées gratuitement, les assurances mutuelles régulièrement autorisées.

Ce paragraphe ne nécessite aucune explication.

6° Les capitaines de navires du commerce ne naviguant pas pour leur compte ;

Les cantiniers attachés à l'armée ;

Les écrivains publics ;

Les commis et toutes les personnes travaillant à gages, à façon et à la journée, dans les maisons, ateliers et boutiques des personnes de leur profession, ainsi que les ouvriers travaillant chez eux ou chez les particuliers, sans compagnon, apprenti, enseigne ni boutique ;

Les personnes qui vendent en ambulance dans les rues, dans les lieux de passage et dans les marchés, soit des fleurs, de l'amadou, des balais, des statues et figures en plâtre, soit des fruits, des légumes, des poissons, du beurre, des œufs, du fromage et autres menus comestibles ;

Les savetiers, les chiffonniers au crochet, les porteurs d'eau à la bretelle ou avec voiture à bras, les rémouleurs ambulants, les garde-malades.

Ce paragraphe confirme la jurisprudence établie en ce qui concerne les capitaines de navire, les cantiniers, les écrivains publics et les personnes qui vendent en ambulance des fleurs, fruits, légumes, poissons, etc, ; les savetiers, chiffonniers, etc : mais il renferme de nouvelles dispositions toutes favorables aux ouvriers.

La loi de l'an 7 n'accordait l'exemption qu'aux ouvriers travaillant pour autrui dans les maisons, ateliers et boutiques de ceux qui les employaient. La loi nouvelle exempte en outre les ouvriers qui travaillent chez eux pour des maîtres ou des fabricants, ainsi que ceux qui travaillent chez eux pour les particuliers ou chez les particuliers mêmes, avec les matières que ceux-ci fournissent, s'ils n'ont ni compagnon, ni apprenti, ni enseigne, ni boutique. On ne devra, d'ailleurs, considérer comme compagnon ou apprenti, ni la femme travaillant avec son mari, ni les enfants non mariés travaillant avec leurs père et mère, ni même le simple manœuvre dont le concours est indispensable à l'exercice de la profession, tel que l'aide-maçon, l'aide-couvreur, le lanceur de navette, etc.

Les contrôleurs auront soin de ne pas confondre avec le simple manœuvre le compagnon qui a satisfait à certaines épreuves, ni l'apprenti qui a contracté un engagement d'apprentissage. Toutefois, si ce compagnon ou cet apprenti tenait la place du manœuvre sans l'aide duquel la profession ne pourrait être exercée, l'exemption n'en devrait pas moins être accordée.

EXCEPTIONS.

Marchands vendant en ambulance, sous échoppe ou en étalage.

L'article 14 n'impose qu'au demi-droit les marchands en ambulance autres que ceux qui jouissent de l'exemption entière, et tous marchands sous échoppe ou en étalage. Mais il assujettit au droit entier les bouchers, épiciers et autres marchands qui ont un étal permanent ou qui occupent des places fixes dans les halles et marchés.

Cette disposition doit recevoir son application, même lorsque les marchés ne seraient ouverts que certains jours de la semaine, la loi ne faisant aucune distinction à cet égard.

Mari et femme séparés de biens.

La loi de l'an 7 voulait que le mari et la femme séparés de biens fussent l'un et l'autre soumis à la patente. L'article 15 de la loi nouvelle n'exige qu'une patente des mari et femme, même dans le cas de séparation de biens, à moins qu'ils n'aient des établissements distincts.

Associés.

Sous l'empire de la loi du 15 mai 1818, le droit fixe n'était payé en entier que par l'associé principal et par les associés résidant dans des communes autres que celle du siége de l'établissement. Tous les autres associés étaient assujettis au demi-droit fixe. Dans les établissements de fabrication à métiers ou de filature, le droit fixe entier n'était dû qu'une fois, quel que fût le nombre des associés.

L'article 16 de la nouvelle loi maintient le droit fixe entier pour l'associé principal, et ne soumet qu'au demi-droit les autres associés, quel que soit le lieu de leur résidence, mais sans distinction des fabriques à métiers ou filatures.

On doit considérer comme associé principal le premier en nom dans l'acte de société, s'il a la gestion des affaires, et, dans le cas contraire, celui qui a la plus forte mise de fonds.

Le demi-droit dû par les associés est la moitié du droit fixe payé par l'associé principal; ainsi, lorsque ce dernier sera établi à Paris, ce sera la moitié du droit fixe payé par lui à Paris que payeront les autres associés, dans quelque lieu qu'ils habitent. Si au contraire, l'établissement est situé dans une petite commune, comme c'est d'après le tarif applicable à cette commune que l'associé principal sera imposé, les autres associés, fussent-ils domiciliés à Paris, ne payeront chacun que la moitié du droit fixe dû au siège de l'établissement.

Quant au droit proportionnel des sociétés en nom collectif, il ne doit porter, d'après la loi nouvelle, que sur la maison d'habitation de l'associé principal, et sur tous les locaux qui servent à la société pour l'exercice de son industrie. La maison d'habitation des autres associés en est affranchie, à moins qu'elle ne serve à l'exercice de l'industrie sociale.

Mesures à prendre pour connaître et imposer les divers associés.

Pour prévenir toute omission dans le recensement des associés, chaque directeur fera dresser, par les contrôleurs résidant dans les villes où il existe des tribunaux de commerce, un relevé des actes de société en nom collectif, indiquant la date des actes, les noms et prénoms des associés, leur demeure, les commerce, industrie ou entreprise objet de la société, et la commune siége de l'établissement principal.

A l'aide de ces relevés, le directeur vérifiera si tous les associés, domiciliés dans le département ont été compris dans les matrices, et fera réparer les erreurs ou omissions qui auraient pu être commises. Si des associés résident hors du département, le directeur adressera à ses collègues, par l'intermédiaire de l'administration, et de la manière indiquée plus haut, des extraits des relevés faits par les contrôleurs, et y portera le droit fixe auquel l'associé principal est imposé dans la commune siége de l'établissement, afin de mettre les directeurs des départements, où résideront les associés, à portée de déterminer le demi-droit dû par ces derniers.

Si la maison des associés contenait des magasins, des bureaux, un dépôt de marchandises, et servait par conséquent à l'exercice de l'industrie sociale, elle devrait, comme les autres locaux appartenant à la société, être soumise au droit proportionnel.

Les agents des contributions directes ne perdront pas de vue que les règles ci-dessus tracées ne sont applicables qu'aux associés tels qu'ils sont définis par le Code de commerce, et non aux personnes qui, sans exercer la profession de commerçant, se seraient associées pour des affaires en participation. Ces personnes doivent, comme les associés en commandite, être exemptées de la patente.

Sociétés ou compagnies anonymes.

Il s'était élevé des doutes sur la manière d'imposer les sociétés ou compagnies anonymes, et sur la question de savoir si chaque actionnaire était ou non passible des droits de patente.

L'article 17 explique qu'il n'est dû qu'une seule patente par toute société ou compagnie anonyme, et que les sociétaires ou actionnaires ne sont personnellement imposables que s'ils exercent une industrie particulière, indépendante des opérations de la compagnie.

Marchands forains ou colporteurs.

L'article 18 oblige tout individu qui transporte et vend des marchandises de commune en commune, soit pour son compte, soit pour le compte d'autrui, à se munir d'une patente personnelle, qui est, selon les cas, celle de colporteur avec halle, avec bêtes de somme ou avec voiture. Ainsi, le commis d'un fabricant ou marchand qui au lieu de se borner à voyager avec des échantillons, transporte et vend des marchandises, doit être personnellement assujetti à la patente. Il en est de même du commis qu'un marchand colporteur détacherait pour aller vendre d'un côté pendant que lui-même vendrait de l'autre.

Il est recommandé aux agents des contributions directes de ne négliger aucun moyen pour assurer l'exécution de la loi à l'égard de cette classe de patentables; mais il importe que, de leur côté, MM. les préfets invitent les maires, adjoints et officiers de police judiciaire à exiger, conformément à l'art. 27, l'exhibition de la patente de tout individu, non domicilié dans la commune, qui vient y vendre des marchandises, et, en cas de non représentation, à exécuter les mesures prescrites par l'art. 28.

Commis voyageurs des nations étrangères.

L'art. 19 veut que les commis voyageurs des nations étrangères soient traités, relativement à la patente, sur le même pied que les commis voyageurs français chez ces mêmes nations.

D'après les renseignements parvenus jusqu'ici à l'administration, la Belgique et la Hollande sont les seuls États qui assujettissent à la patente les commis voyageurs français qui vont y exposer des marchandises en vente ou prendre des commandes. L'administration s'occupe de compléter ces renseignements, et en fera ultérieurement l'objet d'une instruction spéciale sur l'imposition des commis voyageurs des nations étrangères.

FORMATION DES MATRICES.

L'art. 20 règle la marche à suivre pour la formation des matrices.

Aussitôt que l'administration aura donné l'ordre de procéder aux travaux concernant l'assiette des patentes, le directeur arrêtera l'itinéraire des contrôleurs et leur enverra les imprimés nécessaires à la formation des matrices. Le modèle de matrice sera prochainement adressé aux directeurs.

Huit jours à l'avance, le contrôleur annoncera au maire, ainsi qu'au percepteur, l'époque à laquelle il se rendra dans chaque commune. A son arrivée, il se présentera au maire, et, après avoir réclamé l'assistance de ce magistrat ou de son délégué, il parcourra la commune, à l'effet de reconnaître quels sont les habitants passibles des droits de patentes, et de constater leur véritable commerce, industrie ou profession, ainsi que la valeur locative de leur habitation et des établissements sur lesquels doit porter le droit proportionnel. Le percepteur devra se trouver dans la commune au jour fixé; il com-

muniquera au contrôleur son livre-journal et l'accompagnera dans
le parcours de la commune.

La matrice sera dressée par ordre alphabétique, sauf l'exception
mentionnée ci-après. Il ne devra être employé, pour la désignation
des commerces, professions ou industries, d'autres dénominations que
celles portées dans le tarif général et dans les arrêtés d'assimilation.
Si un patentable exerce plusieurs professions, le contrôleur indiquera
toujours celle qui donne lieu au droit fixe le plus élevé ; en cas de
doute, il les énoncera toutes. Si les professions sont exercées dans
des communes différentes le contrôleur en fera mention sur la matrice, afin que le directeur ne soit pas exposé à soumettre le patentable à plusieurs droits fixes. Le contrôleur devra, avant de quitter la
commune, déposer la matrice à la mairie ; il aura soin d'en conserver la minute et fera connaître au directeur la date du dépôt. Pendant les dix jours qui suivront ce dépôt, les intéressés pourront prendre connaissace de la matrice et remettre leurs observations au maire.
Le maire consignera ces observations dans la colonne à ce destinée ;
il pourra, s'il le juge convenable, prendre une copie de la matrice,
ainsi que le portait l'arrêté des consuls du 15 fructidor an 8 : à l'expiration d'un second délai de dix jours, il adressera la matrice au
sous-préfet, qui, après y avoir également porté ses observations, la
transmettra au directeur.

Dans les villes importantes, où chaque année il est fait un recensement des imposables aux contributions personnelle mobilière et
des patentes, et où l'on est dans l'usage d'établir les matrices par
ordre de rues et de numéros de maisons, on pourra continuer de
procéder simultanément aux opérations concernant les deux contributions. À mesure qu'elles seront terminées dans un quartier,
la matrice des patentes relative à ce quartier sera déposée au secrétariat de la mairie, ce qui donnera aux intéressés et au maire plus
de facilités pour prendre connaissance du travail du contrôleur et
pour produire leurs observations.

Le dernier paragraphe de l'art. 20 dispose qu'à Paris l'examen de
la matrice sera fait dans chaque arrondissement municipal par le
maire de cet arrondissement, assisté, soit de l'un des membres de la
commission des contributions, soit de l'un des agents attachés à cette
commission, délégué à cet effet par le préfet. En conséquence, dès
que la matrice des patentes d'un quartier sera rédigée, le contrôleur
en fera le dépôt à la mairie de l'arrondissement municipal dont
le quartier fait partie.

MM. les préfets sont invités à donner à MM. les maires et sous-préfets les instructions nécessaires pour que la transmision des matri-

ces n'éprouve aucun retard ; il y aura lieu de leur faire observer que la loi, en fixant des délais, autorise par cela même la direction des contributions directes à passer outre dans le cas où leurs observations ne seraient pas produites en temps utile.

A la réception des matrices, le directeur examinera d'abord si la désignation des commerces, industries et professions est conforme au tarif général ; si la classe des patentables du tableau A est exactement indiquée, et si, pour ceux des tableaux B et C, la matrice présente tous les éléments nécessaires à l'établissement des droits fixes. L'examen du directeur portera ensuite sur le droit proportionnel, il contrôlera les valeurs locatives au moyen des relevés de baux, des anciennes matrices et de tous les autres documents dont il est dépositaire ; il donnera une attention particulière aux articles concernant les usines et établissements industriels, et s'assurera que les contrôleurs ont fait entrer dans l'évaluation tous les moyens matériels de production. Le directeur s'assurera, en outre, que le taux du droit proportionnel est exactement indiqué, et que, pour les patentables assujettis à des taux différents, la valeur locative de la maison d'habitation et des magasins de vente séparés de l'établissement est distincte de celle des locaux où s'exerce l'industrie. Enfin, le directeur examinera attentivement les observations consignées sur la matrice, tant par le maire que par le sous-préfet, et, après avoir entendu le contrôleur et fait recueillir, au besoin, de nouveaux renseignements par l'inspecteur, il adressera au préfet son avis motivé sur les points en contestation. Toutes les fois que le préfet n'aura pas cru devoir adopter les propositions du directeur, il en référera immédiatement au ministre des finances et en informera le directeur, qui devra surseoir à l'établissement des taxes pour les articles contestés. Si la décision du ministre n'était pas connue avant l'époque où il serait nécessaire de confectionner les rôles, le directeur s'abstiendrait d'y porter les articles contestés et les comprendrait ultérieurement dans un rôle supplémentaire.

ÉTABLISSEMENT DES TAXES.

En vertu de l'article 23, tous les individus exerçant au mois de janvier une profession imposable doivent être imposés pour l'année entière.

Les individus dont la profession est du nombre de celles qui ne peuvent être exercées que pendant une partie de l'année, tels que les fileurs de cocons, les fabricants d'huile d'olive, les exploitants d'eaux thermales, de bains de mer, etc., doivent également la contribution pour l'année entière.

Ceux qui entreprennent dans le cours de l'année une profession sujette à patente doivent être imposés à partir, non plus du commencement du trimestre, mais seulement du 1er du mois dans lequel ils ont commencé d'exercer.

Les patentés qui, dans le cours de l'année, entreprennent une profession d'une classe supérieure à celle qu'ils exerçaient d'abord, ou qui transportent leur établissement dans une commune d'une plus forte population, doivent un supplément de droit fixe à partir du 1er du mois dans lequel les changements ont été opérés.

Il est également dû, au prorata, un supplément de droit proportionnel par les patentables qui prennent des maisons ou locaux d'une valeur locative supérieure à celle des maisons ou locaux pour lesquels ils ont été primitivement imposés, et par ceux qui entreprennent une profession passible d'un droit proportionnel plus élevé.

Les contrôleurs rédigeront, tous les trois mois, une matrice supplémentaire pour chacune des communes où il se trouvera des individus placés dans un des cas prévus aux trois paragraphes précédents. A cet effet, ils devront se transporter dans les principales communes de leur contrôle, et au moins dans les chefs-lieux de perception, pour y recueillir des renseignements et relever les notes consignées sur le livre-journal des percepteurs. Lorsqu'il y aura lieu de dresser une matrice supplémentaire, les contrôleurs, assistés du maire ou de son délégué, ainsi qu'il est dit à l'article 20, iront reconnaître sur les lieux mêmes la véritable profession des patentables, ainsi que la valeur locative de leurs maisons d'habitation, bâtiments, etc. Ils auront soin d'indiquer exactement sur la matrice le mois dans lequel les patentables se sont établis ou ont changé de position. Ils suivront, du reste, en ce qui concerne le dépôt des matrices à la mairie et l'avis à donner au directeur, la même marche que pour les matrices primitives.

RÉCLAMATIONS.

Représentation des actes de société, journaux et livres de commerce.

La loi du 1er brumaire an 7 n'admettait que certains patentables à justifier de la nature de leur commerce et de leur véritable qualité par la représentation des actes de société, journaux et livres de commerce. L'article 21 de la loi nouvelle étend cette faculté à tous les patentables indistinctement ; il admet en outre, la production de tous autres documents propres à faire connaître la véritable position des réclamants.

Cet article ne donne pas aux agents des contributions directes le droit d'exiger la représentation des actes de société, journaux et livres ; mais, d'après la jurisprudence établie par le conseil d'État, tout individu qui, se prétendant indûment imposé ou mal imposé, refuse de faire les justifications indiquées ci-dessus, peut être considéré, par cela même, comme mal fondé dans sa réclamation.

L'article 22 dispose que les réclamations en décharge ou réduction et les demandes en remise ou modération seront communiquées aux maires, et qu'elles seront d'ailleurs présentées, instruites et jugées dans les formes et délais prescrits pour les autres contributions directes. En aucun cas, les réclamations en matière de patentes ne seront communiquées aux répartiteurs, si ce n'est à Paris, où la commission de répartition est chargée, en ce qui concerne les contributions directes, des opérations attribuées aux maires dans les autres communes.

Cession d'établissement dans le cours de l'année.

En cas de cession d'un établissement dans le cours de l'année, l'article 23 permet au cédant de demander que sa patente soit transférée à son successeur, et dispose que la mutation de cote sera réglée par arrêté du préfet.

Lorsque des demandes de l'espèce seront présentées, elles seront renvoyées au directeur, qui, après les avoir fait instruire dans la forme ordinaire, fera son rapport au préfet.

Les arrêtés du préfet portant mutation de cotes, indiqueront le nombre de douzièmes à recouvrer sur le cessionnaire, et seront notifiés par le directeur aux parties intéressées, ainsi qu'au percepteur.

Fermeture de magasins, boutiques et ateliers par suite de décès ou de faillite déclarée.

La disposition de la loi du 13 floréal an 10, d'après laquelle la cote des patentés qui viennent à décéder n'est exigible que pour le passé et le mois courant, est reproduite dans la loi nouvelle et étendue au cas de fermeture de magasins, boutiques et ateliers, par suite de faillite déclarée. Les demandes tendant à obtenir le bénéfice de cette disposition seront instruites dans la forme accoutumée et jugées par le conseil de préfecture. Les agents des contributions directes devront vérifier si la femme ou les enfants du décédé ne continuent pas son commerce ou sa profession, et si la vente ou la fabrication a réellement cessé dans les magasins, boutiques et ateliers du failli.

RECOUVREMENT.

L'article 24 maintient la disposition de la loi du 15 mai 1818, qui oblige les marchands forains et les colporteurs à 'acquitter le montant total de leur cote au moment où la patente leur est délivrée, et applique la même règle aux directeurs de troupes ambulantes, aux entrepreneurs d'amusements et jeux publics non sédentaires, ainsi qu'à tous autres patentables dont la profession n'est pas exercée à demeure fixe. Mais ce même article rapporte implicitement la disposition de la loi du 15 mai, qui assujettissait à la même règle les marchands en ambulance, échoppe ou étalage, qui ont leur domicile dans la commune. La cote de ces derniers, comme celles de la généralité des patentés, sera désormais payable par douzièmes.

La loi nouvelle prévoit le cas où le rôle des patentes ne serait émis que postérieurement au 1er mars : elle dispose que, dans ce cas, le payement des taxes ne sera exigible que par portions égales, réglées d'après le nombre de mois restant à s'écouler jusqu'à la fin de l'année. En conséquence, lorsque le rôle ne pourra être mis en recouvrement au 1er mars, le directeur des contributions devra énoncer sur l'avertissement que la cote est payable par neuvièmes, par huitièmes, etc., selon la date de la publication du rôle, et indiquer le chiffre de ce neuvième, de ce huitième, etc.

Responsabilité des propriétaires et des principaux locataires.

L'article 25 dispose que, dans le cas de déménagement hors du ressort de la perception, comme en cas de vente volontaire ou forcée, la contribution des patentes sera immédiatement exigible en totalité. Il oblige les propriétaires, et à leur place les principaux locataires, à donner avis au percepteur du déménagement de leurs locataires un mois avant le terme fixé par le bail ou par les conventions verbales, et dans les trois jours en cas de déménagement furtif, sous peine d'être personnellement responsables du dernier douzième échu et du douzième courant dus par le patenté.

La responsabilité des propriétaires ou principaux locataires étant limitée au douzième échu et au douzième courant, les douzièmes arriérés resteraient à la charge des percepteurs si le recouvrement ne pouvait en être effectué.

FORMULES DE PATENTES.

Les formules de patentes continueront d'être expédiées par le directeur des contributions directes, sur des feuilles timbrées de 1 franc 25 centimes; et le prix du timbre devra, comme par le passé, être acquitté en même temps que le premier terme des droits de patentes.

A cette occasion, je crois devoir expliquer, pour faire cesser les doutes qui se sont élevés en quelques localités, qu'il ne doit pas être expédié une nouvelle formule aux patentés qui, dans le cours de l'année, deviennent passibles d'un supplément de taxe, soit parce qu'ils entreprennent une profession d'une classe supérieure à celle qu'ils exerçaient d'abord, soit parce qu'ils prennent des maisons ou locaux d'une valeur locative supérieure à celle des maisons ou locaux pour lesquels ils ont été imposés dans le rôle primitif, soit enfin parce qu'ils transportent leur établissement dans une commune d'une plus forte population.

Mention de la patente dans les actes.

L'article 29 maintient l'obligation, pour les officiers ministériels, de faire mention de la patente en tête des actes ou significations extra-judiciaires, sous peine d'une amende qui est réduite de 50 à 25 fr.

L'administration des contributions directes n'a aucune instruction à donner sur cet article, dont l'exécution concerne les préposés de l'enregistrement et des domaines.

Patentes à délivrer avant l'émission du rôle.

Lorsque les agents des contributions directes seront, en vertu de l'article 50, requis de délivrer des patentes avant l'émission du rôle, ils inscriront le patentable sur une matrice supplémentaire, calculeront les droits à payer et en remettront la note au requérant, en l'invitant à aller verser à la caisse du percepteur les douzièmes échus, s'il s'agit d'individus domiciliés dans le ressort de la perception, ou la totalité des droits, s'il s'agit de patentables désignés en l'article 24, ou d'individus étrangers à la perception. Sur la représentation de la quittance du percepteur, l'agent des contributions directes délivrera la formule de patente et en fera mention sur la matrice.

Dès que le percepteur aura reçu le rôle supplémentaire comprenant les patentables auxquels il aura été délivré des patentes par anticipation, il y émargera les sommes payées.

Certificat à délivrer dans certains cas au lieu de duplicata de patente.

D'après la loi de l'an 7, des duplicata de patentes pouvaient être délivrés par l'administration municipale. D'après la loi nouvelle, le patenté qui aura égaré sa patente, ou qui sera dans le cas d'en justjfier hors de son domicile, pourra se faire délivrer, par le directeur ou par le contrôleur des contributions directes, un certificat pour tenir lieu de la formule.

Lorsqu'une demande de l'espèce sera faite, le directeur ou le contrôleur, après s'être assuré que le requérant est inscrit dans la matrice des patentes, délivrera gratuitement le certificat dans la forme ci-après, sur une feuille de papier timbré du prix de 35 centimes, qui sera fournie par le requérant.

Le..... des contributions directes du département d..... certifie que le sieur..... est imposé à la contribution des patentes dans le rôle de la commune d..... pour l'année..... en qualité de.....

Le présent certificat délivré en exécution de l'article 31 de la loi des patentes, sur la réquisition dudit sieur, qui a déclaré (avoir égaré sa patente, ou avoir besoin d'en justifier pour tel motif).

A..... le..... 184 .

FONDS DE NON-VALEURS ET ATTRIBUTION AUX COMMUNES.

Depuis la loi du 2 ventôse an 13, les 5 centimes ajoutés au principal des patentes pour dégrèvements et non-valeurs ont été cumulés avec les 8 centimes prélevés sur le principal pour attributions aux communes. Sur le produit de ces 13 centimes, on imputait d'abord le montant des dégrèvements de toute nature, et le reste, qu'il fût supérieur ou inférieur au produit des 8 centimes, était versé dans la caisse municipale.

Désormais les décharges, réductions, remises et modérations, ainsi que les frais d'impression et d'expédition des formules de patentes, seront, en exécution de l'article 32, imputés sur le produit des 5 centimes spécialement affectés à ces dépenses, et, en cas d'insuffisance, sur le principal des rôles. Les 8 centimes revenant aux communes seront calculés sur ce principal.

Le décompte à établir en fin d'exercice continuera d'être rédigé par les directeurs, sur un cadre qui présentera, par commune, les détails suivants :

1° Montant des rôles en principal ;

2° Produit des 5 centimes pour dégrèvement, etc. ;

3° Montant des dépenses à imputer sur ce produit pour frais d'impression et d'expédition des formules de patentes, ainsi que pour décharges, réductions, remises et modérations ;

4° Excédant des dépenses sur le produit des 5 centimes, à prélever sur le principal ;

5° Principal net ;

6° 8 centimes de ce principal revenant aux communes.

FRAIS DE BOURSES ET CHAMBRES DE COMMERCE.

Aux termes de la loi du 23 juillet 1820, les frais de bourses et chambres de commerce sont répartis sur les patentables des 1ʳᵉ et 2ᵉ classes et sur ceux qui, étant placés hors classe, payent un droit fixe égal ou supérieur à celui desdites classes.

La classe du demi-gros, créée par la nouvelle loi sur les patentes, formant la seconde classe du tarif général, et la seconde classe devenant ainsi la troisième, il était indispensable de modifier sur ce point la loi du 23 juillet 1820 ; c'est là l'objet de l'art. 33.

Les directeurs auront soin de répartir désormais les frais de bourses et chambres de commerce sur les patentables des trois premières classes du tableau A, et sur ceux désignés, dans les tableaux B et C, comme passibles d'un droit fixe égal ou supérieur à celui desdites classes, y compris les associés de ces mêmes patentables.

Ici se terminent les explications qu'il m'a paru nécessaire de donner sur les dispositions de la nouvelle loi des patentes. Quant aux tarifs et tableaux, j'en ai réuni les détails dans une nomenclature générale qui a été approuvée par le ministre. Cette nomenclature présente, par ordre alphabétique, les différents commerces, industries et professions, avec l'énonciation des droits fixes et de la quotité des droits proportionnels ; elle contient, en outre, les éclaircissements dont certains articles m'ont paru susceptibles. Les contrôleurs et l'inspecteur devront toujours être munis de cette nomenclature, afin de pouvoir la communiquer aux patentables et aux maires qui voudraient la consulter.

J'invite les agents des contributions directes à se bien pénétrer des principes que je viens de développer, à étudier le classement des professions imposables, et à se préparer ainsi à faire une exacte application de la loi lorsqu'ils recevront les avis et modèles annoncés par ma circulaire n° 34. La mission qu'ils vont avoir à remplir est importante et délicate. L'administration a la confiance qu'ils ne resteront pas au-dessous de leur tâche : guidés par leurs chefs et fort de l'appui de l'autorité administrative, les contrôleurs s'identifieront avec la pensée qui a dicté la loi nouvelle.

Les établissements industriels doivent surtout être, de leur part, l'objet de la plus grande attention ; car les contrôleurs remplacent pour l'assiette du droit fixe, les commissions locales qu'avaient créées les lois de 1817 et 1818, et, pour le droit proportionnel, ils ont à déterminer aujourd'hui la valeur locative véritable de chaque établissement industriel pris dans son ensemble. Comme je l'ai dit plus haut, il ne s'agit pas de faire une estimation détaillée et pièce à pièce de l'outillage, mais il convient néanmoins que les agents se rendent compte aussi exactement que possible de la valeur locative des bâtiments, des moteurs, de l'outillage, afin qu'en cas de contestation, l'administration soit à portée de justifier l'estimation qu'elle a faite de la valeur locative d'un établissement industriel, par l'appréciation des divers éléments qui le composent.

La loi, en disposant que le droit fixe des établissements industriels sera réglé à raison du nombre des ouvriers, métiers, fours, etc., et que le droit proportionnel portera sur tous les moyens matériels de production, donne, par cela même, aux agents des contributions directes, le droit de visiter, avec l'assistance des maires ou de leurs délégués, les fabriques, manufactures et usines. Seulement, lorsque les faits établis par la notoriété publique ne seront contredits ni par les renseignements recueillis auprès de l'autorité locale, ni par ceux que les contrôleurs auront pu se procurer ailleurs, et que ceux-ci se croiront suffisamment éclairés, ils pourront, sous leur responsabilité, et sauf à justifier à leurs chefs des motifs de leur conviction à cet égard, se dispenser de procéder à une vérification approfondie. De même, s'ils n'obtenaient pas, de la part des industriels, les facilités nécessaires pour établir régulièrement les bases de cotisation, ils procèderaient par appréciation, sauf aux patentables à se pourvoir contre leur cotisation dans les formes et délais prescrits pour les autres contributions directes, conformément à l'art. 22 de la loi.

L'inspecteur, indépendamment de la surveillance qu'il aura à exercer sur l'ensemble des opérations, devra être dirigé spécialement sur les communes dans lesquelles il existe des établissements industriels, afin de guider les contrôleurs et d'aplanir les obstacles qu'ils pourraient rencontrer.

Je recommande aux directeurs de veiller attentivement à ce que les agents se maintiennent dans la ligne de la justice et de la vérité, et de porter immédiatement à ma connaissance les questions et faits de quelque gravité qui pourraient survenir.

Le conseiller d'état directeur général,

Signé MAGNIER DE MAISONNEUVE.

Pour ampliation :

Le sous-directeur délégué,

Signé P^l BELESTA.

SECONDE CIRCULAIRE *relative à l'exécution de la loi sur les patentes.*

Paris, le 25 octobre 1844.

L'instruction relative à l'exécution de la loi sur les patentes porte, page 64, que les directeurs continueront d'établir un décompte à l'effet de déterminer le produit des huit centimes attribués aux communes.

Cette partie de l'instruction vient d'être modifiée par une décision ministérielle du 17 de ce mois, d'après laquelle le produit des huit centimes sera calculé sur le principal brut, et mis à la disposition des communes à mesure des recouvrements; en conséquence, il ne sera plus fait de décompte en fin d'exercice.

Pour mettre les comptables à portée d'exécuter la décision ci-dessus, les directeurs feront, sur la feuille de tête du rôle des patentes et sur l'état général du montant des rôles, les modifications suivantes.

Ils écriront, au bas de la feuille de tête du rôle, ces mots : *Le produit des huit centimes attribués à la commune est de francs centimes.*

Ils placeront au-dessous des mots *fonds pour dépenses communales*, un astérisque renvoyant à la note ci-dessus, pour indiquer que ces fonds doivent être augmentés du produit des huit centimes.

Ils ajouteront à la première partie de l'état du montant des rôles une trente-troisième colonne, ayant pour titre : *Montant des huit centimes par franc à prélever sur le principal de la contribution de patentes pour attributions aux communes.*

Une nouvelle colonne portant ce même titre sera ouverte dans le tableau présentant le décompte, par nature de contribution, des divers centimes communaux et des frais de perception relatifs à ces centimes; elle sera prise sur l'espace réservé pour les observations.

Au-dessous du total de cette colonne, il sera écrit : *Somme égale au total de la 33e colonne.*

L'annotation placée au-dessous du total de la colonne précédente sera modifiée ainsi qu'il suit : *Somme égale au total des cinq colonnes désignées ci-contre.*

Enfin, au-dessous du cadre présentant le développement

du montant de chaque contribution, les directeurs porteront l'annotation suivante : *Aux termes de l'article* 32 *de la loi du* 25 *avril* 1844, *huit centimes par franc doivent être prélevés sur le principal des patentes pour être attribués aux communes; ces huits centimes produisent, d'après la dernière colonne de l'état du montant des rôles........* Ils inscriront les produits en regard dans le prolongement des 27e, 28e, 29e, 30e, 31e, 32e, 33e et 34 colonnes; cette même annotation sera rattachée par un astérisque aux mots *centimes communaux*, placés dans la 1re colonne du développement.

Quelques directeurs paraissent avoir compris que le tableau de développement de l'état du montant des rôles devait être, pour 1845, rendu conforme à la feuille de tête des rôles. En se reportant à la circulaire n° 48, du 9 septembre, ils reconnaîtront que le tableau dont il s'agit doit être exactement semblable au modèle de l'an dernier, sauf la séparation du principal des contributions, de la distinction des impositions extraordinaires autorisées par des lois spéciales, pour dépenses de l'instruction primaire et des chemins vicinaux, et le déplacement de la ligne des réimpositions.

J'ai été consulté, 1° sur ce qu'on devait entendre par les mots *minute de la matrice des patentes*, insérés dans la circulaire du 28 septembre ; 2° sur l'époque précise à laquelle la tournée des patentes devra être entreprise.

L'administration a entendu par *minute* les notes recueillies dans le parcours de la commune, et au moyen desquelles les contrôleurs formeront la matrice.

Quant à la tournée relative à l'assiette des patentes, elle devra commencer du 1er au 10 décembre. Si, pour quelques localités, les directeurs jugeaient nécessaire d'avancer ou de retarder cette époque, ils en donneraient avis à l'administration.

Le Sous-Directeur chargé de l'intérim de la Direction générale,

Signé Pl. BÉLESTA.

COMMENTAIRE

DE LA LOI SUR LES PATENTES,

DU 25 AVRIL. — 7 MAI 1844 (1).

INSTRUCTIONS PRATIQUES POUR SON EXÉCUTION

ET LES RÉCLAMATIONS DES CONTRIBUABLES.

———

PREMIÈRE PARTIE.

CONSIDÉRATIONS GÉNÉRALES.

Nous avons publié dans le tome VII du MÉMORIAL DU COM-
MERCE et de l'industrie (1re partie, p. 101 et suiv.), un précis
historique de la législation relative aux patentes antérieure à
la loi de 1844, dont l'exécution a été fixée au 1er janvier 1845 ;
nous renverrons donc à ce travail ceux qui voudront suivre
la filière de cet impôt accueilli dans son origine comme un
bienfait, parce qu'il était destiné à remplacer les contributions exigées par les corporations maîtrises et jurandes, dont
il faisait cesser les abus.

Nous ne croyons pas non plus devoir nous occuper des
questions économiques, que soulève l'établissement de cet
impôt. Est-il juste d'imposer le travail ? L'impôt ne devrait-
il pas n'être supporté que par ceux qui possèdent, et n'attein-

---

(1) Cette loi a été présentée à la chambre des députés, le 4 février 1843
(*Mon.* du 5) ; rapport par M. Vitet, le 20 mai suivant ; (*Mon.* du 29), reprise
le 15 janvier 1844 ; (*Mon.* du 16), discutée les 26, 27, 28 février, 4, 5, 6, 7, 8,
11, 12, 13 mars 1844, adoptée le 14 du même mois, (*Mon.* des 27, 28, 29 fév.,
6, 7, 8, 9, 12, 13, 14 et 15 mars 1844) ; présentée à la chambre des pairs, le 20
mars 1844 (*Mon.* du 21 mars), rapport de M. Audiffret, le 8 avril suivant ; discutée et adoptée les 13 et 15 avril 1844 (*Mon.* du 15 et 16 avril).

dre, par conséquent, que les résultats heureux du travail? Doit-il frapper également celui qui peut à peine élever sa famille par son industrie, et ceux qui s'enrichissent par le mouvement qu'ils savent donner à leurs capitaux? Ce sont là des questions graves, qu'il faut réserver pour un autre moment, et même pour un autre lieu.

Car il ne faut pas perdre de vue que le but de ce commentaire, ouvrage essentiellement pratique, est de guider les contribuables dans leurs réclamations. On ne doit se préoccuper des questions économiques que quand elles ne sont pas résolues par la loi, ou quand il peut y avoir quelque espoir de les voir décidées dans un sens plus favorable aux intérêts dont on se constitue le défenseur.

Mais, en ce qui concerne l'impôt des patentes, tout se trouve déterminé maintenant, pour de longues années. Sauf quelques améliorations de détails que nous pourrons peut-être arracher, après que l'expérience aura fait ressortir les inconvénients de quelques-unes de ses dispositions, il faut nous résigner à subir cette loi.

Nous devons reconnaître d'ailleurs que les besoins du trésor public sont immenses et s'accroissent tous les jours d'une manière incommensurable, par les grands travaux publics qui viennent d'être votés, et par ceux qui le seront prochainement. Heureux emploi, au surplus, de la fortune publique, puisque ces constructions de canaux, de chemins de fer, d'améliorations de nos ports, sont tous des travaux productifs qui augmentent la richesse de la France, et doivent concourir prochainement à l'accroissement de sa puissance.

L'impôt des patentes étant, pour le moment, reconnu indispensable et voté, il importe du moins que l'intention de nos législateurs ne soit pas dépassée; notre rôle doit donc se borner à saisir leur pensée dans l'étude de la discussion subie par la loi, tant à la chambre des députés qu'à la chambre des pairs, afin d'empêcher qu'une fausse interprétation de ses dispositions ne puisse prévaloir, et que le fisc n'en profite pour augmenter le fardeau des contribuables.

La loi de brumaire an VII, avait soulevé beaucoup de réclamations ; mais, avec le temps et au moyen de certaines modifications introduites en l'an x, en 1809, en 1817 et 1818, en 1831 et 1837, on s'était habitué à son exécution. La loi de 1844 est-elle appelée à réparer toutes les imperfections de la précédente législation ? Nous ne doutons pas que telle ait été l'intention de ses auteurs, mais nous craignons qu'ils n'y soient pas parvenu ; nous appréhendons qu'ils n'aient, dans la plupart des cas, fait autre chose que substituer un arbitraire à un autre ; et, d'ailleurs, eussent-ils agi avec le plus juste discernement, ils seront toujours arrivés à ce résultat : c'est que plusieurs imposés se trouveront déchargés d'une portion de ce qu'ils payaient, tandis que d'autres auront, au contraire, à supporter une augmentation. Les premiers se garderont bien de faire parade de leur reconnaissance ; ils se plaindront encore, dans la crainte qu'on ne modifie leur taxe ; et les autres ne manqueront pas de faire entendre un concert de récriminations, de représentations, de réclamations de nature à assourdir le fisc, s'il n'avait pas l'habitude *de se boucher les oreilles* et *de nous laisser crier.*

C'est afin, au surplus, de faire prévaloir les demandes justement fondées, qu'il importe d'empêcher les réclamations inutiles. Ainsi, notre travail a un double but : empêcher les contribuables de faire des demandes qui ne sauraient être accueillies, ce qui leur ferait perdre un temps précieux, et guider, au contraire, éclairer, soutenir les réclamations légitimes. C'est à quoi nous parviendrons facilement en analysant successivement chaque article de la loi nouvelle,

ART. 1er.

Tout individu, français ou étranger, qui exerce en France un commerce, une industrie, une profession non compris dans les exceptions déterminées par la présente loi, est assujetti à la contribution des patentes.

Cet article n'était que le septième dans le projet du gouvernement (1), le rang que lui a assigné la commission de la chambre des députés est préférable. Il pose deux principes qui sont la base de toute la loi : le premier, c'est que tout individu, même étranger, est soumis à l'impôt de la patente ; le second, que quiconque gagne de l'argent par son travail, doit à l'État le tribut de la patente, à moins qu'il n'en soit affranchi par la loi.

La loi de brumaire an 7 ne frappait pas les étrangers, elle ne soumettait à la patente que ceux qui exerçaient les professions désignées par elles. Ainsi, se trouvaient exempts virtuellement de cet impôt, tous ceux dont l'industrie n'avait pas été dénommée par la loi.

Le nouveau système est sans contredit préférable, il embrasse tout le monde par ces expressions : *tout individu qui exerce un commerce, une industrie, une profession*, sauf les exceptions que l'art. 13 nous fera connaître et celles qui pourront être accordées par la suite.

ART. 2.

La contribution des patentes se compose d'un droit fixe et d'un droit proportionnel.

Cet article était le premier du projet de la loi, il est devenu le second par la transposition au premier rang de l'art. 7.

Cette division de la patente, en droit fixe et droit proportionnel, n'est pas nouvelle.

Sous la législation de 1791, l'impôt de la patente ne se composait que d'un droit proportionnel au loyer. La convention, après avoir supprimé l'impôt de la patente, le rétablit ; et comme elle aimait les dispositions simples et nettes, elle remplaça le droit proportionnel par un droit fixe, différent cependant en raison de la population des villes, et des diverses espèces de commerce qu'elle classa en cinq ou six grandes divisions seulement.

---

(1) V. Mém. comm., VII, 1.

Le Directoire trouva plus favorable à ses intérêts de rétablir le droit proportionnel, en laissant subsister le droit fixe ; et, depuis l'an 6, ces deux droits ont continué à former l'impôt de la patente.

Pour justifier cette division, on peut dire que c'est un moyen d'établir l'égalité proportionnelle qu'on doit toujours désirer d'atteindre en matière d'impôt. Parmi les personnes de la même profession, les unes gagnent beaucoup plus que les autres, et le loyer est un signe assez caractéristique de l'étendue des affaires, pour en faire la base de l'évaluation d'une portion de l'impôt. Ainsi, au lieu de prendre pour unique assiette de l'impôt un droit fixe, élevé, on réduit ce droit à un taux modéré, et on fait payer au contribuable une quote-part de son loyer, pour suppléer à la réduction du droit fixe.

ART. 3.

Le droit fixe est réglé conformément aux tableaux, A, B, C, annexés à la présente loi.

Il est établi :

Eu égard à la population et d'après un tarif général, pour les industries et professions énumérées dans le tableau A ;

Eu égard à la population et d'après un tarif exceptionnel, pour les industries et professions portées dans le tableau B ;

Sans égard à la population pour celles qui font l'objet du tableau C.

Ces diverses divisions par catégories et par classes, eu égard à la population pour quelques-unes, sans égard à la population pour quelques autres, ont évidemment pour but d'atteindre le contribuable en proportion du bénéfice qu'il retire de l'état qu'il exerce.

La nouvelle loi a beaucoup augmenté les classifications, et elle s'est jetée dans un détail de professions tellement étendu, qu'on peut le regarder comme puéril. Ainsi, nous voyons dans les tableaux des dénominations, comme : *marchand de baies de génevièvre, faiseur de cabas* (espèce de panier), etc.

On distingue les cabaretiers avec billard, de ceux qui n'en ont pas ; le marchand de combustible en boutique, des mar-

chands de charbon de bois et charbon de terre en détail ;
le premier est mis dans la sixième classe, et les derniers
dans la huitième. On fait un article pour les marchands de
faines, etc., etc.

Le but a été, sans doute, d'aller au devant des réclamations, en déterminant l'impôt de chaque sorte d'état ; mais,
comme personne aujourd'hui ne se tient à une seule profession, il en résultera tout autant de réclamations, et la loi
se trouve surchargée d'une nomenclature qui, tout étendue
qu'elle est, sera encore incomplète.

ART. 4.

Les commerces, industries et professions non dénommés dans ces tableaux n'en sont pas moins assujéttis à la patente. Le droit fixe auquel
ils doivent être soumis est règlé, d'après l'analogie des opérations ou
des objets de commerce, par un arrêté spécial du préfet rendu sur la
proposition du directeur des contributions directes, et après avoir pris
l'avis du maire.

Tous les cinq ans des tableaux additionnels contenant la nomenclature des commerces, industries et professions classés par assimilations
depuis trois années au moins seront soumis à la sanction législative.

Il résulte de cet article, 1° qu'aucun commerce, qu'aucune industrie ou profession ne saurait échapper à l'impôt,
puisque, s'ils ne se trouvent pas désignés dans les tableaux
dont il vient d'être parlé, ils seront classés d'après l'analogie des opérations; 2° que le préfet est chargé de se prononcer
par un arrêté spécial, touchant cette assimilation ; 3° qu'il ne
pourra prendre l'initiative et ordonner d'office ce classement,
puisqu'il ne devra agir que sur la proposition du directeur ;
4° que les contribuables auront une première garantie dans
l'avis du maire, tuteur naturel de ses administrés.

M. *Benoît*, député, demandait que l'on ajournât la discussion
de cet article, jusqu'à celle de l'art. 20, destiné à régler les
formalités relatives à l'établissement des rôles. M. *Quinette*
insistait, pour que l'on dît, du moins, que les formalités seraient les mêmes. M. le rapporteur a fait observer avec raison,

que cela ne pouvait pas être autrement : « Si le contrôleur, dans sa tournée, a-t-il dit, trouve un patentable exerçant une industrie non classée, il le porte sur le rôle, et lui assigne provisoirement une classe, sauf au directeur à approuver ou à infirmer cette proposition. L'assimilation proposée ou approuvée par le directeur, est envoyée avec le rôle au préfet, après que le maire y a consigné ses observations. Ainsi, les choses se passent comme si le patentable était classé, seulement, il y a une garantie de plus, car le préfet ne se borne pas à donner son avis implicitement; en arrêtant le rôle, il rend un arrêté spécial, après avoir pris connaissance de l'avis du maire. Ainsi, toutes les conditions de l'art. 19 ou 20, tel qu'il est ou tel que vous le ferez, sont nécessaires dans le cas d'assimilation, et il y a des conditions, des garanties additionnelles et spéciales. »

D'après ces paroles de M. le rapporteur, on ne peut mettre en doute que toutes les formalités exigées pour l'établissement des rôles, ne soient reconnues nécessaires pour les assimilations, bien que l'art. 4 n'en fasse pas mention.

Il est évident également que le contribuable aura le droit de faire ses représentations au contrôleur et au directeur pour repousser l'assimilation ou contester le classement; et s'il éprouvait de ce côté peu de sympathie, il n'invoquera pas certainement, sans succès, l'intervention de son maire, qui, quand même il ne croira pas devoir appuyer la réclamation, ne manquera pas sans doute de soumettre au préfet les observations du contribuable. Enfin, celui-ci pourra exercer son recours contre la décision du préfet, en s'adressant au conseil de préfecture d'abord, et ensuite au conseil d'état.

Une des premières recommandations que nous avons en conséquence à faire aux administrés, c'est de voir le contrôleur lors de l'établissement des rôles, afin de lui faire tout d'abord leurs observations, et d'éviter ainsi d'avoir à faire plus tard des réclamations. Il est toujours plus facile de prévenir une erreur que d'avoir à en solliciter le redressement.

Le droit du contribuable à intervenir et à faire valoir ses droits, n'a pas été stipulé formellement, parce que **M.** le ministre des finances a déclaré que c'était pour lui un droit acquis. « Dans l'état des choses, a-t-il dit, la partie intéressée est toujours entendue. Je prie la chambre d'éviter l'inconvénient de surcharger la loi de dispositions trop nombreuses, qui pourront créer des difficultés. » C'est sous l'impression de cette déclaration, que l'amendement, qui avait pour but d'établir le droit des administrés, a été écarté.

Le second paragraphe de l'art. 4 est le résultat d'un amendement de **M.** *de Bussière*; son but est de rendre la chambre juge souveraine et en dernier ressort, de la décision du préfet et même des autorités qui auront été appelées à statuer sur les pourvois dont cette décision aura été l'objet. Cette révision de la législation, il faut le reconnaître, sera un remède fort peu efficace, puisqu'indépendamment de ce qu'elle ne sera applicable que tous les cinq ans, on ne pourra s'en servir que relativement aux décisions qui auront déjà trois années d'exécution. Ainsi, avant cinq ans, de ce jour, point de révision; et dans cinq ans, le vote de la chambre ne pourra porter que sur les assimilations ordonnées dans les deux premières années. Celles faites dans la troisième année ne seront examinées, à la chambre, que cinq ans après la première révision, c'est-à-dire, huit ans après que les contribuables auront eu à souffrir, si leurs réclamations sont de nature à être accueillies par la chambre. C'est, il faut l'avouer, de la justice un peu tardive.

ART. 5.

Pour les professions dont le droit fixe varie en raison de la population du lieu où elles sont exercées, les tarifs sont appliqués d'après la population qui aura été déterminée par la dernière ordonnance de dénombrement.

Néanmoins, lorsque ce dénombrement fera passer une commune dans une catégorie supérieure à celle dont elle faisait précédemment partie, l'augmentation du droit fixe ne sera appliquée que pour moitié pendant les cinq premières années.

Dans les articles qui précèdent, on s'est servi des expressions commerces, industries, professions ; et ici, on n'emploie que le mot profession ; il est évident que ce mot n'est pas ainsi employé dans un sens restrictif, et que la disposition s'applique également aux commerces et industries, ainsi se trouve adopté implicitement l'amendement de M. *Panat* qui avait été rejeté, peu de temps avant, et qui n'avait d'autre but que d'éviter les répétitions des mots *commerce, industrie, profession*; parce qu'effectivement, les deux premiers sont compris dans le dernier, qui est d'une acception plus large, et s'applique à toutes les personnes que la loi a entendu assujettir à l'impôt.

On conçoit qu'il fallait un point de départ établi pour la fixation de la population, et il n'y en avait pas d'autres que celles constatées officiellement par ordonnance ; le but de l'article a été d'éviter les contestations, et de ne pas donner prise surtout à des recensements annuels.

Le second paragraphe prévoit le cas de l'augmentation de la population, et il en atténue les conséquences pour les patentés, en ne les surchargeant d'abord, et pendant cinq ans, que de la moitié de l'augmentation que subira le droit fixe auquel ils sont imposés. Mais le cas où la population serait diminuée, et où, par conséquent, il y aurait lieu de diminuer le droit fixe, n'est pas prévu. Il faut en conclure que la réduction aura lieu dès la première année, parce qu'en matière de lois fiscales, l'interprétation doit toujours être en faveur de l'imposé. La circulaire ministérielle, relative à l'exécution de la loi, et qui précède ce commentaire, est muette sur ce cas; mais elle indique très-bien, au moyen d'un tableau, l'application de cette disposition. (V. *suprà*, p. 42)

ART. 6.

Dans les communes dont la population totale est de 5,000 âmes et au-dessus, les pententables exerçant dans la banlieue des professions imposées, eu égard à la population, payeront le droit fixe, d'après le tarif applicable à la population non agglomérée.

Les patentables exerçant lesdites professions, dans la partie agglomérée, payeront le droit fixe d'après le tarif applicable à la population totale.

Il faut reconnaître que cet article a été inspiré par un sentiment d'équité. Le gouvernement a reconnu qu'il n'était pas juste que le contribuable de la banlieue payât autant que celui de l'intérieur de la commune; mais la commission de la chambre des députés aurait voulu que ce dernier ne payât qu'en raison de la population agglomérée seulement. M. le ministre des finances a combattu cette réduction, d'abord, parce qu'elle imposerait un sacrifice de 350,000 fr. par an, au trésor; et, en outre, par les considérations suivantes :

« Dans la plupart des cas, a t-il dit, la banlieue, le territoire rural se compose de hameaux détachés, d'habitations disséminées, qui, dans un rayon plus ou moins considérable, ont été rattachées à une commune principale. Je dis que dans ces cas, il est évident que c'est au centre de la commune que les habitants de ces hameaux viennent faire leurs opérations de commerce. Peu importe pour les marchands établis dans l'intérieur de la commune que les maisons soient contigues ou séparées, ils n'en sont pas moins assurés de la clientèle des habitants de ces hameaux dispersés.

« L'impôt de la patente doit donc être le même pour la commune qui a 15,000 habitants de population, dispersés dans un rayon de 2 ou 3 kilomètres, que pour la commune dont la population est agglomérée, etc. »

Ce raisonnement, applicable seulement aux marchands en détail, est totalement sans application pour les commerces en gros. L'argument le plus fort, et celui qui a évidemment le plus touché la chambre, c'est la perte pour le trésor de 350,000 par an; voilà pourquoi le système du gouvernement a prévalu.

ART. 7.

Le patentable qui exerce plusieurs commerces, industries ou professions, même dans plusieurs communes différentes, ne peut-être soumis qu'à un seul droit fixe.

Ce droit est toujours le plus élévé de ceux qu'il aurait à payer s'il était assujetti à autant de droits fixes qu'il exerce de professions.

Cette disposition qui, dans le projet du gouvernement était comprise dans l'art. 17, paraissait de nature à soulever beaucoup de réclamations, parce qu'à Paris, surtout, et dans quelques grandes villes, le commerce ordinaire de détail, qui n'a pour objet qu'un seul article, se plaignait de ces grands établissements qui s'emparent successivement d'un grand nombre d'industries, et demandait qu'ils fussent imposés à autant de droits fixes qu'ils tiennent de sortes de marchandises.

La commission de la chambre des députés a, par l'organe de son rapporteur, repoussé cette réclamation :

« On prétend, a t-il dit, que cet article constitue un privilége exorbitant au profit de quelques négociants de la capitale et de nos grandes villes, qui entassent dans des magasins immenses, dans de véritables bazars, les marchandises les plus diverses, et exercent ainsi, au moyen d'une seule patente, jusqu'à dix ou douze industries.

« Il est possible qu'il fût plus régulier, ou du moins plus conforme aux principes d'égalité et de justice distributive de ne pas faire du droit fixe de patente une taxe purement personnelle, une sorte de droit de licence, ainsi que l'a voulu la loi de l'an VII; il est possible qu'il fût strictement juste de faire payer autant de droits fixes qu'il y a d'industries exercées; mais on oublie que si cette règle rigoureuse était appliquée, elle n'atteindrait pas seulement les gros marchands qui causent tant d'ombrages au commerce de détail de la capitale, et que plus des deux tiers des patentables de nos campagnes, et même de beaucoup de nos villes, en seraient, pour ainsi dire, frappés de mort. S'il fallait leur demander un droit fixe pour l'épicerie, un pour la mercerie, un pour la quincaillerie, un pour chaque branche de leur petit négoce ; combien peu d'entre eux résisteraient à cette aggravation d'impôt? »

« Tout ce qu'on peut faire, c'est d'exiger, ainsi que le veut la loi, que ces patentables à professions multiples soient taxés pour celle de leurs industries qui donne lieu au plus fort droit. »

M. le rapporteur aurait pu ajouter que cette disposition nous aurait forcément ramenés aux corporations ; car il aurait fallu déterminer quels étaient les articles dont tel genre de commerce pouvait s'occuper, et les marchands ordinaires, eux-mêmes, sont tellement habitués à envahir le commerce de leurs voisins, qu'il serait bien difficile aujourd'hui d'établir ces spécialités et de déterminer, par exemple, les articles que devraient tenir un papetier, un bonnetier, etc.

Enfin la loi nouvelle a donné une certaine satisfaction à ces réclamations en imposant les marchands en détail qui ont plus de vingt-cinq commis, à un droit fixe de 1,000 fr., ainsi que nous le voyons, tableau C. C'est le même droit fixe que celui des banquiers et agents de change et de tous les grands établissements de Paris.

La commission voulait, en outre, arriver à ce résultat, que le contribuable qui exerce plusieurs professions dans des communes différentes, payât le droit auquel devait donner lieu la population la plus élevée. Ainsi, un marchand aurait eu une maison à Orléans et une à Paris, c'est le droit fixe déterminé par la population de Paris qu'il aurait dû payer, et pour cela elle avait proposé la rédaction suivante :

« Il paye ce droit dans celle des communes dont la population donne lieu au plus fort droit. »

La discussion a fait prévaloir la rédaction que porte l'article et qui nous semble exprimer plus clairement la même intention.

ART. 8.

Le droit proportionnel est fixé au vingtième de la valeur locative pour toutes les professions imposables, sauf les exceptions énumérées au tableau D annexé à la présente loi.

Les sept premiers articles ne s'occupent, comme on l'a vu, que du droit fixe; nous entrons maintenant dans la série de ceux qui concernent le droit proportionnel.

La base générale de cet impôt fixé au dixième par la loi de brumaire an VII, est réduite au vingtième par la nouvelle loi. L'augmentation progressive des loyers rendait cette mesure indispensable, et malgré cette réduction, l'assujetti payera encore plus, beaucoup plus qu'il ne payait en l'an VII; et puis d'ailleurs, les nombreuses exceptions du tableau D réduisent beaucoup les faveurs de cette disposition.

Plusieurs propositions ont été faites pour modifier le projet du gouvernement et échelonner d'une autre manière le droit proportionnel; mais toutes ces combinaisons, plus ou moins ingénieuses, n'avaient en leur faveur aucun titre de plus que le système de l'administration qui devait, par conséquent prévaloir. Il est inutile de nous occuper de ces divers projets dont l'examen serait sans influence sur l'interprétation de la loi adoptée. Nous allons voir par les dispositions qui suivent, comment ce droit proportionnel doit être calculé.

ART. 9.

Le droit proportionnel est établi sur la valeur locative, tant de la maison d'habitation que des magasins, boutiques, usines, ateliers, hangars remises, chantiers et autres locaux servant à l'exercice des professions imposables.

Il est dû lors même que le logement et les locaux occupés sont concédés à titre gratuit.

La valeur locative est déterminée, soit aux moyens de baux authentiques, soit par comparaison avec d'autres locaux dont le loyer aura été régulièrement constaté, ou sera notoirement connu, et, à défaut de ces bases, par voie d'appréciation.

Le droit proportionnel pour les usines et les établissements industriels, est calculé sur la valeur locative de ces établissements, pris dans leur ensemble et munis de tous leurs moyens matériels de production.

Il serait difficile pour ne pas dire impossible, de justifier la disposition qui fait porter l'impôt proportionnel de la patente sur la valeur locative de la maison d'habitation; car il ne faut pas perdre de vue que l'impôt de la patente est destiné à prélever au profit du trésor une portion des bénéfices que le patenté est censé faire. Aprèsavoir déterminé un droit fixe, qui varie suivant la nature des professions et l'importance de la population des lieux où elles s'exercent, le législateur a voulu atteindre les patentés à raison de l'extenison plus ou moins grande de leurs affaires, au moyen du droit proportionnel au loyer des lieux consacrés à leur profession. Ce n'est donc pas à raison de sa fortune que le patenté est assujetti à ce droit, mais à raison de son bénéfice présumé. Dès-lors, pourquoi faire concourir la valeur locative de l'habitation parmi les éléments qui doivent servir à déterminer la quotité du droit proportionnel ?

Ainsi un négociant peut jouir d'une fortune patrimoniale plus ou moins importante; il peut avoir un riche appartement pour satisfaire à son goût pour le luxe ou aux exigences que lui imposent ses relations, et son commerce peut être fort peu important.

Qu'on l'impose pour son habitation comme tous les autres citoyens, au moyen de la taxe mobilière et personnelle; mais qu'on ne le soumette pas à une nouvelle taxe à raison de son habitation lorsque cette taxe ne doit avoir en vue que d'atteindre une portion des bénéfices de sa profession.

Ces considérations présentées avec force par plusieurs députés, et notamment par M. *Taillandier*, n'ont pas prévalu, et la valeur locative de l'habitation est restée soumise au droit proportionnel.

Quant aux locaux servant à l'exercice de la profession, ils devaient, dans l'esprit de la loi, être frappés de l'impôt corrélatif à la valeur locative, et à cela il n'y a rien à dire. Nous ferons remarquer seulement qu'il ne s'agit ici que des locaux habituellement employés par le patentable.

Le conseil d'État a jugé, il est vrai, sous l'ancienne législation, que la valeur locative servant de base au droit proportionnel devait comprendre les magasins loués par le négociant au mois. (Ord. du 6 fév. 1839, Mac. 1839, p. 106.) Mais dans l'espèce il s'agissait de magasins loués au mois, en effet, mais occupés de cette manière, depuis plusieurs années, par le contribuable. La solution aurait été différente sans doute, si l'on avait établi, que cette location était accidentelle et n'était pas habituellement nécessaire à l'exercice de la profession de l'assujetti.

Le § 2 a eu pour but d'empêcher la fraude qui pourrait résulter de la gratuité apparente des locations, et d'ailleurs, la jouissance d'un local fût-elle sérieusement gratuite, on conçoit que l'impôt proportionnel devant atteindre le contribuable en raison de l'extension de ses affaires présumées, d'après l'importance des lieux consacrés à son exploitation , peu importe que le loyer soit ou non gratuit; cette considération n'a pas plus de valeur que celle qui serait fondée sur cette circonstance, que le patentable serait propriétaire des locaux utilisés par son industrie. Il y a , dans l'un et l'autre cas, une valeur locative appréciable par comparaison.

La difficulté sans doute est de fixer équitablement ces valeurs locatives. On ne peut se dissimuler qu'il y a lutte ouverte entre l'assujetti et le fisc, et tel qui se ferait un scrupule de mentir pour une chose, même indifférente, n'en éprouve aucun lorsqu'il s'agit de disputer au trésor public la part d'impôt à laquelle la loi le soumet. Le propriétaire est presque toujours d'accord sur ce point avec son locataire; car, en allégeant les charges de celui-ci, il dissimule également le produit qu'il retire de sa propriété et espère éviter ainsi un petit accroissement de son impôt foncier.

C'est pour empêcher les conséquences de ces collusions que la loi n'a pas voulu s'en rapporter aux baux même authentiques.

La commission de la chambre des députés avait proposé une rédaction d'après laquelle le bail authentique devait faire foi de la valeur locative, et c'était, s'il n'existait pas de baux authentiques, par comparaison avec d'autres locaux, dont le loyer aurait été régulièrement constaté ou notoirement connus, que la valeur locative devait être déterminée.

On a fait observer dans l'intérêt du fisc le danger qu'il y aurait à s'en rapporter aux baux authentiques. On a même fait valoir dans l'intérêt du contribuable l'inconvénient qu'il y aurait à adopter comme règle fixe et invariable le prix du loyer stipulé dans les baux ; parce que quelquefois ce prix était ainsi fixé par des exigences du propriétaire, auxquelles le locataire était forcé de se soumettre, et l'on n'a pas voulu enlever au contribuable le droit de faire valoir, en sa faveur, l'appréciation des circonstances qui l'auraient forcé de subir un prix de loyer exorbitant.

Toutes réserves sont donc faites dans l'intérêt des contribuables comme dans l'intérêt du fisc, et il résulte complétement de la discussion que les diverses bases d'appréciation indiquées par l'art. 9, pourront être invoquées de part et d'autre pour la fixation de la valeur locative.

Le patenté peut-il demander que la valeur locative soit déterminée d'après le revenu imposable porté au rôle de la contribution foncière ? Non, parce que, aux termes des art. 82 et 87 de la loi du 3 frimaire an 7, ce revenu est réduit d'un quart pour les maisons d'habitation et d'un tiers pour les usines, *en considération du dépérissement et des frais d'entretien et de réparation.* Il est évident que les patentables ne sauraient réclamer le bénéfice de cette réduction qui ne profite qu'à celui qui est chargé de ces réparations. Ainsi l'a décidé le conseil d'État. (Ord. du 16 mars 1837, Mac. 1837,

p. 84 ; du 18 déc. 1839, ibid. 1839, p. 373, du 30 juillet 1840, ibid. 1840, p. 269).

Mais si le bail mettait à la charge du locataire les frais de réparation et d'entretien, celui-ci aurait droit à faire réduire le taux de la valeur locative des lieux occupés par lui, du quart ou du tiers, suivant la nature de sa location.

La voie d'appréciation laisse sans doute un immense pouvoir à l'administration ; car tout le monde sait combien il est difficile de faire revenir sur les estimations qui ont servi de base à l'établissement des rôles. Il l'est beaucoup moins d'obtenir justice au moment de leur confection ; c'est à ce moment que les patentés doivent veiller à leurs intérêts, et nous ne saurions trop appeler leur attention sur ce point. C'est d'ailleurs un très-bon précédent à faire valoir lors des réclamations, que d'établir qu'on a protesté, dès le principe, contre l'évaluation de la valeur locative, soit de l'habitation, soit des lieux consacrés à la profession.

La fixation de la valeur locative des usines est l'objet d'une disposition spéciale, qui a donné lieu aux discussions les plus vives. Le gouvernement n'en a pas eu l'initiative, c'est à la commission de la chambre des députés que nos manufacturiers auront l'obligation de cette aggravation de charges.

Cette mesure n'a point passé, toutefois sans difficulté, deux fois la discussion a été ajournée et la rédaction renvoyée à la commission, ce n'est qu'à la troisième reprise que l'article a été adopté. La commission de la chambre des députés avait proposé la rédaction suivante :

« Sont compris dans l'estimation des usines et des établissements industriels, toutes les machines, métiers, ustensiles et autres moyens de fabrication, sans toutefois qu'il soit attribué aucune valeur à la force motrice provenant soit d'un cours d'eau, soit d'une machine à vapeur, soit de tout autre moteur animé ou inanimé. »

M. *Victor Grandin* et d'autres députés se sont élevés avec

force contre ce système. Ils ont représenté avec énergie que l'industrie manufacturière était déjà surchargée d'un droit proportionnel aux broches qu'elle fait tourner, aux métiers qu'elle fait marcher, aux ouvriers qu'elle emploie. C'est bien assez de l'assujettir au droit proportionnel à la location des énormes bâtiments qui lui sont malheureusement nécessaires, sans l'imposer en outre à raison de la valeur d'ustensiles qui se détériorent chaque jour et lui enlèvent la majeure partie de ses bénéfices. Les négociants, les banquiers et d'autres patentés exercent une industrie beaucoup plus lucrative, sans avoir besoin de vastes locaux et sont aussi beaucoup plus favorablement traités que les fabricants. Pourquoi aller au-devant des exigences du fisc et lui offrir un tribut qu'il ne réclame point?

Un autre député, M. *Ardant,* proposait de ne soumettre à l'impôt proportionnel que la cage des bâtiments et la force motrice, et d'en exempter toute espèce d'outillage; le gouvernement s'était rallié à cette opinion.

M. *Lestiboudois* repoussait tout droit proportionnel sur les manufacturiers, autre que celui résultant du nombre de broches ou métiers qui donne effectivement la mesure la plus juste de l'importance relative de leur industrie.

L'amendement de M. *Rivet* n'excluait pas d'une manière absolue l'estimation de l'outillage et du moteur, il admettait l'estimation de l'outillage dans le cas où il n'y avait pas de moteur, et l'estimation du moteur dans les autres cas.

M. *de Chasseloup-Laubat* adoptait le système de la commission, mais il proposait une autre rédaction ainsi conçue :

« Le droit proportionnel pour les usines et établissements industriels se calcule sur la valeur locative de ces établissements munis de tous leurs moyens de fabrication. »

Voici comment cet honorable député justifiait son opinion :

« En présentant à la chambre l'amendement qui est en délibération je me suis proposé deux choses :

« La première, de diminuer un peu l'impôt qui pèse aujourd'hui sur l'industrie proprement dite;

« La seconde, d'établir cet impôt sur des bases égales pour tous et de manière à n'atteindre les divers établissements industriels que proportionnellement à leur puissance productive.

« Le premier résultat que j'ai cherché à obtenir est incontestable, soit qu'on adopte la classification présentée par la commission, soit qu'on prenne celle que j'ai eu l'honneur de soumettre à la chambre.

« Quant au second, au principal objet de mon amendement, celui d'établir l'impôt sur des bases égales pour toutes les industries, je n'ai pas la prétention d'avoir atteint entièrement ce but.

« Je déclare donc que si on veut me reprocher de ne pas avoir fait disparaître toute inégalité, de ne pas être arrivé à offrir les éléments d'une appréciation parfaitement exacte des valeurs locatives, je n'entends plus discuter. Ainsi que le faisait remarquer l'honorable rapporteur de la commission, il est impossible, dans un impôt de quotité, dans l'établissement d'un droit proportionnel qui frappe toutes les industries, d'arriver à une précision mathématique : toutefois j'espère être arrivé aussi près que possible du but.

« Mais avant d'entrer dans les explications du système que j'ai présenté, que la chambre me permette de lui rappeler l'état actuel de la législation; car on oublie trop qu'aux termes de la loi de l'an 7, le droit proportionnel est du dixième de la valeur locative des usines, et que, dans l'application de cette loi, on a commis de singulières injustices que nous cherchons à réparer ou à prévenir.

« En effet, tandis que, pour certaines industries, il était facile d'atteindre la matière imposable, pour d'autres, au contraire, une partie même de ce qui devait supporter l'impôt échappait à l'appréciation, ou du moins n'entrait pas dans les évaluations.

« Ainsi, lorsqu'en exécution de la loi de l'an 7, on a voulu établir le droit proportionnel sur les usines, on a commencé par estimer ces établissements, plutôt comme s'il s'était agi de leur faire supporter l'impôt foncier que de les soumettre à l'impôt des patentes. Mais lorsque, plus tard, l'industrie eut pris un nouvel essor, lorsque les lois de 1817 et de 1818 eurent changé certaines classifications, on comprit que l'impôt avait été fort mal établi, fort mal perçu ; on comprit que la loi n'avait pas été appliquée telle qu'elle avait été conçue ; et, comme toujours, on se jeta dans un extrême opposé. On n'avait pas imposé tout ce qui devait l'être, on voulut imposer ce qui n'était pas imposable.

« Voici ce qui se passa.

« D'un côté les agents de l'administration des finances imaginèrent que l'impôt devait être calculé sur les produits des usines ; ils cherchèrent à apprécier ces produits et à établir le droit proportionnel d'après cette appréciation. D'un autre côté, les industriels prétendirent qu'on ne devait prendre pour base du droit proportionnel que la valeur de l'usine, abstraction faite de tout moteur, de toute machine, et enfin, pour me servir d'une expression consacrée dans cette discussion, que sur la cage même de l'établissement.

« C'est dans ces termes que la contestation se présenta au conseil d'État, et le conseil ne voulut adopter ni l'un ni l'autre de ces systèmes.

« Le conseil d'État fit rentrer, selon moi, dans la juste interprétation de la loi et les agents de l'administration et les patentables.

« Voici en quels termes il prononça dans une affaire fort importante, et qui fixa la jurisprudence :

« Considérant que la valeur locative des établissements

« industriels doit être établie, non sur les produits qui ré-
« sultent de l'exploitation, mais d'après l'état matériel de ces
« établissements, considérés comme usines, tels qu'ils se
« comportent au moment où il s'agit de les imposer, etc.»

« Vous voyez que, d'après cette jurisprudence, on arrivait
à imposer au dixième de la valeur locative les usines qui
présentaient dans leur ensemble toutes leurs machines
comme des immeubles par destination, telles que les forges,
les moulins et autres établissements qui demandent une
grande puissance.

. . . .

« La force motrice et le mobilier industriel pris séparément m'ont paru conduire, pour l'établissement de l'impôt,
à des résultats incomplets et faux. J'ai donc cru qu'il fallait
se servir des règles que la jurisprudence du conseil d'État
avait tracées d'avance, mais qu'en même temps il était indispensable d'établir des bases égales pour tous et d'abaisser
le droit proportionnel.

« Pour bien faire comprendre ma pensée, que la chambre
me permette d'appeler un instant son attention sur l'objet du
problème que nous cherchons à résoudre.

« Il s'agit du droit proportionnel; mais proportionnel à
quoi? Est-ce aux capitaux engagés dans l'établissement? Non,
messieurs, ces capitaux nous ne les connaissons pas; ils ont
pu être employés avec plus ou moins d'intelligence. Nous ne
pouvons les apprécier avec quelque exactitude.

« Est-ce proportionnel aux produits réels? pas plus. Les
produits de l'industrie varient de jour en jour : pour les saisir,
il faudrait se livrer à une inquisition intolérable, demander
au fabricant ses comptes, ses secrets; cela n'est pas possible,
cela ne serait admis par personne.

« A quoi l'impôt peut-il donc être proportionné? Je n'hé-
site pas à répondre : à la puissance productive de chaque
usine !

« Voilà, messieurs, la seule base saine et juste !

« Mais quel est le signe extérieur, le signe apparent de la puissance productive d'une usine, car l'impôt, il ne faut pas l'oublier, ne peut être établi que sur un signe évident, facile à reconnaître pour tous.

« Eh bien, ce signe de la puissance productive de l'usine, c'est la réunion de tous les éléments qui la composent, c'est tout à la fois la cage qui renferme l'outillage, l'outillage qui sert à la fabrication, et la force motrice qui donne l'impulsion et la vie. En un seul mot, c'est l'ensemble de l'usine telle qu'elle se comporte. C'est cet ensemble que doit avoir en vue le législateur lorsqu'il établit un droit proportionnel. J'ai voulu confondre ces trois éléments, qui, pris séparément, ne donnent que des résultats essentiellement faux, mais qui, réunis, permettent d'atteindre le but que vous vous proposez, c'est-à-dire de proportionner l'impôt à la véritable force productive des établissements. »

Nous avons présenté cette opinion dans toute son étendue, pour en démontrer la futilité, et faire ressortir l'injustice de cette mesure qui pèse si fatalement sur la classe des patentables la plus digne de protection et de ménagements.

Vous avez voulu, dites-vous, diminuer un peu l'impôt qui pèse aujourd'hui sur l'industrie, et en effet, l'impôt, précédemment d'un dixième, est réduit au quinzième, au vingtième, au vingt-cinquième, au quarantième, au cinquantième même, suivant les différentes classes d'industries ; remarquez que déjà, pour la plupart des usines et manufactures, il n'y avait pas d'impôt proportionnel à payer, et que pour celles qui y étaient restées assujetties le droit est réduit de moitié; ainsi, pour apprécier ce que la loi nouvelle offre de favorable aux industries précédemment soumises au droit proportionnel, il ne faut pas comparer le droit que vous voulez leur faire payer, avec celui que l'ancienne législation leur imposait, mais avec la moitié du droit, puisqu'à l'égard de toutes les professions patentables, la réduction à moitié est la règle commune.

Abstraction faite de cette observation, il nous paraît impossible que le droit nouveau, accru de la valeur locative de tous les moyens matériels d'exploitation, n'équivale pas au droit fixé par la législation précédente. Nous ne pouvons nous livrer à des calculs, parce que n'ayant pas un point de départ résultant d'une cote quelconque, on pourrait en contester l'exactitude, et en outre, parce que nous ne savons pas encore sur quel pied s'évaluera la valeur locative, autre difficulté dont nous parlerons tout à l'heure.

Pour le moment, contentons-nous de dire qu'il n'est pas un manufacturier, membre de la chambre des députés, qui ait cru aux bienfaits de la nouvelle taxe, et que tous se seraient estimés heureux que l'on se fût contenté de les faire jouir, comme les autres patentés, de la réduction générale au vingtième, plutôt que de changer les éléments d'appréciation et de réduire le taux au vingt-cinquième, au quarantième, etc.

Le second but qu'on s'est proposé d'atteindre, c'est, dit-on, d'arriver plus près de l'égalité proportionnelle qu'on voudrait établir entre tous les patentés.

Mais, après avoir posé ces règles, qu'on passe à leur application, et bientôt l'on verra dans quelles étranges anomalies on sera forcé de tomber. On aura arbitrairement modifié les bases de l'appréciation, mais le résultat sera encore de l'arbitraire. Ce n'était pas la peine de se donner tant de mal pour arriver à un tel résultat.

Toute l'argumentation de M. Chasseloup-Laubat peut se résumer à ceci : l'impôt sur les usines doit être proportionnel à tous leurs moyens matériels de production, parce que c'est la manière la plus équitable d'arriver à une égalité relative entre eux.

Mais la loi des patentes n'est pas faite pour les manufactu-

riers seulement, elle est faite pour tous les patentés; et pourquoi changer la base de la loi pour eux spécialement.

Les bases de l'impôt de la patente se composent de deux
éléments : un droit fixe, et un droit proportionnel à la valeur
locative, tant de la maison d'habitation que des magasins,
boutiques, ateliers, etc.

Il ne s'agit donc point de proportionner le droit aux éléments de production, car c'est déjà fait pour la plupart des
manufactures qui sont soumises à un droit *fixe*, variable, à
raison du nombre de métiers qu'elles font battre, de broches
qu'elles font tourner, d'ouvriers qu'elles emploient. Ne
sont-ce pas là les vrais éléments de production du fabricant?
Ainsi, l'impôt de la patente pour les usines, au lieu de se
composer, comme pour les autres professions, d'un droit fixe
et d'un droit proportionnel au loyer, se trouve, en définitive,
formé de deux éléments proportionnels, l'un au nombre de
métiers ou d'instruments qui travaillent, l'autre au loyer des
bâtiments pris dans leur ensemble et munis de tous leurs
moyens matériels de production.

En définitive, les fabricants sont traités d'une manière
tout exceptionnelle que rien ne justifie. *Lex est;* il faudra
l'exécuter.

Mais cette exécution sera-t-elle facile? du moment où nos
législateurs voulaient faire du neuf, il fallait au moins qu'ils
exprimassent leur pensée de manière que leurs intentions
fussent parfaitement remplies.

Nous allons chercher si nous pourrons trouver quelques
lumières dans la discussion.

Le mot *matériel* a été ajouté sur l'observation d'un honorable député, M. *Lestiboudois.*

« J'ai remarqué, a-t-il dit, dans la rédaction de la commission des termes qui me semblent aller au-delà même de
la proposition de M. Chasseloup-Laubat. Son amendement qui
dit : *La valeur locative de tous les établissements industriels pris*

dans leur ensemble, et munis de tous leurs moyens de production,
me paraît comprendre la machine et aussi la vapeur qui la
met en jeu. L'honorable auteur de cet amendement a eu la
bonté de me déclarer tout à l'heure qu'il n'entendait pas
comprendre la machine chauffée et en activité. M. le rapporteur nous a fait la même déclaration, je les loue beaucoup de
cette déclaration. Car ils feraient encore une chose nuisible à
l'industrie, s'il arrivait qu'ils voulussent imposer la machine
à vapeur fonctionnant; ce serait dépasser toutes les bornes.»

M. le rapporteur a répondu : « Les deux rédactions peuvent avoir chacune leur inconvénient. Si le mot *moyen* peut
être trop large, le mot *matériel* peut être trop étroit : car la valeur locative des cours d'eau doit être comprise dans les
usines hydrauliques. Je crois qu'avec les explications qui ont
été données, les mots *moyens de production* sont suffisants. »

« Précisément, réplique M. *Lestiboudois,* je m'appuie sur la
raison donnée par M. le rapporteur pour insister sur la nécessité de mon amendement. M. le rapporteur dit que, dans
le sens de l'amendement de M. Chasseloup, la force hydraulique est comprise. Je l'accepte ; mais précisément parce
qu'elle comprend la force hydraulique, elle comprend la vapeur, et, conséquemment, les explications ne suffisent pas,
il faut que, dans la loi, nous trouvions une disposition formelle. »

M. le rapporteur a répliqué : « La valeur locative ne pourrait porter sur le combustible que dans les cas exceptionnels;
pourquoi prévoir des cas qui ne peuvent se réaliser ? »

« Je le prévois, a dit M. *Lestiboudois,* parce qu'il a été prévu
dans la discussion. »

La chambre paraissait ne rien comprendre à tout ceci,
parce que pour elle, sans doute, comme pour nous, elle ne
concevait pas comment le mot *matériel,* réclamé par M. *Lestiboudois,* empêcherait de comprendre le charbon de terre au
nombre des *moyens de production;* elle ne concevait pas davan-

tage que le mot *matériel* empêcherait de comprendre la valeur des cours d'eau dans l'estimation du loyer des usines hydrauliques.

Heureusement M. *Delespaul* a posé la question plus nettement et dit : « Il s'agit de savoir si les moteurs artificiels seront évalués à l'état de repos ou non.

M. le ministre des finances ayant dit qu'il était d'accord avec M. le rapporteur que les moteurs devraient être estimés à l'état de repos, c'est bien ainsi qu'il faut entendre les termes de l'article, malgré l'incertitude que leur rédaction pourrait laisser dans l'esprit.

Mais devra-t-on comprendre dans l'estimation de la valeur locative de l'outillage et du moteur, les ustensiles destinés à suppléer ceux en réparation, le moteur artificiel destiné à remplacer le cours d'eau dans les temps de chômage.

M. le ministre des finances a fait observer qu'il s'agit de la *valeur locative,* qu'une usine exposée à chômer se loue moins cher ; que la réunion du cours d'eau et de la vapeur augmente la valeur locative de l'usine; c'est donc sur l'ensemble des moyens de production que la valeur locative devra se calculer·

Avant de passer à l'examen de l'article suivant, nous devons faire connaître que l'honorable M. *Ogier* a profité de cette occasion pour demander que les usines et manufactures fussent affranchies de l'impôt des portes et fenêtres. La chambre a paru partager l'intention de ce député ; mais M. le ministre a fait observer qu'une pareille proposition était étrangère à la loi des patentes, et qu'il fallait en renvoyer la discussion au budget. C'était une fin de non-recevoir qui équivalait à un rejet, parce qu'à l'époque du vote du budget, toute discussion devient à peu près impossible à cause de l'empressement de nos députés à voir arriver le terme de la session.

ART. 10.

Le droit proportionnel est payé dans toutes les communes où sont situés les magasins, boutiques, usines, ateliers, hangars, remises, chantiers et autres locaux servant à l'exercice des professions imposées.

Si, indépendamment de la maison où il fait sa résidence habituelle et principale, et qui dans tous les cas, sauf l'exception ci-après, doit être soumise au droit proportionnel, le patentable possède, soit dans la même commune, soit dans des communes différentes, une ou plusieurs maisons d'habitation, il ne paye le droit proportionnel que pour celles de ces maisons qui servent à l'exercice de sa profession.

Si l'industrie pour laquelle il est assujetti à la patente ne constitue pas sa profession principale, et s'il ne l'exerce pas par lui-même, il ne paye le droit proportionnel que sur la maison d'habitation de l'agent préposé à l'exploitation.

Il importe fort peu aux patentés de payer l'impôt dans une commune plutôt que dans l'autre, mais il importe aux communes qu'il en soit autrement à cause des 8 centimes qui leur sont attribués sur le principal de la contribution des patentes, ainsi que nous le verrons art. 32.

Quelques députés avaient demandé que le droit proportionnel frappât toutes les diverses habitations du patenté, même sa maison de campagne. Nous avons déjà dit, en traitant de l'art. 9, que cela ne nous paraissait pas convenable.

La loi des patentes n'ayant pas pour but d'imposer la fortune, mais seulement l'industrie, l'habitation principale doit seule être imposée, c'est le but du deuxième paragraphe de l'art. 10. Il est vrai qu'il eût été plus logique de ne percevoir ce droit que sur la valeur locative de la portion de maison ou d'appartement consacrée à la profession. L'impôt sur le reste étant un impôt sur le luxe que la contribution personnelle a pour but d'atteindre.

Le troisième paragraphe a reconnu ce principe en restreignant l'application de l'impôt proportionnel au loyer de l'agent seulement, quand l'industrie n'est pas exploitée par le propriétaire.

ART. 11.

Le patentable qui exerce dans un même local, ou dans des locaux non distincts plusieurs industries ou professions passibles d'un droit proportionnel différent, paye ce droit d'après le taux applicable à la profession pour laquelle il est assujetti au droit fixe.

Dans le cas où les locaux sont distincts, il ne paye pour chaque local que le droit proportionnel attribué à l'industrie ou à la profession qui y est spécialement exercée.

Dans ce dernier cas, le droit proportionnel n'en demeure pas moins établi sur la maison d'habitation, d'après le taux applicable à la profession pour laquelle le patentable est imposé au droit fixe.

Quand la loi est claire et précise, le rôle du commentateur s'efface complétement, nous ne pourrions rien ajouter qui fût nécessaire à l'intelligence du texte que nous venons de citer.

ART. 12.

Dans les communes dont la population est inférieure à 2,000 âmes, mais qui, en vertu d'un nouveau dénombrement, passent dans la catégorie des communes de 2,000 âmes et au-dessus, les patentables des septième et huitième classes ne seront soumis au droit proportionnel que dans le cas où une seconde ordonnance de dénombrement aura maintenu lesdites communes dans la même catégorie.

Nous avons vu par l'art. 5, § 2, que lorsque l'ordonnance de dénombrement fait passer une commune dans une classe supérieure, l'augmentation du droit fixe n'est appliqué que pour moitié dans les cinq premières années, c'est dans le même esprit que la loi a voulu que les patentées des septième et huitième classe du tableau A, exemptés du droit proportionnel, comme habitant des communes dont la population est inférieure à vingt mille âmes, fussent maintenus dans cette faveur jusqu'à ce qu'un nouveau dénonbrement ait constaté l'accroissement de la population. C'est un ménagement pour ces classes dont les affaires sont minimes. Elles seront ainsi prévenues longtemps d'avance de l'augmentation qu'elles auront à supporter.

ART. 13.

Ne sont pas assujettis à la patente :

1° Les fonctionnaires et employés salariés, soit par l'État, soit par les administrations départementales ou communales, en ce qui concerne seulement l'exercice de leurs fonctions ;

2° Les notaires, les avoués, les avocats au conseil, les greffiers, les commissaires-priseurs, les huissiers ;

3° Les avocats ;

Les docteurs en médecine ou en chirurgie, les officiers de santé, les sages-femmes et les vétérinaires;

Les peintres, sculpteurs, graveurs et dessinateurs considérés comme artistes, et ne vendant que le produit de leur art;

Les architectes considérés comme artistes, ne se livrant pas, même accidentellement, à des entreprises de construction;

Les professeurs de belles-lettres, sciences et arts d'agrément, les chefs d'institution, les maîtres de pension, les instituteurs primaires;

Les éditeurs de feuilles périodiques;

Les artistes dramatiques;

4° Les laboureurs et cultivateurs seulement pour la vente et la manipulation des récoltes et fruits provenant des terrains qui leur appartiennent ou par eux exploités, et pour le bétail qu'ils y élèvent, qu'ils y entretiennent ou qu'ils y engraissent.

Les concessionnaires de mines, pour le seul fait de l'extraction et de la vente des matières par eux extraites;

Les propriétaires ou fermiers des marais salants;

Les propriétaires ou locataires louant accidentellement une partie de leur habitation personnelle;

Les pêcheurs, même lorsque la barque qu'ils montent leur appartient;

5° Les associés en commandite, les caisses d'épargne et de prévoyance administrées gratuitement, les assurances mutuelles régulièrement autorisées;

6° Les capitaines de navire de commerce ne naviguant pas pour leur compte;

Les cantiniers attachées à l'armée;

Les écrivains publics;

Les commis et toutes les personnes travaillant à gages, à façon et à la journée, dans les maisons, ateliers et boutiques des personnes de leur profession, ainsi que les ouvriers travaillant chez eux ou chez les particuliers sans compagnons, apprentis, enseigne ni boutique. Ne sont point considérés comme compagnons ou apprentis, la femme travaillant avec son mari, ni les enfants non mariés, travaillant avec leurs père et mère, ni le simple manœuvre dont le concours est indispensable à l'exercice de la profession;

Les personnes qui vendent en ambulance dans les rues, dans les lieux de passage et dans les marchés, soit des fleurs, de l'amadou, des balais, des statues et figures en plâtre, soit des fruits, des légumes, des poissons, du beurre, des œufs, du fromage et autres menus comestibles;

Les savetiers, les chiffonniers au crochet, les porteurs d'eau à la bretelle ou avec voiture à bras, les rémouleurs ambulants, les gardes-malades.

L'impôt de la patente se présente toujours à l'esprit comme devant peser uniquement sur les commerçants. On regardait

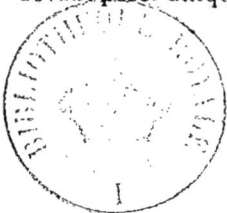

7-8

comme une anomalie les dispositions de la loi de brumaire an 7, qui assujettissaient les médecins à cet impôt, cela s'expliquait seulement par cette considération qu'à cette époque la profession de médecin était libre et pouvait être exercée par le premier venu, sans qu'on exigeât de lui aucun diplôme de nature à garantir le public contre les dangers de l'ignorance, dans une matière aussi importante que celle de la santé de l'homme. La patente était pour les médecins, comme pour tous les autres assujettis, une sorte de licence en vertu de laquelle ils avaient le droit d'exercer la profession pour laquelle elle leur était délivrée.

A ce point de vue, la patente des huissiers et des commissaires-priseurs n'était pas justifiable, car ceux-ci n'exerçant leur profession qu'en vertu d'une délégation du pouvoir, étant, comme les avoués ou notaires, dans la classe des officiers judiciaires, il n'y avait aucune raison de leur faire prendre une nouvelle licence, un nouveau permis d'exploiter, sous le nom de patente.

Le gouvernement, peu touché de ces considérations, se disposait à étendre plutôt qu'à restreindre le nombre des patentables ; c'est l'opinion contraire qui a prévalu, la commission de la chambre des députés a proposé un grand nombre d'exceptions, et ce nombre s'est augmenté lors de la discussion, aujourd'hui il est considérable, et le résultat pour le trésor sera un déficit de plus d'un million.

Nous allons parcourir rapidement ces exceptions, car le but de notre travail est de venir en aide à ceux qui sont imposés, et par conséquent les personnes non soumises à l'impôt n'ont pas besoin de nous.

Ces exemptions se divisent en catégories qui n'ont pas été régulièrement observées, quoique telle ait paru être l'intention de nos législateurs, ainsi que l'indiquent les divisions par 1°, 2°, 3°, etc.

La première catégorie contient les fonctionnaires publics,

sans distinction entre ceux nommés par l'État et ceux choisis par les administrations départementales ou communales. Il est bien entendu que cette exemption n'a lieu que pour ce qui concerne leurs fonctions, et qu'ils ne pourraient s'en prévaloir s'ils exerçaient une profession quelconque patentable; ils devraient dans ce dernier cas être soumis à la loi commune. Serait-il juste cependant qu'ils payassent l'impôt proportionnel à raison de leur loyer qui ne peut être pris comme la mesure des bénéfices présumés de leur commerce, puisqu'il est acquitté à l'aide des émoluments attribués aux fonctions qu'ils exercent, aussi bien qu'à l'aide des produits de la profession imposable? Prenons pour exemple un entrepreneur de forges et fontes qui occuperait en même temps un poste important dans l'administration, et dans une position beaucoup plus petite, un employé dont la femme exerce un petit commerce de modes ou de mercerie.

Il nous semble que dans ces deux cas, le loyer du patenté ne saurait être frappé de l'impôt proportionnel pour son intégralité. Il devrait en être ainsi, même si le mari demeurait avec sa femme dans les dépendances des locaux occupés par la profession imposable. Dans ce cas, il faudrait diviser la valeur locative pour n'en soumettre que la moitié, le tiers ou le quart à l'impôt proportionnel.

La seconde catégorie est celle des officiers ministériels. Doit-on considérer la nomenclature de ces diverses sortes d'officiers comme limitative, c'est-à-dire, n'y a-t-il d'exclus que ceux qui sont positivement désignés? nous ne le pensons pas, et notre opinion s'appuie de la discussion à laquelle a donné lieu la mention des agréés parmi les personnes affranchies de la patente.

La commission les avait nommément exclus ; mais sur l'observation de M. *de Chégaray,* appuyée par M. le garde des sceaux, et les considérations judicieuses de M. *de Belleyme,* on a pensé qu'il n'était pas sans inconvénient de consacrer l'existence d'une corporation qui n'est point reconnue, et qu'il était utile cependant de mentionner leur exemption en présence de la déclaration formelle du rapporteur de la commission, que l'intention de ses membres n'était pas que cette classe fût assujettie à la patente. Ainsi l'opinion de nos législateurs, telle qu'on peut la considérer comme établie par les débats, est bien que le défaut de mention des agréés, parmi les exceptés, n'a pas pour but de les rendre imposables, parce que leur profession n'est pas, dans leur pensée, de nature à être soumise à la patente.

Ne pourra-t-on pas cependant prétendre que la loi n'entend pas soumettre les agréés à l'impôt de la patente, en tant qu'agréés, parce qu'elle ne connaît pas cette classe de défenseurs près les tribunaux de commerce, mais qu'elle entend les imposer comme agents d'affaires. Cela pourrait être à craindre d'après la réponse assez peu explicite de M. le ministre des finances, répondant à un de nos députés.

« M. Risière de l'Arque, a-t-il dit, commet une confusion; il oublie que la chambre a voté, sur la proposition de la commission, le tableau A, dans lequel ne se trouvent pas compris les agréés. Par conséquent, ils ne sont pas imposés à la patente comme agréés; restent ensuite les cas particuliers dans lesquels on pourrait les considérer comme agents d'affaires. Ils ne sont pas portés dans le tableau A qui a été voté. En supprimant le mot dans l'article, on ne le rétablit pas dans le tableau. *Les choses restent dans l'état où elles étaient auparavant.*

Les agréés pourront, selon nous, invoquer avec droit cette dernière phrase, et conclure, de ce qu'ils ne sont point en ce moment soumis à la patente, qu'ils ne doivent pas l'être en vertu de la loi nouvelle. Il est évident, en effet, que le gouvernement et les chambres ont entendu maintenir le statu quo. Le conseil d'Etat l'avait déjà décidé; ainsi, le 1er novembre 1841, sur le pourvoi d'un sieur Forestier, contre le conseil de préfecture de la Gironde. (V. Mém. com. IX, 2, 70, une décision qui paraît favorable à l'exemption des agréés.)

Les syndics salariés des faillites pourront également invoquer en leur faveur, ce qui existe sous l'empire de la loi de brumaire an 7. Il en sera de même des référendaires au sceau, dont il a été nommément question, et sur lesquels M. le garde des sceaux s'est expliqué de manière à ne laisser aucun doute relativement à l'intention de ne pas les soumettre à la patente, encore bien qu'ils ne soient pas compris dans les exceptions.

Nous avions donc raison de dire que cette énumération n'est pas limitative.

Le § 3 est destiné à comprendre ceux qui exercent les professions dites libérales, en tête desquelles figure celle des avocats.

Ne doit-on considérer comme avocats, que ceux inscrits au tableau d'un collége? La loi ne le dit pas; et il ne nous paraît qu'il y ait lieu de faire cette distinction. Si un avocat se faisait agent d'affaires, ce n'est pas comme avocat, mais comme agent d'affaires, qu'il serait imposé; car les exemptions ne couvrent que la profession dénommée, et non pas celles imposables qu'on pourrait exercer, et à raison desquelles on serait régulièrement assujetti à la patente.

C'est avec justice qu'on a exempté comme exerçant une profession libérale, les docteurs en médecine ou en chirurgie; mais, devait-on y ajouter les officiers de santé, les sages-femmes (1) et les vétérinaires; et si on comprend ceux-ci dans les exceptions, pourquoi n'y pas comprendre les oculistes et les dentistes? La raison de l'adjonction de ceux-là, provient de ce qu'ils sont astreints à des examens et à des diplômes, sans lesquels ils ne peuvent exercer. Les oculistes et

(1) Une sage-femme qui tient maison d'accouchements est patentable à raison de cette dernière industrie.

dentistes ne sont pas tous dans ce cas, la plupart cependant, aujourd'hui, sont au moins officiers de santé, s'ils ne sont même reçus docteurs en médecine ou en chirurgie. Voilà sans doute une raison de distinguer ; mais, comment s'y prendra-t-on pour imposer ceux qui ne seraient pas même officiers de santé? Nous verrons plus tard que les professions non dénommées seront imposées par assimilation ; nous ne connaissons aucune des professions énumérées dans les tableaux auxquelles on puisse assimiler celles d'oculiste ou de dentiste.

Viennent ensuite dans cette catégorie des professions libérales, celles qui ont pour base l'art du dessin. Ce qui embrasse les peintres, sculpteurs, dessinateurs, graveurs, architectes.

Le projet de loi ne contenait pas les *dessinateurs*; ils ont été ajoutés par la commission. Voici comment s'en explique M. le rapporteur :

« Peut-être ne remarquera-t-on pas, tant la chose a peu d'importance, que nous avons ajouté aux peintres, sculpteurs et graveurs, les *dessinateurs*, en retranchant les mots : *lithographes* et *lithochromes:* en voilà la raison. Nous ne voulons exempter que les artistes. Or, l'artiste lithographe est un dessinateur, l'artiste lithochrome est un peintre ; tandis que les lithographes et lithochromes ne sont, à proprement parler, que des imprimeurs à procédés spéciaux, lesquels ne doivent pas être exempts de la patente. »

La distinction à faire entre les architectes a besoin aussi de quelques explications. Le ministre ne les avait pas compris parmi les exemptés; et, au contraire, il les avait portés parmi les patentés de la troisième classe, en distinguant les architectes travaillant pour les particuliers de ceux travaillant pour le gouvernement, soit qu'ils fussent rétribués par des appointements fixes ou par une remise proportionnelle, et les soumettant cependant au même droit. La commission avait cru devoir s'excuser de ne pas affranchir les architectes.

« A coup sûr, disait M. le rapporteur, s'il s'agissait d'une question d'art, l'architecture devrait marcher de pair avec ses deux sœurs (la peinture et la sculpture); mais il ne s'agit que de professions, et celle de l'architecte diffère sur beaucoup de points des deux autres. L'architecte n'invente pas seulement des plans d'édifice, il les fait exécuter : il emploie à la fois des dessinateurs pour copier ses projets, et des commis pour dresser ses devis, son atelier est aussi un bureau. Il est expert en même temps qu'artiste; il s'occupe de la valeur des choses, tout aussi bien que de leur beauté. On ne doit donc pas s'étonner que, dans cette situation mixte, ayant pour ainsi dire deux caractères, il se trouve par l'un d'eux assujetti à la patente. Nous n'avons pas pensé qu'il y eût des motifs suffisants pour l'affranchir. »

La distinction de la commission aurait dû la conduire à la proposition d'affranchir ceux des architectes qui, comme elle le reconnaissait, sont véritablement des hommes de l'art. M. Vatout a voulu établir qu'il n'y avait que deux classes d'architectes, les uns pénétrés de la dignité de leur mission, livrant le produit de leur génie à des entrepreneurs chargés de les traduire en édifices, en monuments, les autres se faisant eux-mêmes entrepreneurs, ayant des magasins, des ouvriers, achetant des matériaux, etc.; faisant des mémoires pour leur compte, toutes choses que ne fait point l'architecte artiste.

Cette distinction n'est pas exacte, car l'architecte entrepreneur est patentable, non comme architecte, mais comme entrepreneur; mais indépendamment de l'architecte artiste, il y a celui qui, sans être entrepreneur, surveille, dirige les travaux des bâtiments, vérifie les mémoires des entrepreneurs, fait des expertises; distinction qui avait été faite par la loi de brumaire an 7, art. 11, § 2, en ces termes : « Les architectes ne seront également assujettis à la patente, que quand ils feront des règlements de mémoires d'ouvriers, des expertises ou entreprises de bâtiments pour leur compte. Cette disposition n'a pas été maintenue par la législation nouvelle. Après bien des discussions, on est demeuré d'accord que tout architecte doit demeurer affranchi de l'impôt, à moins que, même accidentellement, il ne se livre à des entreprises de constructions.

Il est à désirer, au surplus, ainsi que M. Vatout en a exprimé le vœu, que le gouvernement s'occupe de réglementer cette profession si importante, puisque l'inexpérience ou l'ignorance des personnes qui l'exercent pourrait compromettre l'existence de ceux qui habitent des édifices non construits suivant les règles de l'art. Dans l'état actuel des choses, tout le monde peut se dire architecte. C'est un abus, c'est un danger.

Il nous reste, au surplus, à signaler un exemple assez singulier de l'incohérence de nos dispositions législatives. C'est que les architectes ont disparu du tableau A, où ils figuraient dans la troisième classe, et que nous ne les retrouvons nulle part dans le nouveau tableau A, annexé à la loi. Cela ne peut s'expliquer, que par cette considération que les architectes ne devront être patentés, qu'autant qu'ils se livreront à des entreprises de constructions. C'est à la patente d'entrepreneurs de bâtiments qu'ils seront soumis. (V. circul. minist., *suprà*, p. 51.)

Les chefs d'institutions, maîtres de pensions, et même les instituteurs primaires, sont considérés comme exerçant des professions libérales; et à ce titre, ils sont exempts de la patente. Cette mesure qui doit avoir pour effet de rehausser, à leurs propres yeux, leurs fonctions, fera prévaloir sans doute l'opinion de ceux qui ne les considéraient pas comme commerçants. Il n'est pas besoin d'ajouter que cette exemption s'applique également aux institutrices et maîtresses de pension, quoique M. *Delessert* ait cru devoir en faire la question.

Les éditeurs de feuilles périodiques et les artistes dramatiques terminent la liste des professions comprises sous le n° 3.
Devons-nous ajouter qu'il y a lieu de s'étonner qu'on ait
omis d'y mentionner les auteurs, ou, comme on dit plus com-
munément aujourd'hui, les écrivains?

On dira que cela n'était pas nécessaire, que personne ne
peut avoir la pensée de soumettre à la patente celui qui ne fait
usage que de ses facultés intellectuelles, qui honore son
pays du produit de son génie. Cela est bel et bien; mais en
fait de loi fiscale, il faut du positif. Il ne faut pas perdre de vue
l'art. 1er : *Tout individu qui exerce en France un commerce, une industrie, une profession, non comprise dans les exceptions déterminées par la présente loi est assujetti à la contribution des patentes.*
Or, si l'on demande à un auteur : Quelle est votre profession?
il répondra : Auteur ou écrivain! C'est donc bien une profession; et cette profession n'est pas exemptée; donc, elle doit
être imposée. On ne peut repousser cette argumentation,
qu'en disant, comme nous l'avons fait, que ces énonciations
de professions diverses ne sont point limitatives. Le but évident de la loi est d'exempter de la patente toutes les professions libérales. Or, on appelle ainsi toutes celles où les facultés intellectuelles ont plus de part à leur exercice, que
les facultés physiques, définition du Dictionnaire de l'Académie qui, cette fois, a rencontré juste.

La quatrième catégorie comprend tous ceux qui se livrent
à l'agriculture, soit comme propriétaires, soit comme fermiers. C'est une faveur dont personne ne contestera l'utilité.
Ici encore, les énonciations ne peuvent être considérées
comme restrictives.

L'instruction ministérielle reconnaît comme ayant droit à
l'exemption, les laboureurs et cultivateurs qui vendront les
récoltes et fruits provenant de leur exploitation, lors même
que la vente est effectuée hors de leur domicile et de la situation des terrains par eux exploités ; — Ceux qui convertissent

leurs vins ou cidres en eaux-de-vie; — Ceux qui exploitent
et vendent leurs bois, même débités en planches ou convertis
en charbons; — Les propriétaires qui ne font filer que les cocons provenant de leurs récoltes; — Enfin, les propriétaires
ou fermiers qui ne vendent que le bétail élevé, entretenu ou
engraissé sur les terrains par eux exploités.

Nous y ajouterons le fabricant de sucre indigène qui n'emploie que les betteraves de sa récolte; le vannier qui fait
tresser les osiers de ses champs (Ord. cons. d'État, 21 janvier 1842, Mac. 1842, p. 26,) le propriétaire qui fait extraire
et vendre la tourbe de son fonds (Ord. cons. d'État, 23 décembre 1835, Mac. 1835, p. 703, et 4 novembre 1836; Mém.-
comm. 1, 2, 144). La décision du 5 juillet 1838, qui déclare
patentable la société formée par les propriétaires pour l'extraction de la tourbe de leurs marais, loin de pouvoir être invoquée comme contraire aux décisions précédentes, les confirme, n'étant fondée que sur le caractère commercial du
mode d'exploitation (V. au surplus, Mém. comm. II, 2, 172),
le jardinier qui vend les fleurs et les fruits du jardin qu'il
cultive (Ordonn. cons. d'État, 6 décembre 1836, Mac. 1836,
p. 522), le propriétaire qui fait vendre son bois en détail
dans un magasin ou chantier. (Ord. cons. d'État, 17 janvier
1838, Mac. 1838, p. 3.)

On a bien prétendu que le conseil d'État était revenu sur
cette décision, par une autre ordonnance du 27 février 1840
(Mac. 1840, p. 60). Mais, dans cette affaire, il est établi que le
réclamant avait acheté une partie du bois qu'il faisait vendre.
En supposant qu'il pût y avoir quelque doute sous l'empire de
la législation de l'an 7, on ne saurait l'admettre aujourd'hui
que la loi est nette et précise. Toutes les fois que le propriétaire ne vendra que le produit de sa récolte, peu importe
que ce soit en détail ou en gros, qu'il lui ait fait subir
quelques préparations ou non. Il sera toujours dans le
cas d'exception prévu par l'article que nous examinons.

L'exemption de la patente ne peut être accordée aux propriétaires ou cultivateurs qui vendent plus de grains, fruits et denrées qu'ils n'en récoltent, puisque cela constitue un véritable commerce; à moins que l'achat, par eux fait, n'eût été un fait isolé et non habituel; car il peut arriver que, dans une circonstance donnée, un fermier achète la récolte, de son voisin, ou fasse toute autre acquisition accidentelle, sans qu'on puisse considérer cet achat commme une opération vraiment commerciale; c'est plutôt une extension de son exploitation agricole.

Et, encore bien que le fait isolé d'acheter pour revendre soit un acte de commerce, un pareil fait ne peut constituer une profession commerciale; il faut plusieurs faits pareils pour qu'on puisse être considéré comme commerçant et par conséquent, soumis à la patente.

L'exemption ne saurait profiter au propriétaire qui, avec le produit de ses bois, la pierre calcaire extraite de ses carrières, ou la terre prise dans son fonds, fabrique de la chaux, des tuiles ou des briques pour les livrer au commerce, parce que ces objets ne sont pas des produits naturels de son fonds. Ils ne sont pas le résultat d'une simple manipulation, ils sont le produit d'une combinaison industrielle. Mais le propriétaire qui fait laver ses laines, et les classe par sortes pour en tirer un meilleur parti, au lieu de les vendre en suint, celui même qui ferait filer la laine de ses troupeaux, serait dans le cas d'exception, parce que le produit n'est pas dénaturé, il est amélioré; c'est une manipulation plus étendue; mais c'est toujours le produit de sa récolte qu'il vend; et à ce titre, il est exempt, comme l'agriculteur qui fabrique du sucre avec les betteraves de sa récolte.

L'éducateur de vers à soie qui achète des cocons et en vend la soie après l'avoir filée; le propriétaire ou fermier qui vend des bestiaux, autres que ceux entretenus ou engraissés sur son exploitation, et l'engraisseur qui n'exploite

aucun terrain, ne sont pas exempts de la patente (V. Circ.
minist., p. 52), parce que ces diverses industries ne se rat-
tachent pas aux exploitations agricoles et pourraient être
exercées par des personnes qui y seraient complétement étrangères.

Mais en définitive, un point important à signaler aux agri-
culteurs, c'est qu'ils ne peuvent être imposés à la patente qu'autant qu'indépendamment de leur exploitation, ils
feraient un véritable commerce de grains, de vins, de cidre,
d'huile, d'eau-de-vie, de bestiaux, et, que quelques opérations
isolées ne sauraient les assujettir à cet impôt. L'instruction
ministérielle elle-même semble le reconnaître. (V. plus
haut, p. 53).

L'exemption du propriétaire de mines est fondée sur l'article 32 de la loi du 21 avril 1810 : *L'exploitation des mines n'est
pas considérée comme un commerce, et n'est pas sujette à la patente.* C'est une faveur créée dans l'intention d'encourager
l'exploitation de nos richesses minérales. Le projet de loi
n'avait exempté les mines, que pour le seul fait de l'extraction. La discussion a fait comprendre qu'il fallait y ajouter la
vente, sans laquelle l'extraction serait sans objet. Mais
l'exemption doit-elle s'étendre aux produits qui auraient subi
une certaine manipulation ? Le trésor paraît décidé à soutenir
la négative. « Le concessionnaire (porte l'instruction ministérielle, p. 53) qui se livre à des manipulations autres que celles nécessaires pour la première mise dans le commerce des
matières extraites, doit être imposé comme fabricant des produits résultant de ces manipulations. »

La pensée ministérielle paraît être d'atteindre la fabrication des briquettes composées avec le poussier de charbon de
terre. On sait que les exploitateurs de mines de houille sont
encombrés de ce poussier, qui est d'un transport difficile et
d'une moindre valeur que le charbon. L'industrie a imaginé
d'utiliser ces résidus, en les transformant en briquettes ; ce

qui en rend l'emploi facile et économique. Nous ne pensons pas que cette fabrication puisse être soumise à la patente, car l'objet composé n'est toujours que la matière extraite de la mine, agglomérée seulement par une mixtion qui en rend les parties adhérentes, au moyen d'une forte pression. Les concessionnaires de mines se trouvent donc dans les termes de la loi, qui les exempte même pour ce produit qui a subi une certaine préparation, il est vrai, mais est resté néanmoins essentiellement la matière extraite.

Ce que nous avons dit des concessionnaires de mines, s'applique aux propriétaires ou fermiers des marais salants, pour la vente du sel raffiné; mais il en serait autrement à leur égard pour la fabrication des soudes factices, iodes, etc., et autres produits dont le sel est la base, il est vrai, mais qui cessent d'être la matière extraite, et deviennent par une opération chimique un produit industriel.

Sont également exempts de l'impôt les propriétaires ou locataires, louant accidentellement une partie de leur habitation personnelle.

M. *Delessert* a fait observer que cette rédaction laissait quelque chose à désirer, et la réponse de M. *Ternaux* ne nous a pas paru de nature à faire cesser toute incertitude dans l'application de la loi.

La commission, a-t-il dit, n'a voulu exempter que ceux qui accidentellement louent une partie de leur habitation personnelle. Ceux qui, toute l'année, tantôt à une personne, tantôt à une autre, louent une partie de leur maison, doivent être considérés comme loueurs en garni, et doivent être sujets à la patente de loueurs en garnis. Au contraire, ceux qui se restreignent dans leur habitation personnelle pour louer, pendant un temps de courte durée, soit pour le temps des eaux, soit pour le temps des foires, soit par suite d'autres circonstances, doivent être exempts de la patente; c'est ce qu'a voulu la commission.

Le ministre paraît avoir adopté cette paraphrase pour guide, dans son instruction à ses préposés (V. plus haut, p. 53). Mais nous croyons qu'il ne faudrait pas en faire une application trop restreinte.

Une personne, par exemple, s'absente pour un long voyage, et loue pendant ce temps son appartement garni; lui ferez-vous payer une patente? Oui, dit le fisc, car il est dans la catégorie du loueur en garni, et il ne se trouve pas dans l'exception prévue. Ce n'est pas une partie de son habitation qu'il loue, c'est toute son habitation. Nous soutiendrons la négative, et nous dirons: La personne, dans le cas prévu, loue par circonstance, et elle n'exerce en cela, ni un commerce, ni une industrie, ni une profession, donc elle n'est pas sujette à la patente, donc elle n'a pas besoin d'invoquer l'exception.

Il en est de même du propriétaire d'une maison de campagne qui, pour des raisons d'économie ou toute autre, juge à propos de la louer tout entière. Ce n'est pas non plus de sa part une profession, c'est généralement une très-mauvaise spéculation que le propriétaire fait en louant sa maison garnie. Il ne peut être soumis à la patente pour ce fait, peu importe, qu'il ne se trouve pas dans le cas exceptionnel, si au préalable il ne figure dans aucune classe des patentables.

Les pêcheurs, même lorsque la barque qu'ils montent leur appartient, sont également l'objet d'une faveur de la loi, dans le but sans doute d'accroître le nombre de nos marins, car on sait que c'est parmi nos pêcheurs qu'ils se recrutent.

L'entrepreneur de pêches qui emploie plusieurs pêcheurs, est-il soumis à l'impôt? Nous ne le pensons pas, puisque la loi ne distingue pas, et qu'elle n'impose que le fermier de pêches, ce qui est une autre profession. Il est bien entendu qu'il ne s'agit pas ici d'entreprise de pêche de baleine ou morue, puisque ceux qui se livrent à ce commerce sont considérés comme armateurs. Il ne s'agit ici que d'un individu

qui ferait pêcher pour son compte par une ou plusieurs barques, ou petits navires à lui appartenant.

On ne peut pas dire que ce soit dans le but de favoriser les
sociétés en commandite que la loi exempte de l'impôt de la
patente les associés commanditaires; car cette sorte de société,
malgré les immenses services qu'elle a rendus et qu'elle rend
encore journellement au commerce, est toujours l'objet d'un
dénigrement immérité sans doute, mais néanmoins constant.
L'exemption est une conséquence forcée de leur position. Ils
ne sont point commerçants; car ils ne peuvent s'immiscer
en rien à la gestion de l'opération à laquelle ils sont intéressés comme commanditaires. Ils sont uniquement bailleurs de
fonds, et n'exercent ainsi ni commerce, ni industrie, ni profession aucune; justice était qu'ils ne fussent point imposés.

On devait au même titre affranchir les directeurs de caisses
d'épargne et de prévoyance, administrées gratuitement, parce
qu'il n'y a là non plus aucune occupation professionnelle c'est-
à-dire lucrative. L'impôt de la patente ne peut rien réclamer
à celui qui n'a aucun lucre à tirer des fonctions qu'il exerce.

Les assurances mutuelles autorisées sont exemptées, parce
qu'à l'égard des assureurs, il n'y a point non plus spéculation, mais seulement organisation, dont le but est de répartir,
entre tous les membres, la réparation des sinistres, au moyen
d'une cotisation, proportionnelle aux risques que chacun
d'eux a fait courir à la communauté.

Mais le directeur de l'assurance mutuelle qui, moyennant
la cotisation annuelle de chacun des membres de la société, se
charge à forfait de tous les frais d'administration, est-il imposable? Non, parce qu'il n'est que le mandataire des assurés
révocable par le conseil d'administration; et quelle que soit
la manière dont ses services sont rétribués, il a droit à
l'exemption comme employé; ainsi d'ailleurs paraît le comprendre M. le ministre des finances, d'après sa circulaire
(V. plus haut, p. 53).

Les capitaines de navire de commerce ne naviguant pas pour leur compte sont également exempts, parce que dans ce cas ils sont des employés, des préposés, qualité qu'ils perdent quand ils sont propriétaires de leur navire.

Quel est dans ce cas l'impôt qui doit peser sur eux? y a-t-il lieu de distinguer quand ils ne sont propriétaires que pour une portion?

Il y a ici une lacune dans la loi, il ne s'y trouve aucune disposition relative au capitaine naviguant pour son compte. Le considère-t-on dans ce cas, comme armateur, alors c'est à ce dernier titre et non comme capitaine qu'on doit l'imposer, et c'est à raison du tonnage de son navire qu'il devra payer : s'il possède le tiers ou le quart, il contribuera dans la même proportion aux frais de la patente; mais il ne sera pas imposé comme capitaine, ainsi l'avait décidé le conseil d'État, en faveur du sieur Vauquière. (Ord. du 18 avril 1821. D. A. 11, 145.)

En admettant qu'on juge le capitaine patentable, est-ce sur lui que doit peser le droit proportionnel qui, comme armateur, serait du quinzième ? La réponse se trouve dans l'art. 16 § 3 : « Le droit proportionnel est établi sur la maison d'habitation de l'associé principal. » La question à examiner est donc celle-ci : Quel est l'associé principal de l'armateur ou du capitaine ? S'il est propriétaire pour moitié, il devra être considéré comme associé principal mais dans ce cas comme dans celui où il serait effectivement le principal propriétaire du navire, le droit qu'il payera devra, à moins de convention contraire, être à la charge de l'armement et non à la charge personnelle du capitaine.

Les cantiniers attachés à l'armée sont exemptés, dans l'intérêt de nos soldats sans doute : on a pensé qu'en diminuant leurs charges ils pourraient se contenter d'un bénéfice moins grand vis-à-vis de leurs consommateurs.

Les écrivains publics sont affranchis de l'impôt comme infiniment petits, car on ne peut pas les considérer comme exerçant une profession libérale, mais on a eu égard à la modicité de leur salaire.

La classe des employés et gens à gages est la plus nombreuse de toutes celles exemptées; les imposer serait imposer indirectement ceux qui les emploient et qui payeraient pour eux l'impôt de la patente ou toute autre analogue. L'intention du législateur a été d'exempter tous ceux qui ne vivent que de leur propre travail sans exploiter à leur profit aucune force étrangère (*rapport de M. Villier*), et c'est à ce titre que l'on a étendu l'exemption aux ouvriers, même à ceux travaillant chez eux sans compagnons ni apprentis.

Parmi les commis sans doute il en est qui, dans de grandes maisons de commerce, occupent des emplois importants et pourraient supporter l'impôt de la patente plus facilement que certains petits marchands; cela est vrai, mais leur position, toute brillante qu'elle est, n'a rien de stable, et sous ce rapport l'impôt ne saurait les atteindre. La principale difficulté que cette exemption puisse soulever est celle que peut présenter son application aux commis intéressés, dont la position, peut se confondre quelquefois avec celle d'associés. Les actes, la publication de leurs extraits au tribunal de commerce seront les titres que l'on devra d'abord consulter, et si l'acte même est ambigu, il faudra s'attacher à reconnaître si le commis concourt à la gestion, s'il participe aux pertes, s'il a un droit de copropriété à la chose commune, auquel cas il faudra bien reconnaître que la dénomination de commis lui convient moins que celle d'associé.

La loi de brumaire n'avait exempté les ouvriers qu'autant qu'ils travaillaient hors de chez eux, celle-ci a été plus libérale, et il n'a pas tenu à l'honorable M. *Demesmay*, que l'exemption fût accordée à l'ouvrier qui occupe un apprenti; mais son amendement a été rejeté; on a d'ailleurs étendu l'exemption de manière à favoriser l'atelier de famille composé de la femme et de ses enfants, même après qu'ils ont atteint leur majorité, s'ils ne sont pas mariés.—Enfin on a même accordé l'exemption à l'ouvrier qui est forcé de se faire aider par un manœuvre tel que le tourneur de roue du repasseur, le tireur du tisserand, son lanceur de navettes, l'aide du maçon, du couvreur et de tous les artisans qui ne peuvent travailler seuls habituellement. Ainsi, comme l'exprime M. *Odilon Barrot*, il y a compagnon nécessaire et compagnon superflu, il n'y a que l'emploi de ce dernier qui puisse priver l'ouvrier de l'exemption de la patente.

Et que l'on ne croie pas que ce soit une mesure insignifiante ; c'est un acte de libéralité qui ne coûtera pas moins de 800,000 fr. par an au trésor, suivant le calcul de M. le rapporteur qui fixe à 200,000 le nombre des ouvriers qui, jusqu'à présent, ont eu à supporter cet impôt et à 4 fr. le terme moyen de la taxe à laquelle chacun d'eux était soumis.

Après ceux-ci vient la nomenclature des états exemptés en égard à leur peu d'importance ; ils n'ont donné lieu à aucune observation sinon qu'on a demandé d'étendre l'exemption aux bouquinistes et que cet amendement n'a pas été adopté, à cause de la difficulté de distinguer positivement le bouquiniste du libraire, et peut-être aussi parce qu'on a pensé que ce commerce avait plus d'importance qu'on ne le suppose.

Il ne faudrait pas en conclure néanmoins que l'exemption doit se borner aux vendeurs des menus objets désignés dans l'article. Ce n'est pas là une énumération restrictive. Nous pensons que la faveur devra s'étendre à tous les vendeurs d'objets d'aussi mince valeur que ceux dénommés. Ainsi, par exemple le projet ministériel portait au nombre des exemptés, les marchands d'allumettes et d'amadou, la commission n'a parlé que de marchands d'amadou sans faire connaître le motif qui l'avrait portée à retirer la faveur de l'exemption au marchand d'allumettes : il est évident que c'est sans intention que cette suppression a eu lieu et qu'elle doit être considérée comme non avenue.

La loi n'a pas compris les maîtres de poste au nombre de ceux qui sont exemptés de la patente. Il ne faudrait pas en conclure qu'ils y sont assujettis ; ils en sont affranchis par la loi spéciale de leur institution (29 frimaire an 7), et l'art. 35 de la présente loi déclare conserver toutes les dispositions auxquelles elle ne déroge pas expressément.

ART. 14.

Tous ceux qui vendent en ambulance des objets non compris dans les exemptions déterminées par l'article précédent, et tous marchands sous échoppe et en étalage, sont passibles de la moitié des droits que payent les marchands qui vendent les mêmes objets en boutique. Toutefois cette disposition n'est pas applicable aux bouchers, épiciers et autres marchands ayant un étal permanent ou occupant des places fixes dans les halles et marchés.

Après avoir fait mention de ceux qu'elle affranchit de la patente, la loi a voulu déterminer ceux qui ne jouiront que de la moitié de cette faveur ; c'est le but de l'art. 14.

Il comprend, comme on le voit, deux classes : ceux qui vendent en ambulance des objets de plus de valeur que les objets indiqués par l'article précédent, et ceux qui vendent toutes sortes de marchandises en étal ou échoppe.

La seule difficulté consiste à déterminer ce qu'on doit considérer comme étal ou échoppe.

L'ÉTAL. C'est, *Une sorte de table sur laquelle on expose, en vente, de la viande de boucherie. Il se dit aussi de la boutique même où l'on vend de la viande* (Dict. de l'Académie). Mais cette disposition étant applicable à d'autres qu'aux bouchers, il faut donner au mot *Étal* un sens plus étendu, et considérer comme tels tous les lieux consacrés uniquement à l'étalage de la marchandise, tels qu'on en voit dans les lieux de passage ; à Paris, par exemple, au Palais-Royal, pour des marchands de cols et cravates ; sur les boulevards et sur les

quais, pour les marchands de livres, gravures, etc., auxquels on donne le nom d'*Étalagistes*.

L'ÉCHOPPE, c'est plus que l'étal, mais moins que la boutique. C'est (Dict. de l'Académie), *Une petite boutique ordinairement en appentis, et adossée contre une muraille*. On comprend
qu'il n'est pas nécessaire pour constituer l'échoppe qu'elle
soit en appentis, ni qu'elle soit adossée à la muraille, il y a des
échoppes qui n'ont aucune de ces deux qualités. Quel est
donc le signe distinctif de l'échoppe? c'est de n'avoir aucune
dépendance qui puisse servir à l'habitation du marchand.
Telles qu'on en voit, effectivement, adossées aux murailles,
notamment aux édifices publics qu'ils défigurent, telles qu'on
en voyait autrefois au Palais de justice. Mais aussi telles que
celles qui sont construites isolées, souvent en planches, dans
des lieux publics.

Nous avons vu que cette disposition ne pouvait profiter
aux bouchers, aux épiciers, ni aux autres marchands ayant
un étal permanent ou occupant des places fixes dans les
halles et marchés. Cette dernière disposition peut paraître
un peu sévère, quand il s'agit de marchés qui ne sont ouverts
que certains jours de la semaine. L'application de cette restriction sera extrêmement rare, a dit M. le rapporteur, parce
que les marchands qui fréquentent les marchés ont presque
tous en outre un domicile où ils exercent leur profession, et
sont, par conséquent, patentés. Ceux qui n'ont pas de domicile vont de marché en marché, et vendent en réalité chaque
jour de la semaine. Cela est vrai, mais ils dépensent en frais
de transport beaucoup plus qu'ils ne gagnent, et, d'ailleurs,
ils tombent alors sous l'application de la loi comme marchands colporteurs. On ne comprend pas, en définitive, pourquoi ceux qui vendent en étal ou échoppe dans les halles ou
marchés, seront imposés au droit entier, lorsque ceux de la
même classe, qui ont des étals ou échoppes dans d'autres
lieux ne le seront qu'au demi-droit.

ART. 15.

Les mari et femme séparés de biens ne doivent qu'une patente, à moins qu'ils n'aient des établissements distincts, auquel cas chacun d'eux doit avoir sa patente et payer séparément les droits fixes et proportionnels.

Cette disposition a été présentée par M. le rapporteur de la commission de la chambre des députés, et par plusieurs annotateurs de la loi, comme une amélioration favorable aux prescriptions de la loi de brumaire an 7, qui, selon eux, assujettissaient le mari et la femme séparés de biens à deux droits de patente, même quand ils n'exerçaient qu'un seul et même commerce.

Que le fisc ait interprété ainsi la loi de l'an 7, nous ne le contestons pas, mais qu'il ait eu le droit de le faire, nous soutenons le contraire. Nous sommes persuadés que notre avis sera partagé par tous ceux qui liront avec attention l'art. 25 de ladite loi.

Cet article énonce dans son premier paragraphe, que les patentes sont personnelles et que chaque associé est tenu d'avoir la sienne, puis le § 2 ajoute :

Ces dispositions ne s'appliquent pas aux associés en commandite, qui ne sont point assujettis à la patente, ni aux maris et femmes auxquels une seule patente suffira, en prenant celle de la classe supérieure, *s'ils font plusieurs états,* et en payant le droit proportionnel de tous les lieux qu'ils occupent, quand il est exigible ; à moins qu'il n'y ait entre eux séparation de biens, auquel cas chacun d'eux doit avoir sa patente et payer séparément les droits fixes et proportionnels.

Tout cet article, selon nous, ne s'applique qu'au cas où les époux font plusieurs états, et par conséquent, l'art. 15 n'a rien innové. Car s'il en était autrement, la loi n'aurait pas dit que chacun d'eux payerait le droit fixe et le droit proportionnel, ce qui serait rendre leur condition pire que celle des associés ordinaires qui, ainsi qu'on le voit dans le § 3 du même article, ne doivent payer qu'une seule fois le droit proportionnel lorsqu'ils demeurent ensemble, ce qui arrive ordinairement pour les maris et femmes qui ne sont séparés que de biens. Remarquez, d'ailleurs, que lorsque le mari et la femme séparés de biens ne font qu'un seul commerce, ce commerce est sous le nom du mari ou sous celui de la femme, et alors il n'y a réellement pas association entre eux ; celui des conjoints qui n'est pas en nom ne saurait être, à aucun titre raisonnable, assujetti à la patente. Pour interpréter l'art. 25 de la loi de brumaire an 7, dans le sens que lui attribue M. le rapporteur, il faudrait reconnaître qu'il ne s'applique qu'au cas où le mari et la femme, étant séparés de biens, ont contracté société commerciale pour l'exploitation d'un commerce commun. Cela peut se rencontrer sans doute; mais la loi ne statue pas ordinairement pour les cas exceptionnels; tenons donc pour certain que le législateur de l'an 7 n'a voulu soumettre chacun des époux à une patente séparée, qu'autant qu'ils exerçaient deux états différents. C'est exactement ce qui se trouve décidé par l'art. 15 de la nouvelle loi.

Il y a peut-être, cependant, une nuance à signaler dans la rédaction qui consiste dans la différence d'expressions. La loi de brumaire an 7 soumettait à une double patente les époux séparés de biens, faisant *plusieurs états*. La loi nouvelle n'impose ainsi que ceux qui ont des *établissements distincts;* par conséquent des locaux séparés, une raison sociale différente. C'est bien ainsi que dans la pratique on pouvait appliquer la disposition rigoureuse de la loi de l'an 7 ; car comment se serait-on aperçu que les mari et femme devaient être imposés séparément, si les marchandises qu'ils tenaient se trouvaient réunies dans la même boutique, s'il n'y avait pas de raison sociale différente ?

Il n'y a donc rien de changé par la législation nouvelle, il n'y a de différence que dans la rédaction.

ART. 16.

Les patentes sont personnelles, et ne peuvent servir qu'à ceux à qui

elles sont délivrées. En conséquence les associés en nom collectif sont
tous assujettis à la patente.

Toutefois l'associé principal paye seul le droit fixe en entier : les
autres associés ne sont imposés, qu'à la moitié de ce droit ; même
quand ils ne résident pas tous dans la même commune que l'associé
principal.

Le droit proportionnel est établi sur la maison d'habitation de l'associé
principal, et sur tous les locaux qui servent à la société pour l'exercice
de son industrie.

La maison d'habitation de chacun des autres associés est affranchie
du droit proportionnel, à moins qu'elle ne serve à l'exercice de l'industrie sociale.

Cet article règle l'application de la patente aux sociétés en
nom collectif. Les gérants de ces sortes de sociétés sont tous
commerçants, et la patente étant une sorte de licence en vertu
de laquelle on exerce le commerce, on conçoit logiquement
que chaque associé doit être muni d'une patente, et par conséquent en payer le prix : ainsi l'avait décidé la loi de brumaire an 7. Cependant le désir de favoriser l'esprit d'association avait déjà porté, en 1817, à n'imposer le droit entier
qu'au principal associé ou à l'un d'eux, s'ils sont tous au
même rang, et à ne soumettre chacun des autres associés
qu'au demi-droit. Et même pour les établissements de filature et de tissage, un seul droit était imposé.

La loi nouvelle a maintenu la modification introduite par
la loi du 25 mars 1817, sans affranchir néanmoins les associés
des établissements de filature et tissage. Elle a, de plus,
ajouté que les associés, autres que le principal, ne payeraient
que la moitié du droit, même quand ils résideraient dans des
communes différentes ; tandis que la loi de 1817 n'accordait
cette réduction qu'à ceux qui habitaient la même commune
que l'associé principal.

Le projet ministériel avait mis une restriction pour le cas
où l'un des associés serait spécialement chargé de la gestion
d'un des établissements sociaux, et alors il le soumettait au
droit entier. La commission a pensé que cette distinction
n'était pas juste, elle a même agité la question de savoir si on

ne devrait pas n'imposer que trois des associés, le principal au droit entier, les deux autres au demi-droit, afin que, dans aucun cas, une société n'eût plus de deux droits fixes à payer; mais cette opinion n'a pas prévalu. Nous verrons, cependant, que les sociétés anonymes ne payent qu'un seul droit, quel que soit le nombre des associés, et nous avons vu que les associés commanditaires ne payent rien; la société en nom collectif est donc moins favorisée, quoiqu'elle soit certainement celle qu'il importe le plus de protéger. Ces considérations ont disparu devant le principe : les patentes sont personnelles. Dans la société anonyme, il n'y a qu'une personne, c'est la société même. Dans celle en commandite, les commanditaires ne gèrent pas; dans la société en nom collectif, tous les associés gèrent et font le commerce.

Nons devons noter que d'après les paroles de M. le rapporteur, le droit ne peut atteindre comme associés que ceux qui, légalement, peuvent en exercer les droits, et non ceux qui s'associent accidentellement à certaines affaires en participation.

« Ainsi, dans nos ports de mer, par exemple, il existe sou-
« vent des associations de ce genre, soit pour la construc-
« tion, soit pour l'armement des navires. Ce ne sont pas des
« sociétés de commerce, ce sont des réunions d'intéressés,
« lesquels ne prennent aucune part à la gestion de l'entre-
« prise, et qui doivent être, par conséquent, assimilés à de
« simples commanditaires. L'armateur seul, dans ce cas, doit
« payer la patente. Nous insistons sur ce point parce qu'on a
« voulu quelquefois imposer au demi-droit fixe d'armateur,
« les vingt ou trente intéressés à l'armement d'un seul na-
« vire; cette prétention exorbitante ne devra pas être renou-
« velée. (Rapport de M. Vitet.) »

Il importe beaucoup de déterminer ce qu'on doit entendre par l'associé principal. On doit considérer comme tel dit l'instruction ministérielle le premier en nom dans l'acte de

societé, s'il a la gestion des affaires, et, dans le cas contraire, celui qui a la plus forte mise de fonds.

Nous n'admettrons pas la distinction. Le premier en nom
est toujours l'associé principal, qu'il gère ou ne gère pas,
cela ne regarde pas le fisc, qui ne doit pas pénétrer dans les
arrangements particuliers des associés.

C'est d'ailleurs, à moins de conventions contraires, la société qui doit acquitter les droits fixes et demi-droits, tant
pour l'associé principal que pour les autres associés et même
les droits proportiounels dont nous allons parler. C'est une
charge sociale qui fait partie des frais généraux.

Mais à qui ces droits devront-ils compter pour déterminer
le cens électoral ou d'éligibilité? Cette question a été posée
par M. Boissy à la chambre des pairs. M. le ministre des finances a répondu :

« Le premier § dit que les patentes sont personnelles ; le
« second dit que chacun doit payer, on comptera à chacun ce
« qu'il payera. »

C'est une erreur de la part du ministre. La loi du 29 avril
1831 est trop positive pour qu'on puisse considérer cette
explication comme apportant une dérogation à l'art. 6 de
ladite loi qui dit, que les contributions foncières et des patentes seront, pour le cens électoral, partagées par égales portions entre les associés, sans autre justification. Les tribunaux
et cours ont fait plusieurs fois l'application de cette loi.

Il en serait autrement sans doute, si l'acte de société laissait à chaque associé la charge personnelle d'acquitter les
droits qui le concernent.

L'argumentation de M. le ministre fondée sur le mot *per-
sonnel* tombe par cette considération, que la loi de brumaire
an 7, en vigueur au moment de la loi de 1831, portait aussi,
art. 25 : Les patentes sont *personnelles* et ne peuvent servir
qu'à ceux qui les obtiennent.

Le droit proportionnel frappait autrefois l'habitation de

chaque associé, et le projet du gouvernement reproduisait la même disposition. C'est la commission de la chambre des députés qui a proposé de ne soumettre à ce droit que l'habitation de l'associé principal. M. le ministre des finances l'avait combattu au sein de la commission, mais il a reconnu devant la chambre des députés qu'il pouvait adhérer à la proposition de la commission.

Il serait difficile de trouver un motif à la disposition qui soumet la maison d'habitation des autres associés à l'impôt proportionnel si elle sert à l'exercice de l'industrie sociale,

Déjà il était dit : que le droit proportionnel devait frapper sur tous les locaux qui servent à la société pour l'exercice de son industrie. Peu importait alors que ces locaux fussent chez l'un ou l'autre des associés. Mais, en outre de l'impôt attribué à ces localités, faudra-t-il que l'associé paye pour son habitation personnelle? Non ; ce serait revenir sans aucun motif plausible sur la disposition qui ne soumet à l'impôt proportionnel que l'habitation de l'associé principal; ce serait aller contre l'intention manifestée par M. le rapporteur de favoriser les associations.

ART. 17.

Les sociétés ou compagnies anonymes ayant pour but une entreprise industrielle ou commerciale, sont imposées à un seul droit fixe, sous la désignation de l'objet de l'entreprise, sans préjudice du droit proportionnel.

La patente assignée à ces sociétés ou compagnies ne dispense aucun des sociétaires ou actionnaires du payement des droits de patente auxquels ils pourraient être personnellement assujettis pour l'exercice d'une industrie particulière.

On conçoit que les directeurs ou administrateurs des sociétés anonymes ne soient soumis à aucun droit de patente, car ils n'exercent point le commerce en leur nom, et leur position, si élevée qu'elle soit, est celle de mandataires salariés, d'employés révocables, et à ce titre, ils sont exempts de l'impôt. Mais il est juste qu'ils le payent s'ils exercent particulièrement une autre industrie ou profession patentable.

ART. 18.

Tout individu transportant des marchandises de commune en commune, lors même qu'il vend pour le compte de marchands ou fabricants, est tenu d'avoir une patente personnelle, qui est selon les cas celle de colporteur avec balle, avec bêtes de somme, ou avec voiture.

Le but de cette disposition est d'empêcher les marchands ambulants, les colporteurs, de frauder les droits de la patente en se munissant du pouvoir d'un ami pour le compte duquel ils seraient censés voyager. Des explications ont été demandées au sujet de cet article à M. le ministre des finances par M. *Beaumont* (de la Somme), qui a désiré savoir si les commis-voyageurs des maisons françaises, soit de fabriques, soit d'autres commerces, sont assujettis à la patente. M. le ministre a répondu :

« Les commis-voyageurs, plaçant sur échantillon, ne sont
« pas imposés ; mais les commis qui transportent des mar-
« chandises pour les vendre seront imposés. Si on n'avait
« pas introduit une pareille disposition, il n'est pas de col-
« porteur qui ne fût devenu le commis-voyageur d'une maison
« de commerce. »

L'inconvénient signalé par M. le ministre est certain, mais il n'en est pas moins vrai que cette disposition annulle, pour ce cas, celle qui permet à un commerçant de faire plusieurs commerces et de les exercer, soit par lui, soit par des agents, en ne payant qu'une seule patente. S'il y avait eu moyen d'empêcher les abus du colportage sans empêcher les fabricants de faire porter leurs marchandises là où ils espéreraient en trouver l'écoulement, c'eût été préférable. Il y a ici deux intérêts à ménager, également respectables. Celui des manufacturiers qui peuvent trouver dans le colportage un auxiliaire précieux pour le placement de leurs marchandises, et celui des marchands sédentaires, qui ont des charges plus lourdes que les colporteurs, qui sont obligés de faire de longs crédits, et ont beaucoup à souffrir de la concurrence que leur font les commerçants nomades. Il y aurait peut-être eu moyen de concilier ce double intérêt en ne soumettant à la patente que celui qui vend en détail: de cette manière le fabricant n'eût pas été privé de faire placer sa marchandise par des commis-voyageurs, pourvu qu'ils ne cherchassent à la vendre qu'en gros, en pièces, d'ailleurs les commis-voyageurs sont bien obligés d'agir ainsi lorsqu'ils ont retiré de chez quelques correspondants des marchandises laissées pour compte, et nous ne pensons pas qu'en pareil cas, ils tomberaient sous l'application de la loi, parce qu'à vrai dire, ils ne seraient même pas dans les termes de la loi qui n'impose que l'individu *transportant des marchandises de commune en commune,* et non celui qui, dans la ville où il se trouve, cherche à placer chez un marchand de la localité ce qu'un autre a laissé pour compte de la maison qu'il représente.

ART. 19.

Les commis-voyageurs des nations étrangères seront traités, relativement à la patente, sur le même pied que les commis-voyageurs français chez ces mêmes nations.

M. de Boissy a demandé si l'impôt atteindrait également le commis-voyageur français représentant une maison étrangère? On lui a répondu: que la loi ne distinguait pas, et en effet, cette distinction n'est pas à faire. Le commis-voyageur d'une maison française n'est exempt de la patente que parce que la maison qu'il représente paye patente en France, et sous ce point de vue, il eût peut-être été juste de ne pas permettre qu'on vînt faire chez nous des opérations de commerce pour le compte d'une maison étrangère, à moins que celle-ci n'acquittât un droit équivalent à celui que paye chez nous une maison de commerce du même genre. En effet, voyez la conséquence de l'absence de cette disposition : la loi nouvelle s'est proposé, entre autres choses, de soumettre à la patente les étrangers comme les regnicoles, mais les étran-

gers se mettront à l'abri en se disant représentants, commis-
voyageurs d'une maison étrangère et ils se trouveront à l'abri
de l'impôt.

La réciprocité admise à l'égard des commis-voyageurs, est
sans doute une bonne chose, mais la mesure n'est pas suffisante si elle n'atteint pas le commis résidant comme le
commis-voyageur, ou si le commis résidant doit se trouver
encore dans une position plus favorable que le commis-voyageur. Il y a ici une lacune, et nous n'avons trouvé dans la
discussion aucun élément propre à la combler.

ART. 20.

Les contrôleurs des contributions directes procéderont annuellement
au recensement des imposables et à la formation des matrices de patentes.

Le maire sera prévenu de l'époque de l'opération du recensement, et
pourra assister le contrôleur dans cette opération, ou se faire représenter,
à cet effet, par un délégué.

En cas de dissentiment entre les contrôleurs et les maires ou leurs délégués, les observations contradictoires de ces derniers, seront consignées dans une colonne spéciale.

La matrice, dressée par le contrôleur, sera déposée, pendant dix jours,
au secrétariat de la mairie, afin que les intéressés puissent en prendre
connaissance, et remettre au maire leurs observations. A l'expiration
d'un second délai de dix jours, le maire, après avoir consigné ses observations sur la matrice, l'adressera au sous-préfet.

Le sous-préfet portera également ses observations sur la matrice, et la
transmettra au directeur des contributions directes, qui établira les taxes
conformément à la loi, pour tous les articles non contestés. A l'égard
des articles sur lesquels le maire ou le sous-préfet ne sont pas d'accord
avec le contrôleur, le directeur soumettra les contestations au préfet avec
son avis motivé. Si le préfet ne croit pas devoir adopter les propositions du
directeur, il en sera référé au ministre des finances.

Le préfet arrête les rôles et les rend exécutoires.

A Paris, l'examen de la matrice des patentes aura lieu, pour chaque
arrondissement municipal, par le maire, assisté soit de l'un des membres
de la commission des contributions, soit de l'un des agents attachés à
cette commission, délégué à cet effet par le préfet.

Nous entrons, par cet art. 20, dans la série des mesures
qui concernent l'exécution de la loi de la part des préposés

du trésor, et des magistrats chargés, les uns de protéger leurs administrés, les autres de juger leurs réclamations et de prononcer entre eux et le fisc. Nous allons voir s'il y a, pour le trésor, moyens d'action suffisants, et, pour les contribuables, moyens de protection contre les agents de l'autorité.

Pour obtenir, de la part des magistrats, plus d'indépendance ou plutôt pour ne pas laisser prise à la pensée qu'ils veulent faire du zèle lorsqu'ils défendent les intérêts du trésor, quelques bons esprits avaient conçu la pensée de constituer la perception de l'impôt de la patente sur le même pied que celle des autres contributions directes, d'en fixer le montant total par la loi des finances, d'en déterminer la répartition entre chaque département tous les cinq ans, de laisser ensuite au conseil général de chaque département, le soin de diviser la quote-part du département entre tous les arrondissements, aux conseils d'arrondissement de faire la même division entre les communes, et enfin, au conseil municipal la tâche fort délicate de l'application partielle de la contribution à chaque imposé. C'était, ce qu'on appelle, faire de la patente un impôt de *répartition*, au lieu d'un impôt de quotité.

L'honorable député, M. *Behaguel,* s'était rendu l'organe de cette pensée, et avait formulé sa proposition de manière à laisser beaucoup de regrets qu'elle n'ait point été prise en considération.

Mais à l'avance, le rapporteur de la commission s'était prononcé contre ce système et en avait exagéré les difficultés par des objections nombreuses auxquelles on peut faire la même réponse, c'est que les mêmes obstacles se rencontrent pour opérer ainsi, en ce qui concerne la contribution foncière, et des portes et fenêtres.

Nous n'entrerons point dans une discussion qui, tout intéressante qu'elle pourrait être, exigerait trop de développements, et nous éloignerait, d'ailleurs, du but de cet ouvrage, qui est d'éclairer nos lecteurs sur l'exécution de la loi, beaucoup plus que de critiquer les dispositions qu'elle renferme.

Nous devons dire, d'ailleurs, que nous concevons fort bien que la chambre n'ait pas voulu improviser une organisation qui ne peut être bien faite que par le ministère; mais, d'un autre côté, nous devons dire aussi que nous ne concevons pas comment le gouvernement ne se place pas dans une position aussi commode que celle que lui donnerait l'établissement de toutes les contributions en impôts de répartition.

Il est évident qu'il faut que le trésor public se remplisse pour subvenir à tous les besoins de l'État. Il est évident qu'il faut que chaque département y contribue en proportion de ses forces, chaque arrondissement en raison de son importance, chaque commune en raison de ses ressources; mais pourquoi le gouvernement ne s'abstient-il pas de fixer la cote individuelle? pourquoi ne laisse-t-il pas aux pouvoirs municipaux cette responsabilité?

Il y aura des réclamations sans nombre! qui en doute ; mais alors le gouvernement sera dans son véritable rôle, juge souverain et complétement désintéressé des prétentions individuelles, tandis qu'en maintenant la perception comme impôt de quotité, on ne s'habituera jamais à voir dans les agents du gouvernement, si haut placés qu'ils soient, autre chose que des personnes intéressées à repousser les réclamants dans l'intérêt du trésor dont ils reçoivent leurs émoluments.

C'est au gouvernement, mieux éclairé sur ses véritables intérêts, à prendre l'initiative d'une pareille mesure qui certainement ne présente pas des difficultés insurmontables.

Nous renvoyons à la seconde partie consacrée, à l'exécution de la loi, l'explication des dispositions de cet article.

ART. 21.

Les patentés qui réclameront contre la fixation de leurs taxes, seront admis à prouver la justice de leurs réclamations, par la représentation d'actes de société légalement publiés, de journaux et livres de commerce régulièrement tenus, et par tous autres documents.

L'instruction ministérielle contient, au sujet de cet article, deux paragraphes que nous ne pouvons passer sans observations.

Suivant l'un d'eux, la loi de brumaire an 7, n'admet que certains patentables à la faveur que leur assure la disposition ci-dessus. Cette assertion est inexacte; cette loi, dans son article 31, disait que les négociants placés d'après la notoriété publique au nombre des marchands en gros ou d'associés à un commerce quelconque, et qui se prétendront marchands en détail, commanditaires ou commis, seraient admis à justifier de la nature de leur commerce et de leur véritable qualité, par la représentation de leurs journaux et registres, ainsi que des actes de société.

Cela ne veut pas dire, comme on voit, que les autres contribuables étaient privés de ce mode d'appuyer leurs réclamations; car cela eût été absurde, comme il est absurde de dire que c'est une faveur que la loi accorde, que de permettre au contribuable de justifier de ses droits par des titres positifs, et autres documents.

L'autre paragraphe qui nous paraît mériter une observation, est celui où il est dit :

Que d'après la jurisprudence établie par le conseil d'État, tout individu qui, se prétendant indûment imposé ou mal imposé, refuse de représenter ses actes de société, journaux et livres de commerce, doit être maintenu à la cote de contribution qui lui a été imposée. Nous reconnaissons que le réclamant qui n'appuie pas sa demande des pièces qu'il possède, et qui sont de nature à établir son droit, élève contre lui une présomption défavorable, mais nous contestons qu'il y ait, à cet égard, une jurisprudence invariable au conseil d'État.

Nous soutenons, en outre, que cette jurisprudence devrait tomber, si elle existait, devant la loi nouvelle qui permet d'appuyer sa réclamation de *tous autres documents*.

Il peut se présenter des circonstances où un commanditaire ne puisse pas justifier de son acte de société, soit parce qu'il n'en aurait pas été fait, soit parce qu'il n'aurait pas été légalement publié, soit enfin parce qu'il contiendrait des choses qu'il lui importerait de ne pas divulguer. La loi n'a pas voulu priver le contribuable de faire valoir ses réclamations, s'il ne pouvait produire en sa faveur un titre régulier et authentique, de même qu'elle n'a pas voulu lier l'administration par la production de ce titre, dont celle-ci peut contester la véracité, et c'est pourquoi elle accorde aux contribuables les moyens de justifier de leurs droits par toute espèce de documents.

ART. 22.

Les réclamations en décharge ou réduction, et les demandes en remise ou modération, seront communiquées aux maires : elles seront d'ailleurs présentées, instruites et jugées dans les formes et délais prescrits pour les autres contributions directes.

Si le contribuable n'a pas réclamé lors de la confection de la matrice du rôle, ou si sa réclamation a été écartée par le préfet, et que le contribuable pense avoir à se plaindre, soit de la taxe même, soit de son élévation, il n'est pas privé de tout recours contre la décision du préfet qui a rendu le rôle exécutoire à son égard. Il peut se pourvoir dans les formes et délais prescrits pour les autres contributions directes. Quelles sont ces formes, quels sont ces délais? c'est ce que nous établirons dans la deuxième partie de ce travail qui suivra l'examen des articles de cette loi.

ART. 23.

La contribution des patentes est due pour l'année entière par tous les individus exerçant au mois de janvier une profession imposable.

9-10

En cas de cession d'établissement, la patente sera, sur la demande du cédant, transférée à son successeur; la mutation de cote sera réglée par arrêté du préfet.

En cas de fermeture des magasins, boutiques et ateliers, par suite de décès ou de faillite déclarée, les droits ne seront dus que pour le passé et le mois courant. Sur la réclamation des parties intéressées, il sera accordé décharge du surplus de la taxe.

Ceux qui entreprennent, après le mois de janvier, une profession sujette à patente, ne doivent la contribution qu'à partir du premier du mois dans lequel ils ont commencé d'exercer, à moins que, par sa nature la profession ne puisse pas être exercée pendant toute l'année. Dans ce cas, la contribution sera due pour l'année entière, quelle que soit l'époque à laquelle la profession aura été entreprise.

Les patentés qui, dans le cours de l'année, entreprennent une profession d'une classe supérieure à celle qu'ils exerçaient d'abord, ou qui transportent leur établissement dans une commune d'une plus forte population, sont tenus de payer, au prorata, un supplément de droit fixe.

Il est également dû un supplément de droit proportionnel par les patentables qui prennent des maisons ou locaux, d'une valeur supérieure à celle des maisons ou locaux pour lesquels ils ont été primitivement imposés, et par ceux qui entreprennent une profession passible d'un droit proportionnel plus élevé.

Les suppléments seront dus à compter du premier du mois dans lequel les changements prévus par les deux derniers paragraphes auront été opérés.

La première disposition de cet article n'apporte aucun changement à la législation antérieure, les autres présentent quelques améliorations.

Ainsi, 1° en cas de cession, le cédant se trouve exempté de payer sa patente, dont la charge est transférée au cessionnaire; ce qui n'existait pas auparavant.

2° Ceux qui commencent un établissement dans le cours de l'année n'auront à payer leur patente qu'à partir du premier du mois dans lequel ils commenceront l'exercice de la profession; tandis qu'avant, ils devaient payer, à partir du commencement du trimestre dans lequel leur établissement était mis en activité. Mais il y a une restriction applicable à ceux dont la profession ne s'exerce que pendant une partie de l'année, tels que les fileurs de cocons, les fabricants d'huile d'olive, les entrepreneurs de bains de mer, de rivière ou même d'eaux thermales. Tous ces individus ne travaillent qu'une partie de l'année et doivent cependant payer pour l'année entière.

3° La remise des droits est accordée, en cas de faillite déclarée comme en cas de décès, pourvu que, dans l'un et l'autre cas, il y ait fermeture des magasins, boutiques et ateliers, ou, pour généraliser davantage, pourvu qu'il y ait cessation des opérations de la profession pour laquelle la patente était exigée.

Si la continuation des opérations après décès ou faillite, empêche d'obtenir la décharge de l'impôt pour le temps qui reste à courir de l'année, elle ne prive pas de faire valoir une demande en remise ou modération fondée sur les entraves ou le préjudice que le décès ou la faillite apportent à l'exploitation de l'établissement.

Les dispositions relatives aux droits supplémentaires à payer dans le cas où la position du contribuable changerait, sont faciles à comprendre; mais on ne peut s'empêcher de faire remarquer que, si la position de l'imposé change à son désavantage, il n'a pas droit à une réduction proportionnelle. C'eût été plus juste. Il lui restera néanmoins le droit de demander la *remise* ou *modération* de sa taxe, en faisant connaître son changement de position.

ART. 24.

La contribution des patentes est payable par douzièmes, et le recouvrement en est poursuivi comme celui des contributions directes : néanmoins les marchands forains, les colporteurs, les directeurs de troupes ambulantes, les entrepreneurs d'amusements et jeux publics non sédentaires et tous autres patentables dont la profession n'est pas exercée à demeure fixe, sont tenus d'acquitter le montant total de leur cote, au moment où la patente leur est délivrée.

Dans le cas ou le rôle n'est écrit que postérieurement au premier mars, les douzièmes échus ne sont pas immédiatement exigibles; le recouvrement en est fait par portions égales, en même temps que celui des douzièmes échus.

L'impôt de la patente, dans son origine, était exigible, en

une seule fois, au moment de sa délivrance. La loi de l'an 7 accordait trois mois pour son acquittement; c'étaient alors les receveurs de l'enregistrement qui touchaient cet impôt. Depuis que le recouvrement en a été confié aux percepteurs des contributions directes, c'est-à-dire, depuis l'arrêté du 26 brumaire an 10, cet impôt n'est exigible que par douzièmes, de mois en. mois. La loi nouvelle a maintenu à cet égard ce qui existe.

Ceux dont la profession n'est pas exercée à demeure fixe, tels que ceux désignés dans l'art. 24, doivent acquitter la patente au moment où elle leur est délivrée. C'est pour eux une lourde charge, et souvent même un obstacle sérieux à l'exercice de leur profession. Le but de cette disposition est d'éviter à l'administration quelques difficultés dans la perception. Il serait possible cependant d'assurer la perception de l'impôt assez facilement, en exigeant des maires qu'ils n'accordassent à ces individus la permission d'exercer leur industrie dans la commune où ils se présentent dans ce but, qu'en justifiant de l'acquittement de leur contribution pour les douzièmes échus.

La loi nouvelle l'accorde implicitement aux marchands en ambulance, échoppe ou étalage qui ont leur domicile dans la commune, puisqu'elle ne reproduit pas contre eux la disposition de la loi du 15 mai 1818. (V. Instr. minist., p. 62). Elle aurait pu faire un pas de plus en faveur des autres patentables, assez peu aisés généralement, et peu capables par conséquent de payer en une seule fois le montant total de l'impôt.

Une nouvelle amélioration introduite par cet article, est celle qui résulte de ce que la perception des douzièmes échus ne pourra être exigée lorsque les rôles seront publiés après le premier mars. Sous l'empire de la loi actuelle, on a vu à Paris les rôles n'être publiés qu'en mai et juin, et le contribuable était obligé de payer immédiatement les cinq ou six douzièmes échus. Aujourd'hui, d'après la loi actuelle, la perception se fera par fraction subordonnée au nombre de mois restant à courir, à partir de l'envoi de l'avertissement ; c'est-à-dire que, si cet avertissement est donné en avril, on payera par neuvièmes, s'il n'est donné qu'en mai, ce sera par huitièmes, et ainsi de suite. L'avertissement, au surplus, devra en faire mention, et indiquer même le chiffre du payement à opérer mensuellement: ainsi le prescrit l'instruction ministérielle.

ART. 25.

En cas de déménagement hors du ressort de la perception, comme en cas de vente volontaire ou forcée, la contribution des patentes sera immédiatement exigible en totalité.

Les propriétaires, et, à leur place, les principaux locataires, qui n'auront pas, un mois avant le terme fixé par le bail ou par les conventions verbales, donné avis au percepteur du déménagement de leurs locataires, seront responsables des sommes dues par ceux-ci pour la contribution des patentes.

Dans le cas de déménagements furtifs les propriétaires, et, à leur place, les principaux locataires, deviendront responsables de la contribution due par leurs locataires, s'ils n'ont pas, dans les trois jours, donné avis du déménagement au percepteur.

La part de la contribution laissée à la charge des propriétaires ou principaux locataires par les paragraphes précédents, comprendra seulement le dernier douzième échu et le douzième courant, dus par le patentable.

Les dispositions de cet article reproduisent presque textuellement celles de la loi du 21 avril 1832, qui ne s'appliquaient qu'à la contribution personnelle et mobilière, et qu'on avait cependant illégalement étendues à la perception de l'impôt des patentes, par un règlement du 20 août 1834.

Nous concevons l'exigibilité de l'impôt en totalité, au cas de déménagement des contribuables hors du ressort de la perception, parce que les rôles étant faits et rendus exécutoires par l'autorité compétente, vis-à-vis du contribuable, il serait difficile d'assurer la perception, dans le cas de déplacement de ce dernier. Il eût été à désirer cependant que cette exigibilité de la totalité ne fût permise qu'en cas de déménagement hors du département; car, lorsque l'imposé demeure dans le même département, il est facile au directeur des contributions de faire opérer le recouvrement de l'impôt par un des percepteurs sous ses ordres.

Nous concevons aussi l'exigibilité de l'impôt, en cas de vente forcée chez le contribuable, si cette vente n'est pas, bien entendu, une conséquence de sa faillite déclarée, parce que d'une part, malgré la vente, l'imposé peut continuer sa profession; et que de l'autre, il y a danger pour le trésor de ne plus trouver après la vente de quoi être payé. C'est d'ailleurs un des cas qui peuvent donner lieu à une demande en remise ou modération.

Mais nous ne concevons pas l'exigibilité, en cas de vente volontaire, puisque l'art. 23, § 2, dit que, dans ce cas, la patente sera, sur la demande du cédant, transférée au successeur. Un de nos honorables députés, M. *Barillon*, en a fait l'observation, en proposant d'intercaler dans ce paragraphe, ces mots : *Si le patenté ne s'est pas conformé aux dispositions de l'article* 23; c'est-à-dire, n'a pas demandé au préfet d'opérer la mutation de cote.

« Il n'y a pas de contradiction, a dit M. le rapporteur ; voici comment les choses se passeront : Lorsqu'il y aura mutation de cote, entre le cédant et le cessionnaire, si le payement a été opéré d'avance par le cédant, il ne sera rien demandé au cessionnaire; il exhibera la quittance de son cédant, et le percepteur n'aura rien à exiger de lui. »

Cela ne répondait pas du tout à l'objection de M. Barillon. M. le rapporteur lui - même ne paraissait pas comprendre toute la portée de l'art. 25, puisqu'il énonçait d'une manière dubitative (*Si le payement a été opéré d'avance par le cédant.*), ce qui est une disposition impérative, obligatoire; en sorte que le cédant devra toujours payer la totalité de l'impôt; seulement le cessionnaire n'en payera pas une seconde pour le même établissement, voilà toute la faveur de l'art. 23. La loi a passé, il n'y a rien à dire de plus, il faut s'y conformer.

La responsabilité des propriétaires et principaux locataires est un peu réduite. 1° Ils ne sont pas tenus de se faire représenter par leur locataire la quittance de sa cote d'impôt. Cette amélioration est due à la commission de la chambre des députés. 2° En cas de déménagement furtif, ils n'ont pas besoin de le faire constater par le commissaire de police ou le juge de paix, ce qui entraînait des frais ; il suffira qu'ils préviennent le percepteur , mais ils feront bien de demander récépissé de leur avis. Nous ajouterons que le percepteur ne peut leur refuser ce récépissé , puisque l'absence de preuves de cet avis entraîne la responsabilité des propriétaires ou principaux locataires. C'est à M. de *Chasseloup-Laubat,* qu'il faut rendre grâces de cette disposition. 3° Par la loi de 1832, la responsabilité s'étend à tous les douzièmes échus, par conséquent à l'année entière, s'il y a lieu ; tandis qu'elle est restreinte avec plus de justice au dernier douzième échu et au douzième courant. C'est au percepteur à s'imputer de n'avoir pas exigé l'impôt mensuellement ; c'est sur lui que pèsera en définitive la responsabilité. (Inst. minist.) Ce paragraphe a été adopté sur la proposition de M. *Terme.*

ART. 26.

Les formules de patente sont expédiées par le directeur des contributions directes, sur des feuilles timbrées de 1 fr. 25 c., le prix du timbre est acquitté en même temps que le premier douzième des droits de patente.

Les formules de patente sont visées par le maire et revêtues du sceau de la commune.

Le timbre des patentes produit au trésor , environ 1,700,000 fr. C'était sans doute une bonne raison pour ne rien changer aux habitudes prises ; mais, était-ce une raison suffisante, et n'aurait-on pas pu, sans nuire au trésor, éviter de faire payer 1 fr. 25 cent. le timbre d'une patente pour laquelle le contribuable est imposé quelquefois à 2 fr.? Le pro-

duit du timbre des patentes équivaut à cinq pour cent de
l'impôt total? N'aurait-on pas pu surcharger les droits de patente de ces cinq pour cent, et délivrer la patente sur papier
frappé d'un timbre spécial, ou même non timbré. De cette
manière, le patenté à 2 fr., aurait payé 10 cent. de plus ; mais
l'imposé à 1,000 fr. aurait payé 1,050 fr. ? Cela aurait été fort
équitable.

Nous devons faire remarquer toutefois, que cette mesure
n'aurait pas manqué de soulever les nombreuses réclamations
des fort-patentés ; ce que l'on a craint sans doute. De plus,
M. le rapporteur a assuré que c'est en raison du prix du timbre, que certaines patentes ont été fixées à un taux aussi mi-
nime que 2 et 3 fr. Si véritablement cet esprit d'équité a
présidé à la fixation du tarif, il n'y a pas d'injustice au fond
à faire supporter aux contribuables un prix de timbre uni-
forme ; mais il aurait mieux valu ne pas donner prise aux cri-
tiques qui ne manqueront pas de s'élever contre cette disposition ; parce qu'en apparence, elle porte un cachet d'inégalité.

Lorsque le patenté changera de profession dans le cours de
l'année, il ne sera pas tenu pour cela de se faire délivrer une
nouvelle formule de patente. La première lui suffira, sauf à
lui à acquitter les suppléments auxquels pourrait donner
ouverture son changement de profession. (Instr. minist., p. 63.)

ART. 27.

Tout patentable est tenu d'exhiber sa patente lorsqu'il en est requis par
les maires, adjoints, juges de paix, et tous autres officiers ou agents de
police judiciaire.

Nous entrons maintenant dans l'examen des dispositions
servant de sanction à la loi. Originairement lorsque la perception de l'impôt de la patente était confiée aux receveurs
de l'enregistrement, le contribuable était obligé d'acquitter
le droit dans le délai déterminé, sous peine de double droit,
suivant l'usage en matière d'enregistrement. Aujourd'hui

que cet impôt fait partie des contributions directes, les contribuables ne sont plus tenus de faire connaître qu'ils doivent être imposés. C'est l'État qui se charge de faire constater quels sont ceux qui sont imposables, quelles sommes ils doivent payer, il se charge même de les avertir pour qu'ils aient à s'acquitter de cette contribution. Mais s'ils veulent exercer une profession sujette à patente, ils ne doivent pas attendre qu'ils soient imposés ; ils doivent se munir de la patente relative à leur profession.

C'est dans le but de les y contraindre et aussi pour assurer la perception de l'impôt, dans la prévision où quelques personnes parviendraient à se soustraire aux investigations du fisc, que la loi a chargé certains fonctionnaires du droit de demander à tout patentable l'exhibition de sa patente.

La loi de brumaire an 7 contenait à peu près la même disposition, sauf qu'elle la restreignait à ceux qui mettaient des marchandises en vente ; on retrouve encore cette disposition dans la loi du 15 mai 1818, art. 65, plus restreinte encore, car elle ne s'applique qu'aux marchands vendant en ambulance, échoppe ou étalage, etc.

ART. 28.

Les marchandises mises en vente par les individus non munis de patente et vendant hors de leur domicile, seront saisies ou séquestrées aux frais du vendeur, à moins qu'il ne donne caution suffisante jusqu'à la représentation de la patente ou la production de la preuve que la patente a été délivrée. Si l'individu non muni de patente exerce au lieu de son domicile, il en sera dressé un procès-verbal qui sera transmis immédiatement aux agents des contributions directes.

L'individu auquel on demande sa patente hors de son domicile peut avoir oublié de s'en munir et ne se trouve alors en contravention qu'en apparence. La loi lui laisse la faculté de faire venir sa patente ; mais, provisoirement, pour assurer son exécution, elle ordonne la saisie ou le séquestre de la marchandise, à moins qu'il ne donne caution suffisante jusqu'à ce qu'il se soit justifié.

Jusqu'à concurrence de quelle somme la caution devra-t-elle être fournie? Jusqu'à concurrence de la pénalité. Or, la loi n'impose d'autre pénalité que le payement du droit. C'est donc jusqu'à concurrence du droit de patente et des frais que la caution devra s'engager.

Si donc le patentable ne peut justifier qu'il ait satisfait à la loi, il sera tenu de payer le taux ordinaire de la patente à laquelle il est assujetti, ou sa caution payera pour lui s'il ne peut payer. Les agents des contributions directes pourront aussi poursuivre la vente des marchandises saisies ou séquestrées, si l'on n'a pas fourni de caution, jusqu'à concurrence des droits de patente et des frais occasionnés ; ils pourront même dans ce cas exiger le payement de la patente pour l'année entière, puisque ce contribuable laissant vendre ses marchandises se trouverait dans le cas prévu par l'art. 26. Il en serait autrement si le contribuable, n'étant pas dans la catégorie de ceux qui, aux termes de l'art. 24, sont tenus d'acquitter le montant total de leur patente au moment où elle leur est délivrée, offrait de payer les douzièmes échus et les frais faits, parce qu'alors l'art. 26 ne serait pas applicable, et que la patente doit être délivrée à quiconque paye les douzièmes échus des droits fixes et proportionnels auxquels il est assujetti.

ART. 29.

Nul ne pourra former de demande, fournir aucune exception ou défense en justice, ni faire aucun acte ou signification extrajudiciaire pour tout ce qui sera relatif à son commerce, sa profession ou son industrie, sans qu'il soit fait mention, en tête des actes, de sa patente, avec désignation de la date, du numéro et de la commune où elle aura été délivrée, à peine d'une amende de vingt-cinq francs, tant contre les particuliers sujets à la patente que contre les officiers ministériels qui auraient fait et reçu lesdits actes sans mention de la patente. La condamnation à cette amende sera poursuivie, à la requête du procureur du roi, devant le tribunal civil de l'arrondissement.

Le rapport de la patente ne pourra suppléer au défaut de l'énonciation, ni dispenser de l'amende prononcée.

On s'est élevé avec force contre cette disposition. On a re-

présenté son inutilité sous le rapport des intérêts du fisc qui
certes, par ses agents, a tous les moyens possibles de connaître les patentables et d'exiger leur contribution. On a représenté l'embarras où pouvait se trouver un négociant, loin
de chez lui, qui veut assigner un débiteur forain qu'il ren-
contre inopinément et qui ignore le numéro de sa patente.
(V. sur ce cas l'art. 34 et son commentaire). On a représenté
la crainte de l'officier ministériel qui peut ne pas vouloir s'en
rapporter à la déclaration de celui qui le fait agir, et si l'officier ministériel n'est pas responsable de l'exactitude de la
déclaration, n'est-il pas facile d'éluder la loi en mentionnant
une date quelconque, un numéro imaginaire.

A ces observations présentées avec lucidité par M. *Ogier*, et
soutenues avec énergie par M. *Taillandier* et autres honorables députés, M. le ministre des finances et M. le rapporteur
ont répondu que cette mesure était celle qu'ils regardaient
comme la mieux justifiée. Son but était d'atteindre ceux qui
exercent certaines professions qui, par leur nature, échappent
facilement aux investigations du trésor. Lorsqu'ils réclament
à la justice protection, il est juste qu'ils commencent par
acquitter leur dette envers la société. Quant aux officiers ministériels, notre législation leur accorde assez d'avantages
pour qu'ils facilitent son exécution. Lorsqu'un individu vient
leur demander leur intervention pour des contestations en
matière de commerce, rien de plus simple que de les obliger
à s'enquérir auprès de leurs clients, s'ils ont satisfait à l'impôt de la patente, c'est là la sanction de la loi. L'amendement de M. Ogier a été rejeté.

Il a été jugé au surplus qu'un notaire ne peut refuser son
ministère sur le motif que l'une des parties n'a pas de patente, et qu'il suffit qu'il constate la déclaration de la partie,
pour qu'il soit réputé avoir satisfait à la loi. (Jugement du
tribunal de la Seine, 18 novembre 1836. — Cour royale d'Aix,
3 décembre 1835. — Angers, 4 avril 1830.) Si cette jurispru-

dence se maintient sous l'empire de la loi nouvelle, qui en
cela n'a rien ajouté à l'ancienne, que deviendra l'application
de cet article, qui ne punit d'aucune peine celui qui n'a pas
de patente, mais seulement celui qui n'en fait pas faire mention dans les actes qu'il signe ou qu'on signifie à sa requête.

En vérité, cette mesure ne paraît pas avoir d'autre but que
celui de grossir les recettes du fisc par le produit des amendes.

ART. 30.

Les agents des contributions directes peuvent, sur la demande qui
leur en est faite, délivrer des patentes avant l'émission du rôle, après
toutefois que les requérants ont acquitté entre les mains du percepteur les douzièmes échus, s'il s'agit d'individus domiciliés dans le ressort
de la perception, ou la totalité des droits, s'il s'agit des patentables désignés en l'art. 24 ci-dessus, ou d'individus étrangers au ressort de la perception.

Nous avons vu que le recouvrement des contributions de la
patente, comme celui des autres contributions directes, ne
peut être poursuivi qu'après l'émission des rôles, et pour une
quote-part proportionnelle au nombre de mois qui restent à
courir lors de la publication des rôles. Mais il est des circonstances dans lesquelles on a besoin d'exercer des droits
pour lesquels il faut justifier de sa patente, et c'est dans la
prévision de ces cas que la loi a voulu faciliter au contribuable le moyen de se procurer ce titre qui lui est nécessaire.

ART. 31.

Le patenté qui aura égaré sa patente ou qui sera dans le cas d'en justifier hors de son domicile pourra se faire délivrer un certificat par le directeur ou par le contrôleur des contributions directes; ce certificat fera
mention des motifs qui obligent le patenté à la réclamer, et devra être
sur papier timbré.

Le sens naturel de cet article est de suppléer à la patente
égarée sans délivrer un duplicata, mais un simple certificat
qui énonce le motif pour lequel on le réclame, c'est évidemment dans ce sens que le ministère l'a rédigé dans son projet
de loi ; et c'est encore dans ce sens qu'il entend l'exécuter,

ainsi qu'on a pu le voir par la circulaire du 14 août 1844
(V. plus haut, p. 64).

Eh bien, nous n'hésitons pas à dire que ce n'est nullement
ce que la chambre des députés a cru voter, à en juger par la
discussion et par les propres paroles du ministre des finances.

M. *Grandin* voulant faire ressortir les embarras que pouvaient causer au commerce les dispositions de l'art. 29, avait
dit : « Je suis de Rouen, je me trouve à Bordeaux ; j'apprends
que mon débiteur, contre lequel j'ai des titres exécutoires, va
s'embarquer. Je veux le faire arrêter, je n'ai pas ma patente,
je me trouve donc dans l'impossibilité d'agir. » M. le ministre a répondu : M. Grandin veut-il me permettre de lui
lire l'art. 31, et il lut en effet l'article que nous examinons.
M. Grandin répliqua : Comment le directeur des contributions directes de Bordeaux pourra-t-il donner un certificat à
un patentable de Rouen ? M. le ministre répondit : Quand on
le lui demande. Alors M. Grandin a dit : Je n'avais pas ainsi
compris l'article ; mais s'il veut dire que l'on pourra dans
tous les pays où l'on se trouvera, obtenir que le directeur des
contributions directes donne un certificat, alors même qu'on
n'aura aucune pièce à l'appui pour prouver son droit, je n'ai
rien à dire ; mais je ne crois pas que cela résulte de l'article
que M. le ministre vient de lire. M. le ministre a répondu :
« Partout, en France, un individu qui n'a pas sa patente peut
y suppléer en se faisant délivrer un certificat. Ainsi l'objection tombe d'elle-même, le fait sur lequel elle repose n'est
pas exact. »

M. *Taillandier* a insisté pour soutenir qu'un contrôleur ou
un directeur ne pourront pas certifier la patente, sans avoir
la matrice sous les yeux. M. le ministre a dit de nouveau : « Je
prie qu'on se reporte aux termes de l'art. 31. Le certificat est
délivré sans autres frais que le timbre. Je prie la chambre de
se souvenir que la patente n'est exigée que pour une contestation relative à la profession et au commerce de l'individu.

— Par conséquent, cette contestation même fait connaître la nature du commerce et de la profession. L'individu demande un certificat au moyen duquel l'omission est réparée. Il n'y a donc aucun obstacle à ce qu'on évite l'amende, lorsqu'en réalité on veut se conformer à la loi. »

Je crois, a fait observer M. *Beaumont,* que le principe professé par M. le ministre aurait des conséquences très-graves. Voici pourquoi : c'est que s'il est permis à tout contrôleur de délivrer un certificat, il y a beaucoup de malhonnêtes gens qui pourraient aller à cent lieues, demander ce certificat pour l'exploiter. Je crois qu'il est impossible qu'un contrôleur ou un directeur de contributions délivre un certificat, sans avoir la matrice sous les yeux.

Malgré ces observations, les art. 29 et 30 ont été votés; mais la discussion s'est renouvelée au sujet de l'art. 31. M. *Taillandier,* reprenant les objections de MM. *Grandin* et *Beaumont,* a demandé, pour qu'il n'y ait pas d'équivoque, qu'on ajoutât après les mots : *par le contrôleur des contributions directes,* ceux-ci : *du lieu où se trouvera le négociant,* afin que le directeur et le contrôleur ne puissent refuser le certificat.

M. *Guyet des Fontaines* a présenté alors les explications suivantes : « Il me semble qu'on perd de vue le but que se propose la loi, en exigeant de la part du commerçant, dans les actes où il procède à ce titre, l'énonciation de sa patente. M. le ministre des finances en donnait tout à l'heure la véritable explication, c'est de saisir, par ce moyen, le patentable qui ne se trouve pas en règle vis-à-vis du fisc. Le certificat dont on parle, et qui est destiné à suppléer à la représentation de la patente, si le patentable l'a égarée, ou s'il se trouve éloigné de son domicile, a pour objet, non pas de lui créer un titre, mais de constater sa déclaration entre les mains d'un agent du fisc, de sa qualité de commerçant; de telle sorte, que par la voie des rapports administratifs, on arrive à coup sûr à l'imposer à la patente à laquelle il est assujetti. — J'ai cru nécessaire de rappeler le véritable objet de ce certificat qu'on me paraissait avoir perdu de vue dans les explications qui ont précédé. »

M. Taillandier a demandé à expliquer par un fait, comment il comprenait l'article 31, priant le ministre de lui dire, s'il le comprenait de la même manière.

Je suppose, a-t-il dit, un négociant de Lille, se trouvant à Paris, il n'a pas sa patente, il va chez le directeur des contributions à Paris, il fait une déclaration qu'il est patenté, mais qu'il n'a pas sa patente.

M. le président interrompant : « *Il demande un certificat de sa déclaration.* »

M. *Taillandier* reprend : « *Il demande un certificat de sa déclaration.* Eh bien! je demande s'il est entendu que le directeur de Paris qui n'a pas la matrice de Lille sous les yeux, sera autorisé à lui délivrer, sur sa simple affirmation, une déclaration, qu'il est inscrit au rôle des patentes. Ce serait la conséquence de ce qu'a dit M. le ministre des finances, sur l'article 29. »

M. le ministre des finances a répondu : « C'est ainsi que cela doit être entendu; toutefois, le contrôleur devra s'assurer de l'exactitude de la déclaration. Il ira trouver le notaire chez lequel il est question de faire un acte qui doit mentionner la profession de l'individu; en un mot, il exerce des investigations que les administrations municipales n'exerçaient pas sous l'ancienne législation. »

Alors, M. *Galis* a demandé que l'on ajoutât, comme l'avait proposé M. *Taillandier*, aux mots : *Par le directeur ou le contrôleur des contributions directes*, ceux-ci, *du lieu où il se trouve* (*le négociant*). M. *Rivet* s'est écrié : « Cela ne se peut pas, le certificat ne peut être délivré que par celui qui a la matrice. » Il est évident qu'on ne s'entendait pas. Après des observations fort peu concluantes de M. *Grandin* et de M. le rapporteur, l'amendement de M. *Taillandier* a été rejeté, et virtuellement l'explication donnée par M. le ministre se trouve également privée, de la sanction de la chambre. Le certificat dont parle l'art. 31 ne peut donc être délivré que par le directeur ou le contrôleur qui peut vérifier si l'imposant est inscrit sur la matrice des patentes. C'est ainsi que l'entend maintenant M. le ministre lui-même, ainsi qu'on peut le voir par son instruction, laquelle présente le modèle de certificat à délivrer. (V. p. 64.)

ART. 32.

Il est ajouté au principal de la contribution des patentes cinq centimes par franc, dont le produit est destiné à couvrir les décharges, réductions, remises et modérations, ainsi que les frais d'impression et d'expédition des formules des patentes.

En cas d'insuffisance des cinq centimes, le montant du déficit est prélevé sur le principal des rôles.

Il est en outre prélevé sur le principal huit centimes, dont le produit est versé dans la caisse municipale.

D'après la législation antérieure, en cas d'insuffisance des cinq centimes pour subvenir aux décharges, réductions, remises et modérations, et frais d'impression, la différence était prise sur les huit centimes accordés aux communes. Le but de cette combinaison était d'encourager les magistrats municipaux à faire connaître les imposables, et à les rendre moins accessibles aux sollicitations des réclamants. Le gouvernement avait proposé le maintien de la législation existante, la commission de la chambre des députés l'avait soutenue également; mais, sur la proposition de MM. *David* et *de la Plesse*, la discussion a assuré la rédaction ci-dessus, de laquelle il résulte que les communes profiteront entièrement des huit centimes que la loi leur accorde, ce qui est beaucoup plus favorable pour elles que l'ancien système sous l'empire duquel ces huit centimes étaient, presque toujours, réduits considérablement et quelquefois absorbés complétement par les réclamations.

ART. 33.

Les contributions spéciales destinées à subvenir aux dépenses des bourses et chambres de commerce, et dont la perception est autorisée par l'art. 11 de la loi du 23 juillet 1820, seront réparties sur les patentables des trois premières classes du tableau A, annexé à la présente loi, et sur ceux des tableaux B et C, comme passibles d'un droit fixe égal ou supérieur à celui desdites classes.

Les associés des établissements compris dans les classes et tableaux sus-désignés contribueront aux frais des bourses et chambres de commerce.

Pour comprendre cet article, il faut se reporter à la loi du 23 juillet 1820, et y puiser les dispositions qui, n'étant point abrogées par la présente loi, sont nécessairement maintenues.

La loi de 1820 ne comprenait au nombre des commerçants qui devaient supporter les frais de bourses et chambres de commerce, que les patentables des première et deuxième classes, et ceux qui, étant hors de ces classes, payaient un droit égal ou supérieur à celui des moins imposés de ceux compris dans les première et deuxième classes. Il n'y a de différence qu'en ce que maintenant on répartira ces frais entre les patentables des trois premières classes, et de ceux qui, étant hors classe, payent un droit fixe égal ou supérieur à celui des moins imposés des patentables de ces trois classes. C'est ainsi qu'il faut traduire les expressions *comme passibles d'un droit fixe égal ou supérieur à celui desdites classes.*

L'extension du droit à la troisième classe est motivée par la création de la classe intermédiaire du commerce en demi-gros qui est devenue la seconde classe, en sorte que la troisième de la nouvelle loi représente la seconde de la loi précédente. Les autres classes ne sont pas appelées à contribuer à ces frais, parce qu'elles n'en tirent directement aucune utilité. La loi nouvelle ne dit pas à l'égard des associés ce que disait la précédente, c'est qu'ils contribueront lorsque le droit fixe de patente de l'associé principal sera égal ou supérieur à celui de la deuxième classe ; c'est cependant ainsi qu'il faut l'entendre, car s'ils ne devaient contribuer qu'autant que le demi-droit auquel ils sont assujettis serait égal ou supérieur au minimum de celui de la deuxième classe, il n'était pas nécessaire d'en faire une mention spéciale.

Dans un département où il n'y aura qu'une chambre de commerce, le rôle comprendra les patentables de tout le département. S'il y a dans le même département plusieurs chambres de commerce, le rôle de chacune d'elles comprendra les patentables qui font partie de l'arrondissement dans lequel elle est située, à moins que des ordonnances royales n'aient déterminé la circonscription de chacune d'elles (Loi du 23 juillet 1820, art. 13.)

Le rôle relatif aux frais de bourse ne comprendra que les patentables de la ville où elle est établie (*ibid.*, art. 14).

La taxe pour le payement des chambres et bourses de commerce portera sur le principal de la cote de la patente, consistant dans le droit fixe et le droit proportionnel réunis. Il sera ajouté cinq centimes par franc à cette taxe pour subvenir aux non-valeurs (*ibid.*, art. 15).

Des ordonnances royales fixeront chaque année les sommes à imposer pour subvenir aux dépenses des chambres et bourses de commerce. Cette fixation aura lieu, savoir : sur la proposition des chambres de commerce pour leurs frais, et sur la proposition desdites chambres, ou à leur défaut, sur la proposition des conseils municipaux, pour les frais des bourses de commerce. Des ordonnances royales régleront la forme de la comptabilité et de la vérification de l'emploi des deniers (*ibid.*, art. 16).

Nous avons cru nécessaire de rapporter ces articles qui sont le commentaire naturel de l'art. 32 que nous examinons, parce que chaque année les commerçants sont surpris qu'on leur réclame ces frais de bourse et de chambre de commerce, et disposés à croire que c'est une mesure arbitraire ; plusieurs même réclament inutilement contre cet impôt, dont ils ignorent l'assiette et la légalité.

ART. 34.

La contribution des patentes sera établie conformément à la présente loi, à partir du 1er janvier 1845.

ART. 35.

Toutes les dispositions contraires à la présente loi seront et demeureront abrogées à partir de la même époque, sans préjudice des lois et règlements de police qui sont ou pourront être faits.

Ces deux articles n'ont pas besoin d'explication ; nous ne terminerons pas cependant sans faire remarquer que les mots, sans préjudice, etc., qui terminent l'art. 35, ont été ajoutés sur la demande de M. *Mermilliod.* C'est un nouvel exemple de cette manie d'improviser des amendements, souvent parfaitement inutiles, et dont la portée n'est pas toujours parfaitement comprise au moment du vote. Il est évident qu'une loi fiscale n'a rien de commun avec les règlements de police, et l'addition de M. Mermilliod était complétement superflue.

TABLEAUX A, B, C, D.

Ce que nous avons à dire sur ces tableaux n'exige pas que nous en mettions le texte sous les yeux de nos lecteurs ; nous les renvoyons au surplus aux tableaux eux-mêmes qui sont à la suite de la loi. (V. p. 11 et suiv.)

Ces tableaux ont été l'objet de peu de discussions, ils en auraient soulevé d'interminables, si on avait demandé compte à l'administration de certaines dénominations et des motifs de classification des divers commerces qui y sont désignés.

Ce que présente de plus nouveau cette classification, c'est la création de la catégorie des marchands en demi-gros ; catégorie dont ne parlaient ni, la loi de l'an 7, ni les lois antérieures ou postérieures, quoique assurément cette classe ne se soit pas formée seulement depuis plusieurs années, comme on l'a avancé. Bien loin de là, on peut dire au contraire, avec M. le rapporteur de la commission, que ce genre de commerce s'efface et ne se maintient guère que dans l'épicerie et la droguerie, et dans quelques grandes villes seulement. Du reste, la loi porte avec elle son explication.

Sont réputés marchands en gros, ceux qui vendent habituellement aux marchands en demi-gros et aux détaillants; marchands en demi-gros, ceux qui vendent habituellement aux détaillants; marchands en détail, ceux qui ne vendent habituellement qu'aux consommateurs.

On s'est beaucoup récrié contre le mot habituellement, il était cependant nécessaire de ne pas empêcher le détaillant de vendre quelquefois à d'autres marchands, ses confrères, et même à des négociants en gros, des parties de marchandises destinées à l'exportation; ce qui arrive fréquemment. Il ne fallait pas non plus qu'un marchand en gros réclamât la patente de détaillant, parce qu'il vendait quelquefois en détail. Ce n'est donc que le commerce *habituel* qui peut être pris en considération, et l'expression employée est parfaitement justifiée. Ces principes avaient déjà été consacrés par la jurisprudence (V. déc. cons. d'État du 10 février 1835, Mac. 1835, p. 93).

On a demandé de retrancher de la troisième classe du tableau A, le commerce de *droguerie* (*marchand en détail*); parce que la loi du 21 germinal an 11 interdit le commerce de drogues en détail et en demi-gros, à tous ceux qui ne sont pas pharmaciens. Mais on a reconnu que cette prohibition ne s'étendait pas à la vente des drogues simples, *non médicamenteuses,* et la profession a été maintenue.

M. *Lescot de la Milanderie* a demandé dans quelle classe on devait ranger le propriétaire ou le fermier d'un moulin à blé qui achète du grain, le convertit en farine qu'il vend au commerce; doit-il être considéré comme marchand de farine ou comme meunier? On a répondu qu'il exerçait les deux professions, et qu'il fallait l'imposer au droit le plus fort. M. *Lescot* a demandé ce qui arriverait, si le moulin ne marchait qu'une partie de l'année; M. le ministre a répondu : Si le moulin ne marche qu'une partie de l'année, moins de huit mois, il ne payera que la moitié, et par conséquent il payerait alors moins comme meunier que comme marchand de farine. C'est toujours le droit le plus élevé qu'il devra payer; en vérité, il n'était pas nécessaire de faire de pareilles questions qui étaient résolues par les articles déjà votés.

Des observations ont été suscitées par une pétition des marchands de vin, relative à la classification qui les concerne. On remarquera, en effet, que la première classe renferme les marchands de vins en gros, vendant habituellement des vins par pièces ou paniers de vins fins, soit aux marchands en détail, soit aux cabaretiers, soit aux consommateurs. La quatrième classe, cependant, renferme également les marchands de vins en détail, vendant habituellement, pour être consommés hors de chez eux, des vins au panier et à la bouteille. Est-on bien d'accord sur ce qu'on entend par vins fins? a demandé M. *de la Plesse*. Sont-ce non-seulement les vins de liqueurs, mais les vins d'un prix élevé? Quelle est la limite du prix des vins fins et de celui des vins ordinaires? Doit-on regarder comme abrogé par la loi le décret de 1813, qui, tout spécial pour Paris, soumet tous les marchands de vins, sans distinction, à un droit unique de 100 francs, et contient en outre, une disposition pénale contre ceux qui vendraient des matières pouvant servir à la falsification des vins, ou même en seraient simplement détenteurs?

M. le ministre des finances a répondu: Relativement aux marchands de vins, le projet du gouvernement qui, en cela, n'a pas été réformé par la commission, s'écarte des dispositions adoptées pour les autres professions. On a reconnu qu'il n'y avait pas de marchand de vins en gros qui ne vendît directement aux consommateurs; on a pensé que pour cette profession, la vente directe aux consommateurs ne devait pas donner lieu à admettre la distinction générale. La première classe comprend tous les marchands de vins en gros, alors même qu'il y a conviction qu'ils vendraient directement aux consommateurs. Quant à la quatrième classe, elle ne comprend que ceux des marchands de vins qui vendent directement aux consommateurs par paniers ou en bouteilles. Ainsi, sans même qu'il soit besoin de se préoccuper de la question des vins, en ce qui concerne la quatrième classe, la distinction est assez tranchée pour qu'il n'y ait pas à craindre d'équivoque. Quant à la première classe, on a voulu que ceux qui se livrent, et leur enseigne et leur prospectus l'annoncent suffisamment, que ceux qui se livrent habituellement au commerce des vins fins, mais qui ne vendent pas en pièces ces vins, parce que le plus grand nombre des consommateurs ne les achètent pas en pièces, et les vendent en bouteilles ; on a voulu que ceux qui exercent cette profession fussent assimilés aux marchands en gros. L'assimilation est juste et fondée, et je crois qu'elle ne peut pas être contestée. »

Quant au second point de la pétition relatif au décret de 1813, le ministre a déclaré qu'il pensait, comme M. *de la Plesse*, que les dernières dispositions prohibitives du décret de 1813 n'étaient point abrogées par la présente loi.

La profession des armuriers a aussi appelé l'attention de la chambre des députés. M. *Lanyer* a critiqué les expressions de marchands d'armes et de marchands armuriers, dont le projet du gouvernement avait fait deux états distincts, indépendamment de ce que les fabricants d'armes se trouvaient portés dans le tableau C, au nombre des grands manufacturiers. Il a fait observer que ce serait souverainement injuste à l'égard des fabricants de Saint-Étienne qui n'ont pas de grands ateliers, qui ne sont point de grands fabricants ; mais de véritables marchands armuriers. M. le rapporteur a reconnu la justesse de l'observation, et a proposé de supprimer le mot marchands d'armes, comme faisant double emploi avec celui de marchands armuriers, et de retrancher en outre le mot marchands de la seconde dénomination, ne laissant ainsi subsister

que le mot *armuriers* qui désignerait tout à la fois, et le petit
fabricant et le marchand d'armes. Quant aux grandes fabriques d'armes, elles resteront au tableau C, conformément au
projet du gouvernement. C'est ce qui a été adopté. Il y a encore dans la septième classe les *armuriers rhabilleurs* et les
armuriers à façon.

M. *Manuel* a demandé ce qu'on devait entendre par *banquier*, en quoi il différait de l'escompteur. M. le rapporteur a répondu : « Voici comment le *banquier* est défini par la
jurisprudence actuelle : c'est celui qui cumule diverses opérations, telles que le crédit commercial, les acceptations, le
change, les traites et remises de place en place, tandis que
l'*escompteur* est celui qui se borne à faire le papier dans la
place où il réside. »

M. *de Chasseloup-Laubat* a fait en outre comprendre que,
conformément à la jurisprudence du conseil d'État, on ne devait pas imposer comme banquier le négociant qui fait accidentellement des opérations de banque, mais celui, seulement, qui fait de ces opérations l'objet principal de son
industrie (V.]Ord. cons. d'État, 23 décembre 1836, MÉM. COM.,
I, 2, 5, et arrêts des 17 et 26 mai 1837, Mac. 1837, p. 171
et 205).

Le capitaliste qui place ses capitaux sur des effets de commerce, sans réescompter ces mêmes effets pour se procurer
des fonds à l'aide desquels il pourrait renouveler cette opération, n'est ni banquier ni escompteur, et par conséquent il
n'est point, pour ces opérations, assujetti à la patente.

M. *Muret de Bord* a demandé pourquoi on avait distingué
les entrepreneurs de roulage des commissionnaires de transport. Ce sont, en effet, deux professions distinctes: les uns se
chargent de faire transporter à leurs risques et périls, ils emploient, à cet effet, soit des hommes à gages, soit des voitu-
riers avec lesquels ils sous-traitent le transport. Le commissionnaire de transport, au contraire, n'est qu'un intermédiaire

entre celui qui a des transports à effectuer, et l'entrepreneur
de roulage ou le voiturier qui se charge de les effectuer.

M. *Mermilliod* a demandé comment la loi serait appliquée
aux bateaux à vapeur? Cette question a nécessité une réponse
de M. le ministre, qu'il importe de consigner dans l'intérêt
des armateurs de ces bâtiments.

« Il y a, a dit M. le ministre, deux espèces de bateaux à
vapeur, ceux qui sont l'objet d'entreprises régulières, et ceux
qu'un armateur peut équiper pour des entreprises acciden-
dentelles.— Pour les entreprises régulières il y a dans le tableau C des dispositions particulières qui ne sont pas en
raison du tonnage.— Quant à ceux qui sont équipés pour des
entreprises particulières, accidentelles, l'intention du gouvernement est de procéder comme pour le droit de tonnage.
Pour le droit de tonnage on déduit de la capacité du bâtiment
l'espace occupé par la machine et par le combustible, on ne
considère que la partie qui est disponible pour le commerce ;
on procédera ainsi pour les armateurs de bâtiments à
vapeur. La règle existait et était tracée pour un cas tout à
fait analogue. »

La loi de brumaire an 7 avait imposé à la patente les
propriétaires de bâtiments faisant le cabotage ; la loi nouvelle n'a
pas maintenu cette disposition qui avait donné lieu à une
fausse interprétation de la part du conseil d'État qui avait décidé (V. Ord. cons. d'État, 4 juillet 1838, Mac. 1838, p.357), que
le propriétaire du bâtiment devait payer la patente, ainsi que le
négociant qui s'en servait pour le cabotage. C'était une erreur
évidente ; la loi n'avait eu pour but d'imposer le propriétaire
qu'autant qu'il faisait le cabotage ; le mot *faisant* se rappor-
tait au propriétaire, et non au navire. Mais, du moment que
le navire était armé et équipé pour le compte d'un autre,
c'était celui-ci et non le propriétaire qui *faisait le cabotage*, et
qui, par conséquent, devait payer la patente. Cette erreur ne

pourra pas maintenant se reproduire, on ne pourrait invoquer aucun texte en sa faveur.

La disposition qui réduit à moitié l'impôt de la patente à l'égard des usines à eau qui chôment une partie de l'année équivalente à 4 mois, présentait aussi quelque obscurité.

M. *Ternaux* s'est chargé d'expliquer les intentions de la commission. « Dans la première rédaction, a-t-il dit, le droit était réduit de moitié pour les usines mues par l'eau et qui étaient forcées de chômer une partie de l'année. On ne spécifiait pas si c'était un jour, un mois ou six mois. Les propriétaires de moulins qui auraient eu le moindre chômage s'en seraient prévalus pour obtenir la réduction de la moitié du droit. La commission a pensé qu'il fallait une limite fixe; c'est pour cela que la nouvelle rédaction n'excepte que les usines qui chôment une partie de l'année équivalente au moins à quatre mois. — Par le mot *équivalente,* nous avons voulu faire comprendre que ce ne devait pas être un chômage consécutif, mais que l'on pourrait réunir plusieurs chômages, pourvu que ces chômages réunis fussent équivalents à une durée de quatre mois de l'année : si le moulin chôme, soit par manque d'eau, soit par crue d'eau, il se trouve dans le cas de l'article restrictif, et par conséquent il ne payera que la moitié du droit. Nous avons voulu spécifier pour que les contrôleurs et les conseils de préfecture eussent une mesure fixe et nullement arbitraire. On demande comment on constatera le chômage; je réponds que ce sera par la notoriété publique. Les chômages des moulins sont connus par le maire et par les agents des contributions, et il y aura peu de difficultés ; s'il y en a, il y aura expertise, et l'on saura facilement si le moulin chôme ou ne chôme pas quatre mois dans l'année. »

Les papeteries mécaniques ont donné lieu à des observations fondées sur ce que la commission s'était d'abord servie du mot *cylindre* au lieu de *machine*. Ce débat est sans impor-

.tance, puisque le mot *machine* a été maintenu. Mais on a demandé pourquoi les papeteries mécaniques mues par eau ne jouissaient pas de la réduction du droit, en cas de chômage, comme les autres usines, notamment les papeteries à la cuve. M. *Ternaux* a répondu : « Les papeteries mécaniques sont toujours de très-grandes fabriques; il n'est pas possible de leur appliquer les dispositions du chômage; on a ensuite fait observer qu'il y avait des papeteries mécaniques très-peu importantes. On n'a pas tenu compte du chômage pour les forges ; on ne doit pas l'accorder aux fabriques de papier. C'est là, il faut l'avouer, une raison pitoyable; il fallait accorder cette réduction à toutes les usines ou à aucune, sans distinction entre les grandes et les petites.

Une observation a été faite relativement au droit imposé aux entrepreneurs de spectacles, et fixé au quart d'une représentation complète. M. *Delespaul* a demandé que le mot *complète* fût remplacé par *réelle*, expliquant qu'il entendait par là qu'on ne prendrait pas pour base le nombre de spectateurs que la salle peut contenir, mais la recette moyenne pendant toute l'année. Cet amendement a été rejeté.

Enfin, M. *Benoist* a demandé comment on appliquerait les principes établis par les tableaux C et D, pour la fixation du droit proportionnel aux valeurs locatives des entreprises de chemins de fer.

M. le rapporteur a répondu : « La commission pense que le droit proportionnel sur les établissements de chemins de fer, ne doit porter que sur les chantiers, ateliers, magasins ou autres locaux d'exploitation, et sur les gares situées aux deux extrémités de chaque chemin. Quant à la voie de fer elle-même, y compris non-seulement les rails, mais les stations intermédiaires, il ne doit pas être question de leur faire supporter le droit proportionnel. »

Les motifs de cette exception n'ont pas été indiqués. Il fallait, ou exempter les chemins de fer tout à fait, ou les soumettre à l'application des droits proportionnels sur tout ce qui sert à l'exploitation, sauf à réduire la quotité. Les dispositions indiquées par M. le rapporteur, et consacrées par la loi, sont tout à fait arbitraires.

Par analogie, et sur la réclamation de M. *Schneider*, M. le rapporteur a reconnu que les tuyaux servant à communiquer le gaz pour l'éclairage, de l'usine où il se produit aux établissements qui le consomment, ne devaient pas, non plus que les rails des chemins de fer, être compris parmi les objets qui serviront à fixer la valeur locative des usines à gaz.

Nous n'avons pas reproduit toutes les autres observations et réclamations auxquelles a donné lieu le tarif, parce qu'elles se sont terminées par une rédaction plus précise, ou par un changement dans la classification; et qu'en définitive, le tarif est là, *ultima ratio* de la législation des patentes.

DEUXIÈME PARTIE.

INSTRUCTIONS PRATIQUES

pour l'exécution de la loi sur les patentes et les réclamations des contribuables.

Nous avons donné, immédiatement après le texte de la loi des patentes, les circulaires du ministre des finances, des 14 août et 25 octobre 1844, ayant pour but de tracer aux agents de l'administration la conduite qu'ils ont à tenir dans l'exécution de cette loi. Nous avons ensuite, dans le cours du Commentaire, fait part de quelques observations suscitées par certaines parties de cette instruction ; nous n'avons donc à nous préoccuper maintenant que des conseils à donner aux administrés et aux autorités municipales qui doivent protéger ces derniers.

Cette partie n'est pas la moins difficile de notre travail. Nous sommes en présence d'une législation fort incohérente, car elle remonte au temps de la république et emprunte des dispositions aux différentes époques du consulat, de l'empire, de la restauration et enfin de la loi nouvelle. Ce sont notamment les lois du 7 brumaire an 7, des 22 pluviôse et 16 thermidor an 8, du 22 floréal an 10, des 11 mars 1817, 15 mai 1818, 26 mars 1831, 21 avril 1832 et enfin celle des 25 avril-7 mai 1844. Nous en rappellerons les textes à mesure que nous aurons besoin de les invoquer.

Notre travail se divisera en 3 paragraphes. Le premier relatif aux mesures qui précèdent la perception de la contribution ; le second concernant les moyens de perception et les règles à observer dans leur emploi ; le troisième, les moyens de défense et de réclamation des contribuables.

§ 1.

MESURES ANTÉRIEURES A LA PERCEPTION DE L'IMPOT.

Avant de réclamer l'impôt aux contribuables, il faut en préparer l'assiette; c'est ce qu'on appelle établir la matrice de la contribution.

Nous avons vu (art. 20) que c'est aux contrôleurs des contributions que la formation de cet état est confiée, et, pour le dresser, le contrôleur est obligé de faire le recensement des patentables. Le maire doit être prévenu de l'époque de l'opération afin qu'il puisse assister le contrôleur, ou se faire représenter par un délégué.

Plusieurs députés avaient demandé que la disposition fût impérative pour le maire et que le mot *pourra* fût remplacé par le mot *devra*. Mais M. le ministre a fait observer : que dans notre système municipal actuel, un maire, pour conserver ses fonctions, a besoin de la confiance de ses concitoyens. Quand la loi lui accorde une faculté dans l'intérêt des contribuables, ce n'est pas seulement un devoir, c'est son intérêt qui le conduit à en user. Ainsi vous devez penser, a-t-il ajouté, qu'avec le mot *pourra* les maires seront suffisamment avertis d'assister les contrôleurs dans leurs opérations.

Une autre explication a eu lieu relativement à l'inviolabilité du domicile du patentable, il est important de la reproduire.

Il me semble, a dit M. *de Fontette*, que la chambre n'a voulu innover en rien aux principes consacrés par diverses dispositions de nos lois, d'après lesquelles, si un citoyen refusait l'entrée de son domicile à un agent du trésor, cet agent serait obligé de recourir à l'intervention, soit du maire ou de l'adjoint, soit du commissaire de police, soit du juge de paix. Encore une fois, tout cela est bien entendu par tout le monde; mais j'ai pensé qu'il était bon de le bien constater, afin que, dans l'exécution de la loi, il ne s'élevât aucune espèce de conflit et de difficulté.

M. le ministre des finances a répondu : « L'observation de l'honorable M. *de Fontette* est parfaitement juste, et l'interprétation qu'il donne est parfaitement fondée. »

Ainsi il est reconnu que la loi nouvelle n'a enlevé aux contribuables aucune des garanties que leur assuraient les précédentes, quant à l'inviolabilité de leur domicile.

Si le maire n'assiste pas le contrôleur, il ne manquera pas du moins de se faire représenter convenablement. M. *Rivière de Larque* avait demandé que le maire ne pût choisir ses délégués que parmi les membres du conseil municipal, et M. *Odilon-Barrot* avait soutenu la proposition par d'excellentes raisons.

M. le ministre des finances, M. le rapporteur de la commission et M. *Dufaure,* ont tour à tour combattu cet amendement. Il y a dans les communes des répartiteurs qui ne sont pas membres du conseil municipal et qui seraient plus aptes que d'autres à assister les contrôleurs. Il ne faut pas priver le maire du droit de les désigner, si d'ailleurs ils ont sa confiance ; il faut s'en rapporter au maire et lui permettre de choisir les délégués qui lui paraîtront les plus propres à défendre les intérêts de ses administrés. Ces raisons ont fait rejeter l'amendement de M. *Rivière de Larque.*

Que ce soit, au surplus, le maire ou son délégué qui accompagne les agents du trésor, nous recommandons aux contribuables de les accueillir convenablement lorsqu'ils se présentent pour remplir leurs fonctions. C'est d'ailleurs le moment favorable pour faire valoir les raisons qu'ils peuvent avoir pour être portés dans telle classe plutôt que dans telle autre, pour que la valeur locative des lieux sujets à l'impôt proportionnel soit restreinte à sa juste valeur. Le contrôleur n'est pas encore lié par son opinion, son amour-propre n'est pas intéressé à la soutenir, et il est beaucoup plus facile de lui démontrer son bon droit que d'obtenir plus tard une rectification.

Cependant, il est possible que les imposés ne se soient pas

trouvés à leur domicile, lors du recensement, ou qu'ils ne fussent pas alors éclairés sur les réclamations qu'ils auraient à faire valoir. Il est possible, également, que leurs observations n'aient été accueillies, ni par le contrôleur, ni par le maire ou son délégué. Il ne fallait pas, dans ces deux cas, priver le contribuable d'exposer ses demandes, et c'est dans ce but que le dépôt de la matrice au secrétariat de la mairie pendant dix jours a été ordonné, afin que chacun pût prendre connaissance du travail qui aurait été fait, et remettre au maire ses observations.

Cet examen peut avoir pour objet, non-seulement sa cote personnelle, mais encore celle des autres. On peut avoir intérêt à savoir si l'un ou l'autre est plus ou moins imposé, et puiser dans ces renseignements des termes de comparaison qu'on pourra invoquer plus tard.

Non-seulement, on peut avoir intérêt à demander sa décharge ou une réduction, on peut en outre avoir à réclamer contre l'omission ou l'insuffisance de sa cote, dans l'intérêt de son cens électoral; on peut, sous le même point de vue, avoir à critiquer l'impôt des autres contribuables.

Quelle que soit la nature des observations qu'on ait à faire, c'est au maire qu'elles doivent être adressées. Elles pourront être faites sous forme de lettres, elles n'ont pas besoin d'être mises sur papier timbré. Ce ne sont pas encore, à proprement parler, des réclamations, ce sont des observations que le maire doit recueillir et analyser pour les consigner ensuite sur la matrice.

Après ce délai de dix jours, un autre délai pareil est laissé au maire pour examiner les réclamations de ses administrés, et consigner ses observations sur la matrice; ce second délai expiré, il enverra la matrice au sous-préfet, qui la transmettra au directeur des contributions.

Celui-ci établira les taxes conformément à la loi pour tous les articles non contestés. A l'égard de ceux contestés, ils seront soumis au préfet avec les observations des maires et sous-préfet et l'avis motivé du directeur; si le préfet approuve les décisions du directeur, il arrêtera les rôles, et les rendra exécutoires, s'il ne les approuve pas, il en sera référé au ministre des finances.

Ce rouage administratif n'a pas été établi sans difficulté. Dans le projet de loi du gouvernement, ces opérations avaient été extrêmement simplifiées. Au sortir des mains du maire, la matrice n'était pas envoyée au sous-préfet, ni même au préfet, mais directement au directeur dés contributions. Ce n'était qu'après que ce dernier avait confectionné le rôle, que le préfet intervenait uniquement pour l'arrêter et le rendre exécutoire.

En 1834 et 1835, le gouvernement avait adopté un système tout différent ; le projet de loi présenté alors à la chambre, non-seulement n'excluait pas le préfet de toute participation à la rédaction de la matrice, mais il lui attribuait un pouvoir prépondérant, et le constituait juge souverain de toutes les dissidences entre le maire et le contrôleur.

Depuis 1835, jusqu'à 1841, rien n'annonce que l'administration eût changé de système ; mais le 25 février 1841, une circulaire émanée du ministre des finances rappela que c'était aux directeurs des contributions, et non aux préfets, qu'il appartenait d'apprécier les observations présentées par les maires.

Nous ne reproduirons pas les débats auxquels cette circulaire donna lieu dans le sein de la chambre, puisque la loi nouvelle a statué sur ce conflit, et a décidé que les directeurs statueraient d'abord sur les prétentions contradictoires des maires et contrôleurs, et que le préfet aurait le droit de refuser son approbation aux décisions du directeur, à charge par lui dans ce cas d'en référer au ministre des finances; tandis qu'à l'égard des décisions qu'il approuverait, il rendrait les rôles exécutoires de suite.

Le but de cette marche est de conserver plus d'unité dans les décisions qui, sans cela, pourraient varier d'un département à l'autre, et amener des différences dans l'assiette de l'impôt d'établissements semblables se faisant concurrence.

Sur la disposition spéciale à la ville de Paris, nous n'avons rien à dire, si ce n'est qu'elle est due à M. *Ganneron*, qui en a fait la proposition, et à M. *Odilon-Barrot*, qui a repoussé les objections de M. le ministre de l'intérieur.

Les rôles étant devenus exécutoires, nous avons à faire connaître les moyens de perception autorisés par les lois pour les contributions directes, auxquelles renvoie la loi nouvelle; nous indiquerons ensuite aux contribuables leurs moyens de défense et de réclamation.

§ 1.

MOYENS DE PERCEPTION ET RÈGLES A OBSERVER DANS LEUR EMPLOI.

Le 21 décembre 1839, un règlement a été arrêté par M. le ministre des finances, pour tracer aux préfets, sous-préfets, maires, receveurs particuliers et percepteurs, les mesures qu'ils avaient à prendre pour assurer le recouvrement des contributions directes. C'est ce règlement qui est encore en vigueur aujourd'hui; nous ne saurions mieux faire que de le suivre pas à pas, en faisant connaître par des annotations les modifications que la nouvelle loi devra lui faire subir.

Nous laisserons subsister les titres de chacune des parties de ce règlement, pour faciliter les recherches.

RÈGLEMENT
sur les poursuites en matière de contributions directes.

OBLIGATIONS DES REDEVABLES ET DROITS DES PERCEPTEURS ANTÉRIEUREMENT AUX POURSUITES.

ART. 1er. Les contributions directes sont payables (1) en douze

---

(1) Sauf le cas prévu par le § 2 de l'art. 24 de la loi nouvelle.

portions égales, dont chacune est exigible le 1er de chaque mois pour le mois précédent.

2. La totalité du montant de la patente des marchands forains, colporteurs et marchands vendant en ambulance, échoppe ou étalage, est payable au moment de la délivrance de ladite patente(1), conformément aux dispositions des articles 69 et 70 de la loi du 25 mars 1817.

3. En cas de déménagement *hors du ressort de la perception* (2), comme en cas de décès, de faillite, et de vente volontaire ou forcée, la contribution personnelle et mobilière est exigible pour la totalité de l'année courante.

3 *bis.* La taxe des patentes ne peut, en cas de décès, être exigée que pour les termes échus et le mois courant. Dans toutes les autres circonstances, déterminées par l'art. 3, la taxe des patentes est exigible pour l'année entière.

4. Les héritiers ou légataires peuvent être poursuivis solidairement, et un pour tous, à raison des contributions de ceux dont ils ont hérité ou auxquels ils ont succédé, tant que la mutation n'a pas été opérée sur le rôle(3).

----

(1) Il n'y a plus, aux termes de l'art. 24, que les marchands forains, les colporteurs, les directeurs de troupes ambulantes, les entrepreneurs d'amusements et jeux publics non sédentaires, et tous ceux dont la profession n'est pas exercée à demeure fixe, qui soient tenus de payer la totalité de la patente au moment de la délivrance. Les marchands vendant en ambulance, échoppes et étalage, qui ont leur domicile dans la commune, ne doivent payer que par douzième.

(2) Aux termes de l'art. 23, en cas de faillite comme en cas de décès, l'impôt n'est dû que pour le passé et le mois courant, mais, s'il y a fermeture des magasins. L'art. 25 ne déclare l'impôt de la patente exigible en totalité, que dans le cas de déménagement, hors du ressort de la perception, et celui de vente volontaire ou forcée.

(3) La prétention du trésor à la solidarité des héritiers n'est nullement justifiée, aucune loi ne l'a prononcée, et la solidarité ne se présume pas (art. 870 et 1202 C. civ.). Tant que la succession n'est pas partagée, le recouvrement de l'impôt de la patente peut être poursuivi pour son intégralité contre l'administrateur de la succession, et s'exercer sur les valeurs de cette même succession par privilège pour les objets qui en sont susceptibles. .

5. Les receveurs des communes, hospices et autres établissements publics, sont tenus au payement des contributions dues par ces communes ou établissements. Les quittances des percepteurs leur seront allouées en compte.

6. Les contribuables en réclamation n'en sont pas moins tenus de payer les termes qui viendront à échoir pendant les trois mois qui suivront leur réclamation.

7. Nul fonctionnaire n'a le droit de surseoir au recouvrement des contributions directes, ni aux poursuites qui ont ce recouvrement pour objet : seulement, lorsqu'il est constaté que des communes ont éprouvé des pertes résultant d'événements désastreux qui ont mis les contribuables dans l'impossiblité de payer, le préfet en informe le receveur général, afin de prévenir des poursuites pour des contributions qui devraient définitivement être couvertes par le fonds de non-valeurs.

8. Les percepteurs ont seuls titre pour effectuer et poursuivre le recouvrement des contributions directes appartenant au trésor royal, et celui de toutes contributions locales et spéciales, établies dans les formes voulues par la loi.

9. Les percepteurs ne peuvent exiger aucune somme des contribuables, s'ils ne sont porteurs d'un rôle confectionné par le directeur des contributions directes, rendu exécutoire par le préfet, et publié dans chaque commune par le maire.

10. Immédiatement après la publication des rôles, le percepteur est tenu de faire parvenir aux contribuables les avertissements, dressés par le directeur des contributions. — Le prix de ces avertissements étant compris dans les rôles et payable comme les contributions, le percepteur ne peut rien demander de plus aux contribuables, soit pour les avertissements, soit pour les frais de leur remise.

11. Le privilége attribué au trésor royal et aux percepteurs, agissant en son nom pour le recouvrement des contributions

directes, s'exerce avant tout autre. — Il est réglé ainsi qu'il suit : — 1° Pour l'année échue et l'année courante de la contribution foncière, tant en principal qu'en centimes additionnels et supplémentaires, sur les récoltes, fruits, loyers et revenus des biens immeubles, sujets à la contribution ; — 2° Pour l'année échue et l'année courante des autres contributions directes générales et spéciales, sur tous les meubles et effets mobiliers appartenant aux redevables, en quelque lieu qu'ils se trouvent. — L'acquéreur d'une propriété doit, en conséquence du privilége ci-dessus, s'assurer que les contributions imposées sur cette propriété ont été payées jusqu'au jour de la vente. — Cette obligation existe également pour tous les adjudicataires d'immeubles vendus par autorité de justice.

12. Le privilége attribué au trésor pour le recouvrement des contributions directes ne préjudicie point aux droits qu'il peut exercer sur les biens des redevables comme tout autre créancier.

12 *bis*. Lorsqu'il y a lieu à l'expropriation forcée des immeubles des redevables, elle n'est poursuivie qu'avec l'autorisation du ministre des finances, sur la proposition du receveur particulier et l'avis du préfet.

13. Tous fermiers et locataires sont tenus de payer à l'acquit des propriétaires ou usufruitiers la contribution des biens qu'ils tiennent à ferme ou à loyer, et peuvent être poursuivis comme les propriétaires eux-mêmes. — Les propriétaires ou usufruitiers sont tenus de recevoir les quittances du montant de ces contributions sur le prix des fermages et loyers, à moins que les fermiers ou locataires n'en soient chargés par leur bail.

13 *bis*. Les propriétaires peuvent, dans les limites et sous les conditions fixées par l'administration, déléguer le payement de l'impôt foncier à un certain nombre de fermiers ; toutefois ils n'en restent pas moins soumis solidairement aux pour-

suites du percepteur, lorsque l'intérêt du recouvrement l'exige.

14. Tous receveurs, agents, économes, notaires, commissaires-priseurs et autres dépositaires et débiteurs de deniers provenant du chef des redevables et affectés aux privilèges du trésor, sont tenus, sur la demande qui leur en est faite par le percepteur, de payer à l'acquit des contribuables, sur le montant et jusqu'à concurrence des fonds qu'ils doivent ou qui sont entre leurs mains, les contributions dues par ces derniers. — Les commissaires-priseurs, séquestres et autres dépositaires sont même autorisés à payer d'office les contributions dues, avant de procéder à la délivrance des deniers. Les quittances du percepteur (pour les sommes légitimement payées) leur sont allouées en compte.

15. Les propriétaires et principaux locataires des maisons doivent, un mois avant l'époque du déménagement de leurs locataires ou sous-locataires, se faire représenter, par ces derniers, les quittances de leurs contributions personnelle et mobilière(1), comprenant toutes les sommes exigibles à l'époque du déménagement, et, à défaut de cette représentation, en donner immédiatement avis au percepteur, et retirer une reconnaissance par écrit de cet avertissement. — Si le percepteur refuse de recevoir la déclaration faite à l'époque prescrite et d'en délivrer une reconnaissance, elle peut lui être notifiée par le ministère d'huissier; et, dans ce cas, les frais de l'acte sont à la charge du percepteur.

16. Dans le cas de déménagement furtif(2), les propriétaires

---

(1) Les propriétaires et principaux locataires ne sont plus tenus de se faire représenter les quittances de leurs locataires, en ce qui concerne l'impôt de la patente; ils sont tenus seulement de prévenir le percepteur du déménagement de leur locataire un mois avant le jour auquel il doit avoir lieu (Art. 25).

(2) Les propriétaires et principaux locataires ne sont plus tenus de faire constater le déménagement furtif, mais seulement d'en donner avis dans les 3 jours au percepteur (art. 25). Ils ne sont plus responsables que du dernier douzième échu et du douzième courant.

et, à leur place, les principaux locataires, sont responsables des termes échus de la contribution de leurs locataires, s'ils n'ont pas fait constater, dans les trois jours, ce déménagement, par le maire, le juge de paix ou le commissaire de police. — La remise au percepteur d'une expédition du procès-verbal de déménagement furtif, dressé dans le délai voulu, dispense le propriétaire ou principal locataire de toute garantie, si la remise est prouvée par une reconnaissance du percepteur. – Le percepteur exerce son privilége sur les meubles enlevés, partout où ils se trouvent, conformément à l'article 11 ci-dessus.

16 *bis.* Dans tous les cas, et nonobstant toute déclaration de leur part, les propriétaires ou principaux locataires demeurent responsables de la contribution des personnes logées par eux en garni (1).

17. Les droits et priviléges attribués au trésor royal pour le recouvrement des contributions directes s'étendent au recouvrement des frais dûment taxés.

18. Les percepteurs qui ont laissé passer trois années, à compter du jour où les rôles leur ont été remis, sans faire de poursuites contre un contribuable, ou qui, après avoir commencé des poursuites, les ont abandonnées pendant trois ans, sont déchus de leurs droits contre les redevables. Passé ce délai, toutes poursuites leur sont interdites.

19. Les réclamations concernant la perception des contributions directes et les poursuites auxquelles cette perception donne lieu, sont du ressort de l'autorité administrative.

POURSUITES.

20. Le contribuable qui n'a pas acquitté, au 1er du mois, le douzième échu pour le mois précédent, est dans le cas d'être poursuivi.

---

(1) La disposition de l'art. 16 bis n'est pas applicable à l'impôt de la patente.

21. Le percepteur ne peut commencer les poursuites avec frais qu'après avoir prévenu le contribuable retardataire par une sommation *gratis*. — Cette sommation gratis est donnée au domicile du redevable s'il réside dans la commune : s'il n'y réside pas, elle est remise à son principal fermier, locataire ou régisseur, et, à défaut, à la personne qui le représente. Elle doit être remise huit jours avant le premier acte de poursuite qui donne lieu à des frais ; mais le percepteur n'est pas tenu de la renouveler pour la contribution d'un même contribuable dans le courant de l'exercice.

21 *bis*. La date de la remise de la sommation gratis doit toujours être constatée sur le rôle.

22. Les poursuites comprennent, sans division d'exercices, toutes les sommes dues par le même contribuable.

23. Aucune poursuite donnant lieu à des frais ne peut être exercée dans une commune qu'en vertu d'une contrainte décernée par le receveur particulier de l'arrondissement, visée par le sous-préfet, et qui désigne nominativement les contribuables à poursuivre. — Cette contrainte est dressée en double expédition, dont l'une reste entre les mains du percepteur, et l'autre est remise par lui à l'agent de poursuites.

24. Les percepteurs demandent aux receveurs d'arrondissement qu'il soit décerné des contraintes contre les contribuables en retard, toutes les fois qu'ils le jugent nécessaires pour l'exactitude du recouvrement. Néanmoins, les receveurs d'arrondissement peuvent d'office décerner ces contraintes, en se conformant à l'ordre et aux règles établies pour les degrés de poursuite.

25. La contrainte délivrée par le receveur particulier *n'est point sujette au timbre* ; elle est décernée collectivement pour celles des communes de l'arrondissement de perception où le recouvrement est arriéré ; elle ne peut être spéciale que dans le cas où une commune seule est en retard de payement.

Dans aucun cas, l'effet de la contrainte décernée par le receveur particulier ne peut, à moins qu'elle ne soit renouvelée, se prolonger, pour chaque degré de poursuite, au delà de dix jours, employés, soit consécutivement, soit alternativement, à des poursuites contre une même commune ; et les agents de poursuite doivent cesser leurs opérations plutôt, si, d'après la situation des rentrées, le percepteur leur en donne l'ordre.

25 *bis*. Le délai de dix jours fixé par l'article ci-dessus ne partira, pour chacune des communes de la même circonscription de perception, que du jour de la publication qui doit être faite de la contrainte, comme l'indique l'art. 27 ci-après, laquelle publication aura lieu dans les trois jours de la date de la contrainte, ou, au plus, dans un délai calculé à raison d'un jour d'intervalle pour chacune des communes comprises dans ladite contrainte.

26. Les percepteurs sont tenus de se rendre, à des jours déterminés, dans les communes de leur perception autres que celles où ils sont obligés de résider. Les poursuites contre les contribuables en retard coïncideront, autant que possible, avec les époques où le percepteur peut, par sa présence, faciliter aux redevables le moyen de se libérer.

27. A l'arrivée d'un agent de poursuite dans une commune, le maire ou l'adjoint, et, à défaut, l'un des membres du conseil municipal, devra faire publier la contrainte décernée par le receveur particulier ; le jour de la publication est constatée par la date du visa du maire apposé sur ladite contrainte.

AGENTS DES POURSUITES.

28. Les poursuites en matière de contributions directes sont exercées par des porteurs de contraintes et par des garnisaires ; les porteurs de contraintes agissent dans tous les degrés de poursuites ; les garnisaires ne sont employés que pour la garnison collective ou individuelle.

29. Le nombre des porteurs de contrainte est réglé, pour chaque arrondissement, par le préfet, sur la proposition du receveur général.

30. Les porteurs de contraintes et garnisaires à employer dans un arrondissement sont désignés par le sous-préfet, sur la proposition du receveur particulier. — Les porteurs de contraintes sont commissionnés par le préfet. Ils prêtent serment devant le sous-préfet.

31. Aucun des individus attachés au service des autorités administratives et à celui des receveurs et des percepteurs, ne peut remplir les fonctions de porteur de contraintes ni de garnisaire.

32. Les porteurs de contraintes et les garnisaires sont à la disposition du receveur particulier des finances dans chaque arrondissement, et ne peuvent être employés par les percepteurs que d'après son ordre. Ils doivent résider dans la commune chef-lieu de l'arrondissement, sauf les exceptions autorisées par le préfet.

33. Les porteurs de contraintes, dans l'exercice de leurs fonctions, doivent être munis de leur commission. Ils la mentionnent dans leurs actes, et la représentent quand ils en sont requis.

34. Les porteurs de contraintes remplissent les fonctions d'huissier pour les contributions directes, et, en cette qualité, ils font les commandements, saisies et ventes, à moins qu'il n'existe des commissaires-priseurs dans le lieu où ils exercent leurs poursuites : dans ce cas, les commissaires-priseurs sont chargés de préférence des ventes, conformément aux dispositions de l'art. 31 de la loi des finances du 23 juillet 1820, et ils sont tenus de se soumettre, pour le payement de leurs frais, aux fixations déterminées par le préfet. — Les porteurs de contraintes ne sont pas assujettis au droit de patente.

35. Dans les arrondissements où il ne se trouve pas de porteur de contraintes ayant les qualités et les connaissances nécessaires, les sous-préfets autorisent les receveurs des finances à se servir des huissiers près les tribunaux pour l'exécution des actes réservés aux porteurs de contraintes, en se conformant, pour les frais, aux fixations arrêtées par le préfet.

35 *bis*. Les huissiers doivent, dans ce cas, être commissionnés porteurs de contraintes.

36. Les porteurs de contraintes et les garnisaires ne jouissent d'aucun traitement fixe, et ne sont payés qu'autant qu'ils sont employés. — Il ne leur est rien dû pour frais d'aller et de retour.

37. Les porteurs de contraintes et les garnisaires, en arrivant dans une commune, font constater par le maire ou l'adjoint, et, à défaut, par l'un des membres du conseil municipal, sur la contrainte ou l'ordre dont ils sont munis, le jour et l'heure de leur arrivée, et de même, en se retirant, le jour et l'heure de leur départ.

38. Les porteurs de contraintes et les garnisaires ne peuvent, dans aucun cas, ni sous aucun prétexte, recevoir aucune somme des percepteurs ni des contribuables, pour leur salaire, ou pour les contributions, à peine de destitution. — Les percepteurs qui leur remettraient des fonds en resteraient responsables ; et les contribuables qui payeraient entre leurs mains s'exposeraient à payer deux fois.

39. Les porteurs de contraintes sont assujettis à tenir un répertoire, coté et paraphé par le juge de paix du chef-lieu d'arrondissement, et visé gratuitement pour timbre par le receveur de l'enregistrement ; ils y portent tous les actes de leur ministère sujets au timbre et à l'enregistrement, soit gratis, soit payés, sous peine d'une amende de 5 francs par chaque omission. — Indépendamment des détails prescrits par l'art. 50 de la loi du 22 frimaire an VII (12 décembre 1798),

ce répertoire doit contenir, dans une colonne distincte, le coût de chaque acte, d'après les fixations arrêtées par le préfet. — Dans les dix premiers jours de chaque trimestre, ce répertoire est présenté au receveur de l'enregistrement pour être revêtu de son *visa*. Le porteur de contraintes qui diffère cette présentation est puni d'une amende de 10 francs pour chaque dizaine de retard. — Le porteur de contraintes est tenu, en outre, de communiquer son répertoire, à toute réquisition, aux préposés de l'enregistrement qui se présentent chez lui pour le vérifier, à peine d'une amende de 50 francs en cas de refus. — Il le communique au percepteur, au maire, au sous-préfet, au receveur de l'arrondissement et aux inspecteurs des finances en tournée, toutes les fois qu'il en est requis.

40. En cas d'injures ou de rébellion contre les agents de pouruites, ils se retirent auprès du maire pour en dresser procès-verbal. Ce procès-verbal, visé par le maire, est enregistré et envoyé au sous-préfet, lequel dénonce le fait aux tribunaux, s'il y a lieu.

MOYENS ET DEGRÉS DE POURSUITES.

41. Les degrés de poursuites sont établis ainsi qu'il suit :

SAVOIR :

1er DEGRÉ. *Garnison collective ou individuelle.*
2e DEGRÉ. *Commandement.*
3e DEGRÉ. *Saisie.*
4e DEGRÉ. *Vente.*

PREMIER DEGRÉ DE POURSUITE. — GARNISON COLLECTIVE OU INDIVIDUELLE.

42. Les poursuites par voie de garnison collective ou individuelle sont employées contre les contribuables retardataires qui ne se sont pas libérés huit jours après la sommation *gratis,* mentionnée en l'art. 21 du présent.

43. Elles peuvent être employées facultativement par le percepteur s'il n'a pas d'ordre contraire du receveur parti-

culier; c'est-à-dire, que le percepteur peut d'abord employer
contre un contribuable en retard la garnison collective, et
ensuite la garnison individuelle, ou bien commencer par cette
dernière, sans qu'il puisse revenir à la garnison collective
contre un même contribuable et pour la même dette. Toutefois, la garnison individuelle ne pourra être employée
comme premier degré de poursuites que lorsque le retard qui
y donne lieu excèdera la somme de........ (1).

43 *bis*. Lorsqu'un contribuable qui a été soumis à la garnison
devient débiteur de nouveaux douzièmes sans avoir, depuis la
date du bulletin de garnison, payé intégralement la somme
qui était alors exigible, le même acte de poursuite ne doit
pas être répété pour ces nouveaux douzièmes : il doit être
procédé, pour la totalité de la dette, par les degrés de poursuites subséquents, à moins qu'il ne s'agisse de douzièmes
appartenant à l'exercice suivant; il en est de même pour les
poursuites des autres degrés qu'il y aurait à excercer ultérieurement (1).

Garnison collective.

44. La garnison est collective lorsqu'elle a lieu, à la fois,
contre plusieurs redevables, par un seul garnisaire. — Elle
peut être exercée contre tous les contribuables retardataires,
sans distinction du montant des cotes.

45. La poursuite par garnison collective peut être employée huit jours après la délivrance de la sommation gratis,
ainsi qu'il a déjà été dit à l'art. 42.

46. Cette poursuite est notifiée à chacun des redevables,
par un acte ou bulletin imprimé et rédigé dans la forme du
modèle n° 3, d'après un état nominatif dressé par le percepteur, remis à l'agent de poursuites, et au pied duquel la
contrainte est décernée.

47. Les agents de poursuites remettent entre les mains des

_____

(1) Fixation à déterminer par les préfets, selon les localités, et à combiner
avec celle qui est indiquée à l'art. 50.

maires, qui en donnent récépissé sur la contrainte, les bulletins qui n'auraient pas pu être signifiés, par suite de l'absence du contribuable et de toute autre personne apte à les recevoir.

48. Le salaire de l'agent de poursuite, employé à la garnison collective, consiste en une somme fixe, par bulletin de garnison. — Le prix de chaque bulletin est fixé conformément au tarif ci-annexé (1).

(1) Le tarif dont il est ici question est un tarif facultatif pour les préfets, en ce sens qu'il leur laisse, sauf l'approbation du ministère, la faculté de déterminer, suivant leur localité, les émoluments des porteurs de contraintes, en se renfermant dans une limite de 15 à 25 centimes pour les bulletins remis dans les communes rurales, et de 10 à 20 centimes pour ceux remis dans des villes assez peuplées pour exiger la permanence d'un porteur de contraintes. Il est dit, toutefois, que la taxe sera uniformément fixée à 10 centimes pour toute cote de 1 fr. et au-dessous.

Cet article indique un changement important dans le payement des frais occasionnés par la garnison collective. Aux termes de l'arrêté des consuls du 16 thermidor an 8, les frais de séjour des porteurs de contraintes devaient être répartis sur tous les redevables de la commune, en proportion de leurs débets (art. 44). Nous reconnaissons tout ce que ce mode de taxation offrait d'inconvénients, et combien il prêtait à l'arbitraire ; mais c'est ainsi, néanmoins, qu'on avait toujours réglé ces frais jusqu'à la mise à exécution du règlement que nous rapportons. Or, ce dernier règlement, œuvre du ministre seulement, a-t-il pu modifier une perception de frais fixée par un règlement d'administration publique émané du pouvoir exécutif de l'époque, le conseil d'État entendu. Il nous semble qu'une ordonnance seule, rendue également sur l'avis du conseil d'État, pourrait changer l'arrêté des consuls. — La position infime de ceux qui auraient été dans le cas de protester contre cette inconstitutionnalité, est sans doute la seule cause qui ait empêché les réclamations de s'élever. — M. le ministre Passy, en envoyant ce règlement, ne s'est pas dissimulé la difficulté, mais il a prétendu que l'arrêté de l'an 8 se trouvait virtuellement rapporté par la loi du 15 mai 1818, art. 51, qui *autorise les préfets à faire des règlements sur les frais de contraintes, garnisaires, commandements et autres poursuites en matière de contribution directe, à la charge, néanmoins, que les règlements ne pourront être exécutés qu'après avoir reçu l'autorisation du gouvernement.* Mais cet article ne peut s'entendre ainsi, il ne fait que reproduire la disposition de l'art. 27 de l'arrêté de l'an 8, qui portait : *le prix des journées des porteurs de contraintes sera réglé chaque année par le préfet, sur l'avis du sous-préfet, il ne pourra excéder deux francs ni être au-dessous de un franc. L'arrêté du préfet sera imprimé et affiché.* L'art. 51 de la loi de 1818

Garnison individuelle.

49. La garnison est individuelle lorsqu'elle a eu lieu contre un seul redevable, par un garnisaire à domicile. — Elle ne doit être exercée que trois jours après la garnison collective. Cependant, si le percepteur commence ses poursuites contre un contribuable retardataire par la garnison individuelle (art. 43), cette dernière ne peut avoir lieu, comme la garnison collective, que huit jours après la sommation *gratis*.

50. La garnison ne peut être établie à domicile chez un contribuable, si ses contributions ne s'élèvent en totalité à. . . . . et si les termes dus ne montent au moins à. . . . . . . (1).

51. Le garnisaire ne peut rester plus de deux jours chez un redevable. Il délivre à celui chez lequel il s'établit, en vertu de l'état qui lui a été remis par le percepteur, un bulletin imprimé conforme au modèle n. 4. — Pendant la durée de la garnison individuelle, l'agent ne doit exercer aucun autre acte de poursuites.

52. Si le contribuable se libère le jour même où il reçoit le garnisaire, le percepteur ordonne à celui-ci de se retirer, et le contribuable ne doit que les frais d'une journée, avec vivres et logement ou la représentation.

53. Le prix de la journée de garnison à domicile est fixé conformément au tarif ci-annexé.

54. Les frais de garnison individuelle sont présentés par journée dans un état particulier, arrêté par le percepteur et transmis au receveur particulier, pour être arrêté par le sous-

---

n'augmente pas les attributions des préfets; elle les diminue, au contraire, en les obligeant à soumettre leurs arrêtés à l'approbation du ministre. Nous le répétons, le mode plus expéditif et plus simple que ce règlement de 1839 a mis en pratique, est réellement inconstitutionnel.

(1) Fixation à déterminer par MM. les préfets, qui pourront néanmoins, s'ils le jugent convenable, se dispenser de fixer un *minimum*; il suffit, pour permettre la garnison individuelle, que le montant de la contribution ne soit pas au-dessous de 40 francs.   (*Note du Règlement.*)

préfet, ainsi qu'il est indiqué ci-après, art. 102, chapitre de la justification des frais.

DEUXIÈME DEGRÉ DE POURSUITES. — COMMANDEMENT.

55. Le commandement n'a lieu que trois jours après l'exercice de la contrainte par garnison individuelle, ou trois jours après la garnison collective, si la garnison individuelle n'a pas eu lieu.

56. Aucun contribuable retardataire ne peut être poursuivi par voie de commandement qu'en vertu d'une contrainte qui le désigne nominativement. — Cette contrainte est décernée à la suite d'un état envoyé préalablement par le percepteur, ou dressé par le receveur particulier, d'après l'inspection des rôles et la situation des poursuites. — La contrainte comprend l'ordre de procéder à la saisie, si le contribuable ne se libère pas dans le délai de trois jours à compter de la signification du commandement.

57. Les commandements sont faits et délivrés par les porteurs de contraintes, sur des imprimés conformes au modèle.

58. Le prix du commandement est fixé uniformément, pour l'original et la copie certifiée (1), tous frais de timbre et de transport compris, et indépendamment du droit d'enregistrement, lorsqu'il y a lieu à ce droit, conformément au tarif ci-annexé. — L'original du commandement est collectif pour tous les contribuables poursuivis le même jour dans la même commune.

59. Lorsqu'un contribuable retardataire est domicilié hors du département dans lequel il est imposé, sans y être représenté par un fermier, locataire ou régisseur, il peut être pro-

---

(1) C'est sans doute une faute d'impression, et c'est *signifiée* qu'il faut lire.

Le coût des commandements est fixé au maximum, à 1 fr. 25 cent. pour le salaire du porteur de contraintes ; il peut être réduit au-dessous par l'arrêté du préfet.

cédé immédiatement contre lui par voie de commandement.
Pour l'exécution de cette poursuite, le receveur particulier
de l'arrondissement où le rôle a été mis en recouvrement
décerne, à la requête du percepteur, une contrainte qui,
après avoir été visée par le sous-préfet, est transmise par le
receveur général à son collègue du département où le contribuable a son domicile, afin qu'après l'avoir fait viser par le
préfet de ce département, il en fasse suivre l'exécution par un
porteur de contraintes et en fasse opérer le recouvrement par
le percepteur de la résidence du débiteur. Cette contrainte est
accompagnée d'un extrait du rôle comprenant les articles dus
par le contribuable.

60. Lorsque le contribuable est domicilié dans le département, mais hors de l'arrondissement de sous-préfecture où il
est imposé, la contrainte, visée par le sous-préfet, est envoyée
par le receveur général, avec l'extrait du rôle, au receveur
particulier de l'arrondissement où réside le contribuable.

61. Les contraintes et extraits des rôles mentionnés aux
deux articles précédents sont remis au percepteur de la résidence du contribuable, pour diriger les poursuites requises
et effectuer le recouvrement des contributions exigibles. —
Les frais relatifs à ces poursuites sont taxés par le sous-préfet,
avancés au porteur de contraintes par le receveur particulier
et remboursés par le percepteur de la résidence du contribuable. Ces frais entrent dans sa comptabilité, comme ceux
des poursuites qu'il exerce pour le recouvrement des sommes
imposées sur ses rôles.

62. Le contribuable domicilié, soit hors du département,
soit hors de l'arrondissement où il est imposé, et qui, s'étant
mis dans le cas d'être poursuivi de la manière indiquée aux
articles précédents, vient à se libérer, dans l'intervalle de
l'expédition de la contrainte à la signification du commandement, ou des autres poursuites dirigées contre lui, n'est pas
pour cela exempt du payement des frais encourus.

TROISIÈME DEGRÉ DE POURSUITES. — SAISIE.

63. La saisie des meubles et effets, ou celle des fruits pendants par racines, est toujours précédée d'un commandement : elle ne peut avoir lieu que trois jours après la signification dudit commandement : elle est effectuée en exécution de la même contrainte.

64. Il ne peut être procédé à la saisie des fruits pendants par racines ou à la saisie brandon que dans les six semaines qui précèdent l'époque ordinaire de la maturité des fruits.

65. La saisie est faite pour tous les termes échus des contributions, et pour ceux qui seront devenus exigibles au jour de la vente, quoique le commandement ait exprimé une somme moindre.

66. Les saisies s'exécutent d'après les formes prescrites pour les saisies judiciaires, titre VIII, livre V, du Code de procédure civile.

67. La saisie est exécutée nonobstant toute opposition, sauf à l'opposant à se pourvoir par-devant le sous-préfet contre le requérant.

68. Si, au moment où le porteur de contraintes vient à effectuer une saisie dans l'étendue de la commune du chef-lieu de perception, le contribuable retardataire demande à se libérer chez le percepteur, l'agent de poursuite doit, sur la déclaration écrite du contribuable, suspendre la saisie, et sur le vu de la quittance du percepteur, il inscrit dans son procès-verbal le motif qui lui a fait suspendre son opération. Dans ce cas, le contribuable doit seulement le prix du timbre du procès-verbal, et, pour les vacations du porteur de contraintes, le prix d'une journée de garnison individuelle, ainsi que .e salaire des assistants, d'après le tarif arrêté par le préfet. — Si la saisie a lieu dans une commune autre que celle du chef-lieu de perception, et que le contribuable demande également à se libérer chez le percepteur, le porteur de contraintes s'établit en qualité de garnisaire au domicile du retarda-

taire pendant tout le temps que celui-ci emploie à effectuer
sa libération, et, sur le vu de la quittance du percepteur , il
inscrit dans son procès-verbal, comme il a été précédemment
indiqué, le motif qui lui a fait discontinuer la saisie. Dans ce
second cas, le contribuable ne doit au porteur de contraintes,
savoir : — S'il justifie de la quittance du percepteur dans la
première journée de l'opération, que le prix d'une journée
de garnison individuelle et le salaire des assistants ; — Et, si
cette justification ne peut être donnée que dans la journée
du lendemain, que deux journées de garnison individuelle. —
Dans les cas précités, le porteur de contraintes est tenu de
faire mention, à la suite du procès-verbal de suspension de
saisie, de la date de la quittance du percepteur et de la somme
pour laquelle elle a été délivrée. — A la fin de la seconde
journée, si le contribuable retardataire n'a pas opéré sa libération ou n'en justifie pas, le porteur de contraintes exécute
la saisie ; alors le contribuable doit, indépendamment des
frais de la saisie, deux journées de garnison individuelle.

69. En cas de revendication des meubles et effets saisis,
l'opposition n'est portée devant les tribunaux qu'après avoir
été, conformément aux lois des 5 novembre 1790 et 12 novembre 1808, déférée à l'autorité administrative. En conséquence, le percepteur se pourvoit auprès du sous-préfet par
l'intermédiaire du receveur particulier, pour qu'il y soit
statué par le préfet, sous le plus bref délai.

70. Le porteur de contraintes qui, se présentant pour saisir, trouve une saisie déjà faite, se borne à procéder au réco-
lement des meubles et effets saisis ; et, s'il y a lieu, provoque
la vente, ainsi qu'il est prescrit par les articles 611 et 612 du
Code de procédure civile.

71. Lorsque le porteur de contraintes ne peut exécuter sa
commission parce que les portes sont fermées ou que l'ouverture en est refusée, il a le droit d'établir un gardien aux
portes pour empêcher le divertissement. — Il se retire sur-le-

champ devant le maire ou l'adjoint, lequel autorise l'ouverture des portes, y assiste, et reste présent à la saisie des meubles et effets. — L'ouverture des portes et la saisie sont constatées par un seul procès-verbal dressé par le porteur de contraintes, et signé en outre par le maire ou son adjoint.

72. Le procès-verbal de saisie fait mention de la réquisition faite au saisi de présenter un gardien volontaire. Le porteur de contraintes est tenu d'admettre ce gardien, sur l'attestation de solvabilité donnée par le maire de la commune.

73. Si le saisi ne présente pas de gardien, le porteur de contraintes en établit un d'office, en observant les prohibitions portées par l'art. 598 du Code de procédure civile.

74. Il ne peut être établi qu'un seul gardien. Dans le cas où la nature des objets saisis en exigerait un plus grand nombre, il y serait pourvu sur l'avis du maire de la commune.

75. Les gardiens à la saisie sont contraignables par corps pour la représentation des objets saisis.

76. Si le gardien d'effets mobiliers saisis ne les représente pas, le percepteur se pourvoit auprès du sous-préfet en autorisation de poursuivre ce gardien devant le tribunal civil, à l'effet de le condamner par corps au payement des contributions dues et des frais de poursuites, conformément aux articles 2060, 2065 et 2067 du Code civil, et à la loi du 17 avril 1832 sur la contrainte par corps.

76 *bis*. En cas de soustraction frauduleuse, les gardiens d'objets saisis, autres que le saisi lui-même, peuvent être poursuivis par la voie criminelle (1). — Le contribuable qui aura détruit, détourné ou tenté de détourner les objets saisis sur lui et confiés à sa garde, est passible des peines portées à l'art. 406 du Code pénal. Il est passible des peines portées à l'art. 401, si la garde des objets saisis et par lui détruits ou détournés avait été confiée à un tiers.

_____

(1) C'est *correctionnelle* que M. le ministre aurait dû dire.

77. Ne peuvent être saisis pour contributions arriérées et frais faits à ce sujet : — Les lits et vêtements nécessaires au contribuable et à sa famille ; — les outils et métiers à travailler ; — Les chevaux, bœufs, mulets et autres bêtes de somme ou de trait servant au labour ; — Les charrues, charrettes, ustensiles et instruments aratoires, harnais de bêtes de labourage ; — Les livres relatifs à la profession du saisi, jusqu'à la somme de trois cents francs, à son choix; — Les machines et instruments servant à l'enseignement pratique ou exercice des sciences et arts, jusqu'à concurrence de la même somme, et au choix du saisi ; — Les équipements des militaires, suivant l'ordonnance et le grade. — Il est laissé au contribuable saisi une vache à lait, ou deux chèvres, ou trois brebis, à son choix, avec les pailles, fourrages et grains nécessaires pour la nourriture et la litière de ces animaux pendant un mois; plus, la quantité de grains ou de graines nécessaires à l'ensemencement ordinaire des terres. — Les abeilles, les vers à soie, les feuilles de mûrier, ne sont saisissables que dans les temps déterminés par les lois et usages ruraux. — Les porteurs de contraintes qui contreviennent à ces dispositions sont passibles d'une amende de cent francs.

78. A défaut d'objets saisissables, et lorsqu'il sera constant qu'il n'existe aucun moyen d'obtenir le payement de la cote d'un contribuable, il est dressé sur papier libre un procès-verbal de carence, en présence de deux témoins. Ce procès-verbal doit être certifié par le maire. — Le préfet décide, selon les différents cas d'insolvabilité, s'il y a lieu de mettre les frais de ce procès-verbal à la charge du percepteur, ou s'ils sont susceptibles d'être imputés, comme la cote elle-même, sur le fonds de non-valeurs.

78 *bis*. L'insolvabilité des contribuables sera constatée de la manière suivante : — 1° Pour les retardataires qui auraient primitivement été réputés solvables, et contre lesquels une saisie, précédée de commandement, aurait été intentée, il sera fait usage des procès-verbaux de carence prescrit par

l'art. 78 ; ces procès-verbaux seront individuels ou collectifs, suivant le nombre des contribuables insolvables contre
lesquels la saisie aurait été dirigée dans le même jour. —
2° Pour les contribuables dont l'insolvabilité serait notoire,
les percepteurs devront se borner, au moment où ils reconnaîtront cette insolvabilité, à obtenir (en exécution de l'arrêté du gouvernement du 6 messidor an x) des certificats des
maires attestant l'indigence desdits contribuables. — Ces
comptables conserveront les certificats pour justifier du non-
recouvrement des cotes, et pour former, en fin d'exercice,
leurs états de cotes irrécouvrables.—Quant aux procès-verbaux de carence, ils seront rédigés en double original et sur
papier libre. L'un des doubles restera entre les mains des
percepteurs, pour être joint, comme pièce justificative, à
l'appui des états de cotes irrécouvrables ; l'autre double sera
mis à l'appui des états de payement du salaire des porteurs
de containtes, pour rester ensuite à la recette particulière.—
Le salaire des porteurs de contraintes et des témoins, pour
les procès-verbaux de carence, est fixé par le tarif annexé au
présent. — Dans le cas où les témoins auraient été pris hors
de la commune, leur salaire serait alloué comme si la saisie
avait été effectuée, et conformément à la taxe réglée pour ce
dernier acte.

QUATRIÈME DEGRÉ DE POURSUITES. — VENTE.

79. Aucune vente ne peut s'effectuer qu'en vertu d'une autorisation spéciale du sous-préfet, accordée sur la demande
expresse du percepteur, par l'intermédiaire du receveur particulier.—L'avis du receveur particulier et l'autorisation du
sous-préfet seront placés à la suite de la demande du percepteur.

80. Il n'est procédé à la vente des meubles et effets saisis,
et des fruits pendants par racines, que huit jours après la
clôture du procès-verbal de saisie. — Néanmoins ce délai

peut être abrégé, avec l'autorisation du sous-préfet, lorsqu'il y a lieu de craindre le dépérissement des objets saisis.

81. Les ventes de meubles sont faites par les commissaires-priseurs, dans les villes où ils sont établis (art. 31 de la loi du 23 juillet 1820). — Toutes autres ventes sont faites par les porteurs de contraintes, dans les formes usitées pour celles qui ont lieu par autorité de justice (titres VIII et IX, livre V, du Code de procédure civile). — Les porteurs de contraintes et commissaires-priseurs sont tenus, sous leur responsabilité, de discontinuer la vente aussitôt que son produit est suffisant pour solder le montant des contributions dues et les frais de poursuites.

82. La vente doit avoir lieu dans la commune où s'opère la saisie. Il ne peut être dérogé à cette règle que d'après l'autorisation du maire. Dans ce dernier cas, la vente s'opère au marché le plus voisin, ou à celui qui est le plus avantageux. — Les frais de transport des meubles et objets saisis sont réglés par le sous-préfet.

83. Il est défendu aux porteurs de contraintes et percepteurs de s'adjuger ou faire adjuger aucun des objets vendus en conséquence des poursuites faites ou dirigées par eux, sous peine de destitution.

84. Le percepteur doit être présent à la vente ou s'y faire représenter pour en recevoir les deniers. Il est responsable des dits deniers.

85. Immédiatement après avoir reçu le produit de la vente, le percepteur émarge les rôles, jusqu'à concurrence des sommes dues par le saisi, et lui en délivre quittance à souche. — Il conserve en ses mains le surplus du produit de la vente jusqu'après la taxe des frais, et délivre au contribuable une reconnaissance portant obligation de lui en rendre compte, et de lui restituer l'excédant, s'il y a lieu. Ce compte est rendu à la réception de l'état des frais, régulièrement taxés, inscrit à la suite du procès-verbal de vente, et signé contradictoirement par le contribuable et le percepteur.

86. En cas de contestation sur la légalité de la vente et d'opposition sur les fonds en provenant, le percepteur procède ainsi qu'il est prescrit à l'art. 69 du présent réglement.

87. Toute vente faite contrairement aux formalités prescrites par les lois donne lieu à des poursuites contre ceux qui y ont procédé, et les frais faits restent à leur charge.

Moyens conservatoires.

88. A défaut de payement de contributions par un receveur, agent, économe, notaire, commissaire-priseur, ou autre dépositaire et débiteur de deniers provenant d'un redevable, le percepteur fait, entre les mains desdits dépositaires et débiteurs de deniers, une saisie-arrêt ou opposition.

89. La saisie-arrêt ou opposition s'opère, à la requête du percepteur, par le ministère d'un huissier ou d'un porteur de contraintes, sans autre diligence, et sans qu'il soit besoin d'autorisation préalable, suivant les formes réglées par le titre VII, livre V, du Code de procédure civile; il en suit l'effet conformément aux dispositions de ce Code. — La saisie-arrêt n'est pas nécessaire lorsque le percepteur a fait constater sa demande ou sa saisie-arrêt, dans un procès-verbal de vente de récolte ou d'effets mobiliers, dressé par un officier ministériel.

90. Lorsque la saisie-arrêt ou opposition doit être faite entre les mains d'un receveur ou de tout autre dépositaire de deniers publics, le porteur de contraintes se conforme aux formalités prescrites par le décret du 18 août 1807.

91. Lorsqu'un percepteur est informé d'un commencement d'enlèvement furtif de meubles ou de fruits, et qu'il y a lieu de craindre la disparition du gage de la contribution, il a le droit, s'il y a déjà eu un commandement, de faire procéder immédiatement, et sans autre ordre ni autorisation, à la saisie-exécution par un porteur de contraintes, et, à son défaut, par un huissier des tribunaux.

92. Si le commandement n'a pas été fait, le percepteur établit d'office, soit au domicile du contribuable, soit dans le lieu où existe le gage de l'impôt, un gardien chargé de veiller à sa conservation, en attendant qu'il puisse être procédé aux poursuites ultérieures, qui commenceront sous trois jours, au plus tard.

93. Lorsqu'il y a lieu d'appliquer les dispositions autorisées par les art. 91 et 92 ci-dessus, le percepteur en informe le maire de la commune du contribuable, et en rend compte au receveur particulier en lui demandant ses instructions. — Dans tous les cas, la vente ne peut être faite que dans la forme ordinaire.

DISPOSITIONS COMMUNES AUX POURSUITES DE DIVERS DEGRÉS.

94. Les bulletins de garnison collective ou individuelle ne sont sujets ni au timbre ni à l'enregistrement.

95. Les actes de commandement, saisie-arrêt, saisie-exécution, vente et tous les autres actes y relatifs, doivent être sur papier timbré et enregistrés dans les quatre jours, non compris celui de la date.

95 *bis*. Les originaux de commandements collectifs peuvent être rédigés sur la même feuille de papier timbré.

96. Les frais de sommation à des tiers, de saisie-arrêt, saisie-exécution, saisie-brandon, vente, et de tous les actes qui s'y rapportent, sont fixés, conformément au tarif ci-annexé.

97. Seront enregistrés gratis les actes de poursuites et tous autres actes, tant en action qu'en défense, ayant pour objet le recouvrement des contributions publiques et de toutes autres sommes dues à l'Etat, ainsi que des contributions locales, lorsqu'il s'agira de cotes, droits ou créances, non excédant en total la somme de 100 fr. (Art. 6 de la loi du 16 juillet 1824).

98. Lorsque, dans le délai de quatre jours mentionné à l'art. 95, les contribuables se seront libérés intégralement, tous les actes de poursuites, les procès-verbaux de vente

exceptés, non encore présentés à l'enregistrement, peuvent, quoique ayant pour objet le recouvrement de cotes excédant cent francs, être admis à la formalité gratis. Dans ce cas, indépendamment de l'annotation sur le répertoire, déjà prescrite par la décision du 28 juin 1822, les porteurs de contraintes doivent faire mention, sur l'acte de poursuite, de la libération intégrale du redevable, et faire certifier cette déclaration par le percepteur.

99. Chacun des actes de poursuites délivrés par les porteurs de contraintes et garnisaires relate le prix auquel il a été taxé, sous peine de nullité.

100. Les fixations déterminées pour le prix des divers actes de poursuites seront affichées dans chaque bureau de perception *et à la mairie de chaque commune.*

101. Les receveurs particuliers des finances font imprimer et fournissent aux porteurs de contraintes et garnisaires, dans leurs arrondissements respectifs, les formules de bulletins de garnison collective, ceux de garnison individuelle et de commandement, indiqués aux art. 46, 51 et 57, les états de frais dont il sera question à l'art. 102, et généralement tous les modèles d'actes et de procès-verbaux relatifs aux poursuites. — Les actes de tous les degrés, sans exception, à distribuer aux contribuables, devront être imprimés sur un papier de couleur différente pour chaque degré de poursuite (1). Les couleurs seront les mêmes dans tous les départements, chaque formule d'acte sera revêtue du cachet du receveur particulier apposé à la main, et remise en compte, par ce dernier, aux

---

(1) Les couleurs déterminées par le ministre des finances, en envoyant le réglement ci-dessus, sont celles ci-après :

Pour la sommation sans frais,	papier	vert.
— bulletin de garnison collective,	—	jaune.
— bulletin de garnison individuelle,	—	lilas.
— commandements,	—	bleu.
— saisies,	—	rouge.
— ventes,	—	gris.
— actes conservatoires,	—	blanc.

agents de poursuite. Les frais d'impression déterminés d'avance par le préfet, sur la proposition du receveur général, sont payés par les receveurs particuliers, et supportés, soit par les agents de poursuite, soit par les percepteurs, soit enfin par les receveurs eux-mêmes, ainsi qu'il est réglé, pour chaque nature de frais, par la décision ministérielle du 23 juillet 1822, notifiée aux receveurs des finances, par la circulaire du 2 août 1822. Il ne peut y avoir lieu à aucune répétition ~contre les contribuables pour le prix de ces imprimés,

101 *bis.* Tous ces imprimés devront être timbrés à l'extraordinaire par les soins des receveurs généraux, qui feront l'avance des frais de timbre pour ce qui concerne l'arrondisment du chef-lieu, et qui se feront tenir compte, par les receveurs particuliers, de ce qu'ils auront avancé momentanément pour les autres arrondissements.

JUSTIFICATION, RÉGLEMENT ET RECOUVREMENT DES FRAIS DE POURSUITES.

102. Les listes nominatives constatant les poursuites exercées par voie de garnison, l'état des commandements signifiés, et le bordereau des frais résultant de tous autres actes, seront dressés en double expédition, certifiés par les agents de poursuites, signés par le percepteur, et adressés au receveur particulier, qui, après les avoir vérifiés, en arrêtera provisoirement le montant, et les remettra au sous-préfet avec les pièces dont ils doivent être accompagnés. Ces listes, états et bordereaux ne devront comprendre que les frais résultant de la contrainte qui aura prescrit les poursuites. Ils indiqueront les noms des retardataires, la somme pour laquelle chacun d'eux aura été poursuivi, la date des actes, le prix de chaque acte de poursuite, d'après les fixations arrêtées par le préfet. — Les porteurs de contraintes joindront à l'appui les originaux des actes de commandement,

saisie et vente, et la contrainte ou autorisation en vertu de laquelle ils auront agi.

103. Le sous-préfet, après vérification, arrêtera et rendra exécutoires les états de frais. Il en tiendra registre et renverra sans retard les deux expéditions au receveur particulier.

104. Lorsque le receveur particulier, en vérifiant l'état des frais de poursuites, reconnaîtra des abus dans l'application des tarifs, il proposera au sous-préfet de réduire les frais à ce qui sera légitimement dû à l'agent des poursuites. Le sous-préfet peut opérer d'office cette réduction quand il le juge nécessaire.

105. Seront rejetés et mis à la charge de l'agent qui les aura exécutés, ou du comptable qui les aura provoqués : 1° les frais de poursuites sujets à l'enregistrement, non constatés par la production des actes originaux; 2° les frais à l'appui desquels ne sera pas rapportée la contrainte ou l'autorisation spéciale du receveur particulier; 3° tous frais faits contre les contribuables notoirement insolvables, à l'époque où ils ont été poursuivis , ou pour des taxes résultant d'erreurs évidentes sur les rôles, dont le percepteur aurait négligé de demander la rectification ; 4° les poursuites de toute nature exercées arbitrairement, ou dans un ordre contraire à celui qui est tracé par le présent réglement.

106. Les originaux des actes de poursuites et autres pièces produites à l'appui resteront déposés à la recette particulière, pour y avoir recours au besoin.

107. Le salaire et le prix des actes dus aux porteurs de contraintes et aux garnisaires seront payés par le receveur particulier, sur la quittance de ces agents, mise au pied d'une des expéditions des états définitivement arrêtés par le sous-préfet. — Il est expressément défendu aux percepteurs de payer directement les salaires et actes de poursuites aux porteurs de contraintes ou garnisaires.

108. Les receveurs particuliers seront tenus de constater dans leurs écritures, à deux comptes spéciaux, la totalité

des sommes payées par eux pour frais de poursuites, et des remboursements qui leur en seront faits par les percepteurs. — Ils enverront successivement, à la recette générale, une des expéditions des états de frais acquittés par les agents de poursuites. Ces pièces seront produites à la cour des comptes par le receveur général, à l'appui de son compte annuel.

109. La seconde expédition des états de frais rendus exécutoires par le sous-préfet sera remise par le receveur particulier au percepteur, qui en deviendra comptable envers le receveur particulier, et sera chargé d'en suivre le recouvrement sur les contribuables y dénommés.

110. Le percepteur est tenu d'émarger sur lesdits états les payements qui lui seront faits pour remboursement de frais, et d'en donner quittance de la même manière que pour les contributions directes.

110 *bis*. Si le contribuable poursuivi veut se libérer des frais sans attendre la taxe, il est admis à en consigner le montant entre les mains du percepteur, qui lui en donne une quittance détachée de son livre à souche, et émarge le payement sur le double de la contrainte restée entre ses mains (art. 23). — A la réception de l'état des frais taxés, le percepteur y émarge, jusqu'à concurrence des frais à la charge du contribuable, la somme provisoirement consignée par ce dernier. — Si elle excède, il tient compte de cet excédant au contribuable de la manière prescrite pour les excédants provenant des contributions directes. — Si, au contraire, la somme consignée ne couvre pas le montant des frais taxés, il suit le remboursement du surplus, conformément à ce qui est prescrit par l'art. 109. — Dans tous les cas, en transportant au rôle des états de frais taxés, il émarge les sommes versées sur ces frais par les contribuables.

111. Tout contribuable taxé est en droit d'exiger du percepteur la communication de l'état de frais sur lequel il est porté.

112. Le percepteur prévenu d'avoir fraduleusement, soit avant, soit après la taxe, exigé des frais pour une somme plus forte que celle qui est fixée par le tarif, ou arrêtée dans l'état des frais, sera traduit devant les tribunaux pour y être jugée comme concussionnaire.

113. A la fin de chaque trimestre, les receveurs particuliers remettront au sous-préfet un état présentant, par nature de poursuites, les frais faits contre les contribuables en retard. Cet état sera transmis au préfet par le sous-préfet : les receveurs particuliers en adresseront un double, visé par ce dernier, au receveur général du département, qui le transmettra au ministère, après en avoir reconnu la conformité avec ses écritures.

114. Indépendamment de la surveillance qui doit être exercée par l'autorité administrative sur les poursuites et les frais auxquels elles donnent lieu, le receveur général et les receveurs particuliers des finances sont tenus de prendre des informations sur la conduite des percepteurs, des porteurs de contraintes et des garnisaires, dans l'exercice des poursuites effectuées contre les contribuables ; de s'assurer que lesdites poursuites ne sont faites que dans les cas prévus, dans les formes voulues et suivant les tarifs arrêtés, et de provoquer des mesures de répression contre les abus qui parviendraient à leur connaissance.

***

Tels sont les moyens de coercition accordés au trésor pour le recouvrement des impôts directs, au nombre desquels se trouve la contribution des patentes. On ne peut mettre en doute leur efficacité, car il est peu de pays où le recouvrement s'opère aussi facilement et aussi régulièrement qu'en France. Les délais accordés sont généralement assez courts, mais, dans la pratique ils sont toujours étendus, et l'on arrive rarement au moyen extrême de la vente des effets mobiliers du contribuable.

Ce n'est pas surtout dans les classes de nos lecteurs habituels que se trouvent ceux contre lesquels il faut employer les actes de rigueur, à moins que ce ne soit de leur part une résistance calculée, pour défendre un droit qu'ils croient méconnu ou violé. Dans ce cas même, le payement des trois douzièmes, échus depuis leur réclamation, n'est pas une charge assez lourde pour qu'ils s'exposent aux frais et aux ennuis des procédures d'exécution. Le payement, d'ailleurs, ne nuit point à leurs droits, et ils sont toujours sûrs de rentrer dans leurs avances, dès que leurs réclamations auront été reconnues légitimes.

Il nous reste à leur indiquer, néanmoins, leurs moyens de défense et de réclamation.

§ 3.

MOYENS DE DÉFENSE ET DE RÉCLAMATION EN MATIÈRE DE CONTRIBUTION DES PATENTES.

Les moyens de défense, proprement dits, ressortent de l'autorité judiciaire, mais ils ne peuvent être invoqués que dans le cas où le droit commun est applicable. Car, d'après toutes les lois de la matière, la surveillance de la perception des contributions et le contentieux, relatif au recouvrement entre le contribuable et le percepteur, sont attribués à l'autorité administrative (arrêté du 12 brumaire an 11). Le conseil de préfecture est chargé de prononcer sur les demandes en décharge, ou réduction des contributions directes (L. 28 pluviôse an 8), et le préfet sur les demandes en remise ou modération (L. 24 floréal an 8).

Cependant, si le percepteur poursuivait le payement d'une contribution sur une personne mal dénommée dans la matrice des rôles, l'autorité judiciaire pourrait être invoquée, pour empêcher des poursuites qui ne lui paraîtraient point concerner le réclamant. Ce ne serait, toutefois, qu'à partir du commandement que le recours à cette autorité pourrait être formé ; auparavant, l'autorité administrative était seule compétente pour empêcher l'erreur du receveur particulier ou du percepteur. Mais, comme le commandement est le premier acte de la saisie exécution; comme cet acte ne peut être fait qu'en vertu de la force exécutoire donnée à la matrice des rôles par le préfet ; comme l'extrait de cette matrice doit être donné en tête du commandement, l'autorité judiciaire est parfaitement compétente pour juger l'identité du poursuivi avec l'imposé; c'est là une question de fait, et non une question d'interprétation de la loi fiscale.

L'autorité judiciaire serait également compétente pour juger si les avertissements et sommations, qui doivent précéder toutes poursuites ont été remis, s'ils sont régulièrement faits, et par des agents ayant capacité légale pour les faire, et si ces irrégularités sont de nature à les faire considérer comme nuls; auquel cas, elle ordonnerait qu'il soit supercédé aux poursuites jusqu'à ce que les actes, qui doivent les précéder, aient été renouvelés.

Quand même, avant le commandement, l'imposé aurait agi par voie de réclamation auprès de l'autorité administrative, pour lui dénoncer l'irrégularité des poursuites faites par l'agent du trésor, ce ne serait pas un obstacle à ce qu'il invoquât l'autorité judiciaire pour empêcher de vendre ses meubles. La démarche qu'il a faite, par voie de réclamation, est un appel au supérieur du percepteur ; mais, si cette autorité supérieure ne répond pas ou repousse la réclamation, comme il s'agit de l'exécution d'un titre, qui n'a pas plus de force qu'un jugement émané de la juridiction compétente, le juge du lieu de l'exécution n'est pas dessaisi du droit d'examiner si la procédure d'exécution est régulière. Il en est de même pour toutes les contestations qui peuvent s'élever lors de la saisie et lors de la vente.

Sauf ces cas, c'est à l'autorité administrative qu'il faut s'adresser. Les réclamations sont de diverses sortes, elles ont

pour but la décharge, la réduction, la remise ou la modération de l'impôt.

Les deux premières sont fondées sur le droit : le contribuable est-il ou n'est-il pas assujetti à la patente? Est-il dans la
classe qui le concerne? Le droit fixe est-il bien celui auquel
il est assujetti à raison de sa classe et de la population de la
commune qu'il habite? La valeur locative des lieux qu'il habite ou des locaux où s'exerce son industrie, est-elle régulièrement fixée? Telles sont les questions qui peuvent se présenter à juger dans les demandes, ayant pour but la décharge
ou la réduction de la contribution, et c'est le conseil de préfecture qui est compétent pour statuer sur ces réclamations
en premier ressort. On peut se pourvoir au conseil d'État
contre les arrêtés du conseil de préfecture, et il est alors statué
par ordonnance du roi, en son conseil; voilà, certes, des juges
de haute qualité; mais leur décision est-elle plus à l'abri
de toute influence?

Les demandes en remise ou modération s'appuient sur des
faits particuliers à l'impétrant, ou si elles s'appuyent sur des
faits généraux, il faut que le réclamant se trouve par ces faits
dans l'impossibilité de payer, soit la totalité, soit même une
portion de l'impôt. Ainsi, le décès du chef de famille ne fait
cesser l'impôt que si la fermeture du magasin en est la conséquence. Cependant, la veuve ou les enfants, qui ont cru
pouvoir continuer le commerce, peuvent obtenir une modération si les affaires ne leur permettent pas de s'acquitter de la
totalité de l'impôt, ils peuvent même, en certains cas, en
obtenir la remise totale. Un incendie a détruit en partie une
usine; le fabricant, peut obtenir la remise de son impôt. C'est
le préfet qui est chargé d'apprécier ces faits et circonstances,
et le réclamant n'a de recours contre sa décision qu'en s'a-
dressant au ministre, recours à peu près inutile, car, dans la
pratique, le préfet n'accorde aucune remise ou modération
sans y être autorisé par le ministre des finances.

Encore bien qu'il s'agisse d'un fait à examiner, à savoir le cas particulier dans lequel se trouve le contribuable, ce fait n'en constitue pas moins un droit à la remise ou à la modération. Pourquoi donc le conseil de préfecture n'apprécierait-il pas le bien fondé de la demande ? Parce que la loi de floréal an 8 attribue aux préfets la connaissance de ces sortes de demandes, et le conseil de préfecture qui est un tribunal exceptionnel, ne peut statuer que dans la limite des attributions que la loi lui a tracées; il n'est compétent que pour examiner les demandes en décharge ou réduction aux termes de la loi de pluviôse an 8, déjà citée.

Aussi, a-t-on jugé que le conseil de préfecture était incompétent pour statuer sur des demandes en *remise* ou *modération* (V. ord. cons. d'État, des 8 et 23 décembre 1842. Mac. 1842, p. 168 et 540).

FORME DES RÉCLAMATIONS.

Quelle que soit la nature de la réclamation, elle se produit sous la forme de pétition ou requête adressée au préfet, et rédigée de la manière la plus simple (voyez, au surplus les modèles ci-après); il suffit d'exposer clairement les titres qu'on peut avoir, soit à la décharge totale, soit à la réduction de la taxe, soit à une remise, soit à une modération. Il faut joindre les pièces à l'appui de la demande, et en faire état au bas de la pétition. Ces pièces doivent être paraphées par le signataire de la pétition, c'est-à-dire par le réclamant même, ou son fondé de pouvoir spécial; dans ce dernier cas, le mandataire doit en outre joindre à la demande la procuration qui l'autorise à réclamer pour le contribuable.

DEMANDES EN DÉCHARGE OU RÉDUCTION.

Les demandes en décharge ou réduction doivent être sur papier timbré, mais on peut employer un papier de la plus petite dimension, de 35 cent., par exemple. Ne sont point assujetties au droit de timbre les réclamations en décharge ou réduction d'une taxe ou cote moindre de trente francs, (art. 28, § 3, de la loi du 21 avril 1832). La loi du 26 mars

1831 n'avait affranchi du timbre que les pétitions relatives à une taxe inférieure à dix francs.

La loi de 1832 contient, comme les précédentes, l'obligation d'adresser sa demande dans les trois mois de l'émission des rôles, et d'y joindre la quittance des termes échus, sans pouvoir, sous prétexte de réclamations, différer le payement des termes qui viendront à échoir pendant les trois mois qui suivront la réclamation, pendant la durée desquels la demande devra être jugée définitivement (art. 28 de ladite loi).

Le même délai est accordé au contribuable qui réclamera contre son omission aux rôles.

Quoique ces délais et conditions de payement ne soient pas exigés à peine de nullité, il est certain que l'administration est dans son droit, si elle rejette les réclamations tardives ou non accompagnées de la justification du payement des termes échus.

Nous ne croyons pas, néanmoins, que cette obligation soit de rigueur quand on réclame contre l'erreur du percepteur qui poursuivrait le payement contre une personne autre que celle désignée sur la matrice des rôles. Si le réclamant n'est pas imposé, rien ne l'oblige à payer par avance ; c'est une erreur matérielle qui doit être reconnue, si elle existe, et dont l'autorité judiciaire fera justice, à défaut, par l'autorité administrative, d'y avoir eu égard.

L'expiration du délai de trois mois ne peut être non plus opposée comme fin de non-recevoir à la réclamation du contribuable, qui justifie qu'il n'a reçu l'avertissement que tardivement. (Ainsi jugé sur la réclamation d'un sieur Roche, le 12 janv. 1844. V. *Mém. comm.*, IX, 2, 29.)

La pétition, ainsi faite, doit, aux termes de l'art. 22 de la loi de 1844, être déposée au secrétariat de la mairie, puisque cet article exige sa communication au maire. Le maire devra se charger de la renvoyer au sous-préfet ou au préfet.

Celui-ci la renverra au contrôleur des contributions directes, qui vérifiera les faits, et donnera son avis sans prendre l'avis des répartiteurs, comme le prescrit l'art. 29 de la loi de 1832, puisque la contribution de la patente n'est pas un impôt de répartition.

Si le directeur des contributions directes est d'avis qu'il y a lieu d'admettre la demande, il fera son rapport, et le conseil de préfecture statuera. Dans le cas contraire, le directeur exprimera les motifs de son opinion, transmettra le dossier à la sous-préfecture, et invitera le réclamant à en prendre communication et à faire connaître dans les dix jours, s'il veut fournir des observations ou recourir à la vérification par voie d'experts.

Si l'expertise est demandée, les deux experts seront nommés, l'un par le sous-préfet, l'autre par le réclamant, et il sera procédé à la vérification dans les formes prescrites par l'arrêté du gouvernement, du 24 floréal an 8.

Ces formes n'ont rien de particulier, sinon que l'expertise doit être faite en présence du réclamant. L'arrêté ajoutait : et du répartiteur ; mais les répartiteurs n'ont rien à faire relativement à l'impôt de la patente ; c'est le percepteur qui devra, selon nous, représenter le trésor. Le contrôleur rédigera le procès-verbal des dires des experts, ainsi que du percepteur et du réclamant, et il y consignera son avis. Le tout sera renvoyé au sous-préfet, du sous-préfet au préfet qui le transmet au directeur, et le conseil de préfecture statuera sur l'avis du directeur.

Les ordonnances de décharge ou réduction sont rendues par le préfet ; elles énoncent les motifs de la pétition, l'avis du directeur et le prononcé du conseil de préfecture. Les décisions du conseil de préfecture contraires au réclamant lui sont notifiées par le préfet.

Le contribuable peut se pourvoir contre elles, avant cette notification, ou, au plus tard, dans les trois mois de sa date. Le recours contre les arrêtés du conseil de préfecture, n'est soumis qu'au droit du timbre ; il pourra être transmis au gou-

vernement par l'intermédiaire du préfet, sans frais (art. 30,
L. du 21 avril 1832, *voir* le modèle ci-après).

Si le réclamant succombe, soit devant le conseil de préfecture, soit devant le conseil d'État, il peut être condamné aux
frais occasionnés par l'expertise dont le percepteur a dû faire
l'avance (art. 17, arrêté du 24 floréal an 8).

La marche que nous venons de tracer ne s'applique
qu'aux demandes en décharge ou réduction fondées sur le
droit du réclamant ; nous allons nous occuper maintenant de
celles en remise ou modération.

DEMANDES EN REMISE OU MODÉRATION.

Ces demandes, comme nous l'avons dit, ne sont pas fondées
sur l'erreur ou l'exagération de l'impôt ; mais sur les circonstances particulières, dans lesquelles se trouvent le contribuable ou ses représentants, tels que sa veuve ou ses enfants. Elles
dépendent donc de ce que l'on appelle la justice gracieuse,
puisqu'elles ont pour but de solliciter une faveur plutôt qu'un
droit. Nous parlons ici le langage de la loi et non celui de
l'humanité, aux yeux de laquelle le malheur constitue un
véritable droit. Nous voulons dire, seulement, que le réclamant ne peut appuyer sa demande sur autre chose que sur
des faits, dont l'appréciation est laissée au préfet, aux termes
de la loi du 24 floréal an 8.

La demande doit être formée par une simple pétition au
préfet ; elle peut être sur papier ordinaire, car la loi de 1832,
art. 28, ne parle du timbre que pour les demandes en décharge
ou réduction, et la loi de l'an 8 n'en parle pas. Il n'est pas
nécessaire non plus, et par la même raison, que la pétition
soit accompagnée de la quittance des douzièmes échus.

En plusieurs circonstances, les événements qui servent de
fondement à ces sortes de demandes sont de telle nature qu'il
serait impossible au contribuable de satisfaire à cette pres-
cription.

Enfin, ces sortes de demandes peuvent être formées plus de trois mois après l'émission des rôles, quand les faits sur lesquels elles s'appuient sont postérieurs à l'expiration de ce délai.

Ces demandes doivent être remises à la mairie, pour que le maire en ait communication, conformément à la loi nouvelle, et c'est le maire qui les transmet au sous-préfet. Celui-ci doit les renvoyer au contrôleur de l'arrondissement.

Le contrôleur se transporte sur les lieux, vérifie en présence du maire les faits, constate la quotité de la perte, les revenus ou facultés mobilières du réclamant, en dresse procès-verbal, qu'il renvoie au sous-préfet ; celui-ci l'adresse au préfet qui prend l'avis du directeur des contributions.

Le préfet réunit les diverses demandes qui lui sont faites dans le cours de l'année; il fait entre les contribuables la distribution des sommes qn'il peut accorder, d'après la portion de fonds de non-valeur mise à sa disposition, pour cet objet, par le ministre des finances, auquel il a dû faire connaître les demandes qui lui ont été adressées.

Nous avons vu à l'art. 32 de la loi nouvelle, qu'il est ajouté au principal de la contribution des patentes cinq centimes par franc, dont le produit est destiné à couvrir les décharges, les réductions, les remises et modérations, ainsi que les frais d'expédition et d'impression des formules de patentes.

Il est même dit, qu'en cas d'insuffisance de cinq centimes, le montant du déficit est prélevé sur le principal des rôles. Il y a donc toujours moyen de satisfaire aux réclamations fondées sur le malheur des contribuables, tandis que précédemment l'épuisement des fonds était une fin de non recevoir ou un motif de réduire beaucoup les modérations.

Nous espérons qu'il résultera, sous ce rapport, quelque bien de la loi nouvelle.

Si, par nos explications, nous sommes parvenus à éclaircir ce qui pouvait être obscur dans la rédaction de la loi, à en faire mieux comprendre le sens par le rapprochement des éléments de la discussion, à guider les contribuables dans la voie de leurs réclamations, nous aurons atteint le but que nous nous sommes proposé ; dans le cas où nos efforts n'auraient pas eu tout le succès que nous désirons, et où des explications complémentaires seraient nécessaires, les abonnés au *Mémorial du Commerce et de l'Industrie,* trouveront, toujours dans les membres de son administration, des personnes disposées à les aider gratuitement de leurs conseils en toute occasion.

FIN.

MODÈLES

DE DIVERSES RÉCLAMATIONS,

ET DE POURVOI AU CONSEIL·D'ÉTAT.

N. B. Comme nous l'avons dit dans le commentaire, rien n'est de rigueur dans la formule des réclamations qui peuvent être rédigées de mille manières, pourvu qu'en somme elles contiennent clairement :

1° Les noms, prénoms, qualités, profession et demeure du réclamant.

2° L'exposé de la demande et des motifs sur lesquels elle s'appuie.

3° L'indication des pièces que le réclamant produit à l'appui de sa demande.

4° L'indication de tout autre genre de preuve, même celle testimoniale, quoiqu'il ne faille pas se dissimuler qu'une pareille preuve ne peut être admise qu'autant qu'elle émane de personnes dont la complaisance ne saurait être suspecte, et qu'elle vient à l'appui de présomptions déja établies par les pièces.

Nous n'avons pas besoin d'ajouter qu'elles doivent être rédigées dans les termes que la politesse et l'usage ont consacrés.

Enfin nous rappellerons que les demandes de décharge ou réduction sont les seules pour lesquelles il y a obligation de se servir de papier timbré.

Pour guider les patentés, nous allons tracer quatre modèles de réclamations.

1re demande, à fin de décharge de la patente.
2e — — réduction de la patente.
3e — — remise de la patente.
4e — — modération de la patente.

Nous y ajouterons un modèle de pourvoi au conseil d'État.

DEMANDE A FIN DE DÉCHARGE DE L'IMPOT DE LA PATENTE.

A Monsieur le Préfet du département de

MONSIEUR LE PRÉFET,

Pierre-André. . . . . DURAND, négociant en épiceries, demeurant à
a l'honneur de vous exposer que c'est à tort qu'il a été compris dans le recensement des patentes de la présente année.

Il a cédé son commerce, à partir du 1ᵉʳ janvier dernier, au sieur. . . . . ainsi qu'il peut en justifier par l'acte ci-joint et par les lettres d'avis par lesquelles il a informé ses commettants de sa retraite, dont un exemplaire est également joint à la présente pétition ; il invoque en outre, au besoin, la notoriété publique.

En conséquence, Monsieur le Préfet, l'exposant demande que vous vouliez bien le faire rayer du rôle des patentés pour la présente année, et lui faire rendre ensuite les pièces sus-énoncées qu'il vous transmet avec la présente demande, et qui sont : 1° Acte de cession de son fonds de commerce, sous seing privé, en date du   ; 2° Circulaire à ses commettants, en date du

L'exposant espère, Monsieur le Préfet, que vous accueillerez favorablement sa juste réclamation, et vous prie d'agréer l'assurance de sa parfaite considération.

(Signature du réclamant.)

DEMANDE A FIN DE RÉDUCTION DE L'IMPOT DE LA PATENTE.

A Monsieur le Préfet du département de

MONSIEUR LE PRÉFET,

Jean-Jacques. . . . . RONDIN, marchand de draps
en détail, demeurant à
a l'honneur de vous exposer que c'est par erreur sans
doute qu'on l'a mis cette année dans la classe des marchands vendant en demi-gros.

L'exposant offre de prouver, par ses livres, que la majeure partie de ses ventes se fait en détail; ce détail
est considérable sans doute; il vend pour des sommes
assez importantes à la même personne, à des tailleurs
notamment, mais toujours par coupes, et très-rare-
ment par demi-pièces, plus rarement encore des pièces
entières; il est donc vrai de dire que son commerce est
un commerce de détail, et qu'il doit être maintenu dans
cette classe.

A l'appui de sa demande, l'exposant joint la quittance des douzièmes échus à ce jour, et réitère l'offre
de communiquer ses livres au contrôleur des contributions.

L'exposant espère, Monsieur le Préfet, que vous voudrez bien lui rendre justice, et vous prie d'agréer l'assurance de son respect.

(Signature du réclamant.)

DEMANDE EN REMISE DE L'IMPOT DE LA PATENTE.

A Monsieur le Préfet du département
de

Monsieur le Préfet,

Antoine-Georges. . . . . Léonard, fabricant de toiles
cirées, demeurant à
a l'honneur de vous exposer qu'il vient d'être victime
d'un incendie qui a détruit, presque en totalité, sa manufacture. Il était assuré, il est vrai, mais les sommes qu'il
a à recevoir l'indemniseront bien faiblement des pertes
qu'il a éprouvées. D'ailleurs, il faut qu'il rétablisse son
usine; et il est constant que, loin de faire aucun
bénéfice cette année, il ne réparera pas les pertes qu'il
a éprouvées.

L'exposant espère, en conséquence, Monsieur le
Préfet, que vous voudrez bien lui accorder remise entière de sa patente, dont il n'avait encore acquitté aucun douzième, n'ayant encore reçu aucun avertissement pour cette année.

A l'appui de sa demande, l'exposant ne produit aucune pièce, son malheur étant de notoriété publique,
et ne pouvant que vous être confirmé par le maire de sa
commune, auquel cette pétition sera communiquée.

Dans l'espoir, Monsieur le Préfet, que vous aurez
égard à son malheur, l'exposant vous prie de vouloir bien
agréer l'expression de son respectueux dévoûment.

(*Signature du réclamant.*)

DEMANDE EN MODÉRATION DE L'IMPOT DE LA PATENTE.

A Monsieur le Préfet du département de

MONSIEUR LE PRÉFET,

Joseph Nicolas. . . . . BERTRAND, coutelier, marchand et fabricant, demeurant à
a l'honneur de vous exposer qu'il a été dans l'impossibilité de travailler et de vaquer à ses affaires par une maladie grave qui l'a retenu près de trois mois dans son lit, et l'a forcé de négliger son commerce, qui repose entièrement sur lui. Il en résulte non-seulement une réduction dans ses bénéfices, mais une perte énorme par la diminution de ses affaires, tandis que ses frais journaliers ont continué d'être les mêmes.

L'exposant vous prie, en conséquence, Monsieur le Préfet, après que vous vous serez assuré de la véracité des faits, de lui accorder une modération sur le taux de sa patente pour la présente année, tant sur le droit fixe que sur le droit proportionnel.

A l'appui de sa demande, l'exposant produit un certificat du médecin qui l'a soigné, dont la signature a été légalisée par M. le commissaire de police du quartier.

L'exposant vous prie, Monsieur le Préfet, de prendre sa position en considération, et dans l'espoir de voir sa demande accueillie avec bienveillance, il vous prie de le croire,   Monsieur le Préfet,

Votre très-humble et très-obéissant serviteur.

(Signature du réclamant.)

POURVOI AU CONSEIL D'ÉTAT.

AU ROI,

En son conseil d'État.

RECOURS

Pour M. Joseph André ***, demeurant à
Contre un arrêté du conseil de préfecture du département de
, en date du

SIRE,

L'exposant défère à la justice de votre majesté un arrêté du
conseil de préfecture de   , qui. . . .
Les motifs de son recours sont les suivants :

(Faits et discussions.)

En conséquence, l'exposant conclut, SIRE, à ce qu'il plaise à
votre Majesté annuler l'arrêté ci-dessus daté du conseil de préfecture de. . . . . et décider que. . . . .

(Signature du requerrant.)

N. 3. Il faut joindre au pourvoi une expédition de l'arrêté du conseil de
préfecture qui a dû être notifié au réclamant. L'exemplaire notifié peut
servir.

Le pourvoi doit être fait dans les trois mois de la signification ; il peut
être remis au préfet, mais il faut qu'il le soit assez tôt pour que celui-ci ait le
temps de le transmettre au conseil d'État, dans le délai fixé, parce que, faute
d'être enregistré au secrétariat du conseil, dans les trois mois de la notification, le pourvoi est rejeté.

Ce qu'on a de mieux à faire est de charger un avocat aux conseils de ce
pourvoi, parce qu'indépendamment de ce qu'il établit mieux les faits
et les moyens, il soutient la discussion oralement devant le Conseil d'État
et ne néglige aucun des motifs qui peuvent en assurer le succès.

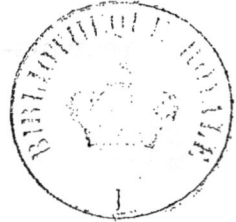

MANUEL DES PATENTÉS.

TABLE

PAR ORDRE DE PAGINATION

DES MATIÈRES CONTENUES DANS CET OUVRAGE.

14

DROIT FIXE.

DROIT PROPORTIONNEL.

COMMENTAIRE

DE LA LOI SUR LES PATENTES

du 25 avril. — 7 mai 1844.

INSTRUCTIONS PRATIQUES POUR SON EXÉCUTION.

PREMIÈRE PARTIE.

DEUXIÈME PARTIE.

FIN DE LA TABLE.

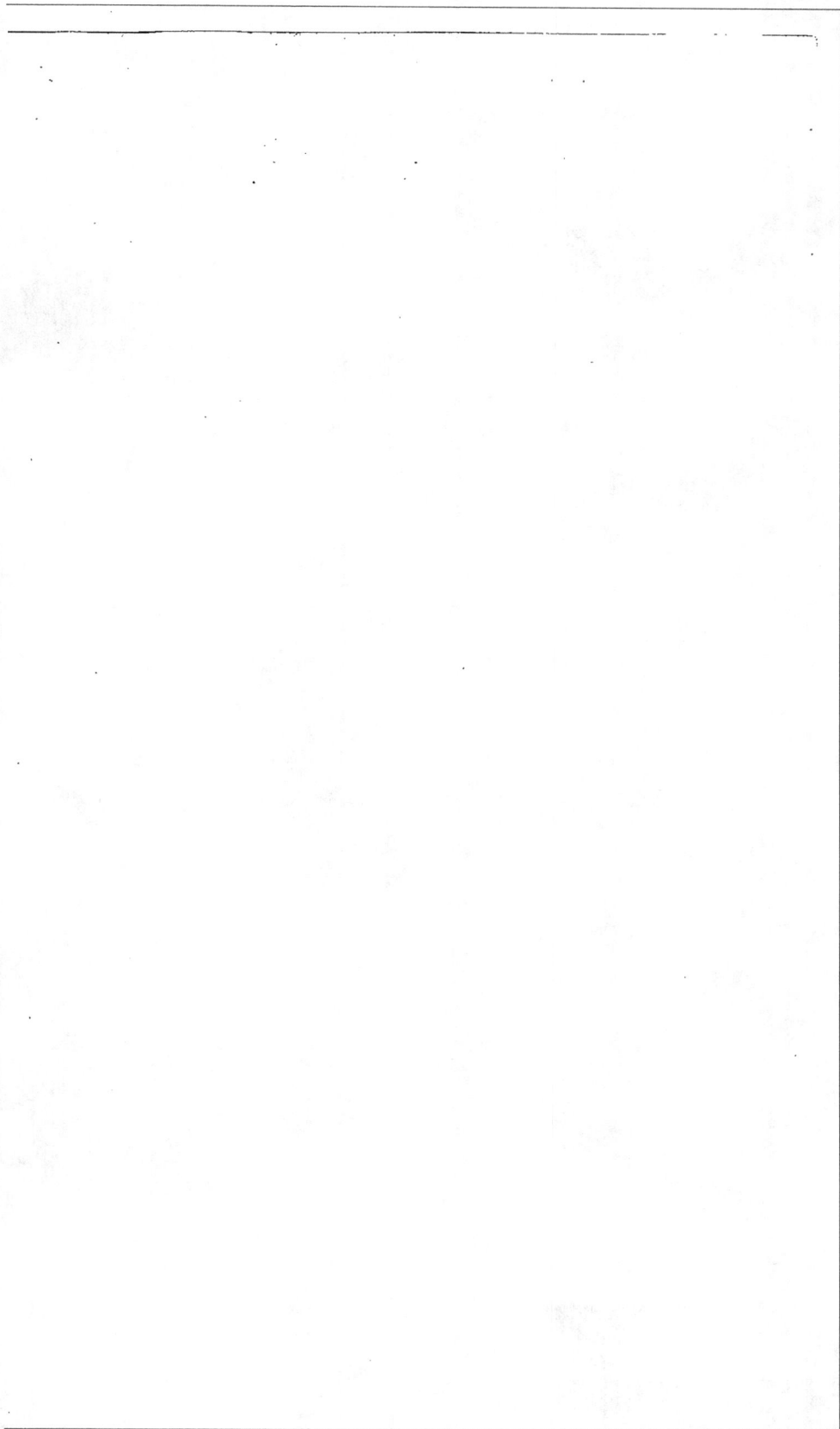

www.ingramcontent.com/pod-product-compliance
Lightning Source LLC
Chambersburg PA
CBHW070529200326
41519CB00013B/2986